高职高专汽车类专业创新一体化教材

汽车底盘构造与维修一体化教程

（配实训工作页）

主　编　杨智勇　逄吉玲　张　义

副主编　孙　伟　孙朝华　修玲玲

参　编　薛　菲　郭明华　周　正　郝宏海

　　　　孙莎莎　张　良　王　雷　蒋桂彪

　　　　杨一楠　刘淑军　陈　海　胡　超

机械工业出版社

本书是"1+X"课证融通模式理实一体化教材,内容紧密围绕"1+X"汽车运用与维修职业技能等级证书的等级标准和考核项目,系统地介绍了汽车底盘各总成和部件的结构、工作原理、拆装与检修的职业技能,具体内容按照项目描述、岗位核心能力、相关知识、相关技能及维修实例的形式进行编排,并增加有课程育人内容。本书共分6个项目,内容包括汽车底盘概述、传动系统、电控自动变速器、行驶系统、转向系统和制动系统。

本书配有视频二维码,另外还配有实训工作页(含复习题)。

本书可作为高职高专院校汽车专业相关课程的教材,也可作为汽车技术人员的培训教材和参考用书。

图书在版编目(CIP)数据

汽车底盘构造与维修一体化教程:配实训工作页 / 杨智勇,逄吉玲,张义主编.
— 北京:机械工业出版社,2022.12(2024.7重印)
高职高专汽车类专业创新一体化教材
ISBN 978-7-111-72216-8

Ⅰ.①汽… Ⅱ.①杨… ②逄… ③张… Ⅲ.①汽车 – 底盘 – 结构 – 高等职业教育 – 教材 ②汽车 – 底盘 – 车辆修理 – 高等职业教育 – 教材 Ⅳ.①U463.1 ②U472.41

中国版本图书馆CIP数据核字(2022)第235543号

机械工业出版社(北京市百万庄大街22号 邮政编码100037)
策划编辑:齐福江　　　　　责任编辑:齐福江
责任校对:樊钟英　贾立萍　封面设计:张　静
责任印制:邬　敏
中煤(北京)印务有限公司印刷

2024 年7月第1版第3次印刷
184mm×260mm·22印张·541千字
标准书号:ISBN 978-7-111-72216-8
定价:65.00元

电话服务　　　　　　　　　网络服务
客服电话:010-88361066　　机 工 官 网:www.cmpbook.com
　　　　　010-88379833　　机 工 官 博:weibo.com/cmp1952
　　　　　010-68326294　　金 书 网:www.golden-book.com
封底无防伪标均为盗版　机工教育服务网:www.cmpedu.com

高职高专汽车类专业创新一体化教材

汽车底盘构造与维修一体化教程

实训工作页

（含复习题）

杨智勇 逄吉玲 张义 ◎ 主编

班级：_____

姓名：_____

Automobile

机械工业出版社

CHINA MACHINE PRESS

| 目录 |

项目一
汽车底盘概述

一、选择题

1. 4×2 型汽车的驱动轮数为（　　　）。
   A. 4　　　　　　　B. 2　　　　　　　C. 8　　　　　　　D. 6

2. 对于发动机后置后轮驱动的汽车而言，发动机位于其（　　　）。
   A. 后轴的后面　　　B. 后轴的前面　　　C. 前轴的前面　　　D. 以上都不对

3. 汽车转向系统主要由（　　　）三大部分组成。
   A. 转向操纵机构、转向器、车轮　　　　B. 转向盘、转向器、转向传动机构
   C. 转向操纵机构、转向器、转向传动机构　D. 转向操纵机构、转向盘、转向器

二、判断题

1. 对于发动机前置后驱的汽车，在变速器与驱动桥之间省去了万向传动
   装置，使结构简单紧凑，整车质量小。　　　　　　　　　　　　　（　　　）

2. 发动机中置后轮驱动的布置形式有利于实现汽车前、后轴较为理想的
   轴荷分配。　　　　　　　　　　　　　　　　　　　　　　　　　（　　　）

3. 发动机前置后轮驱动的英文简称为 RF。　　　　　　　　　　　　（　　　）

4. 发动机前置前轮驱动布置形式根据发动机布置的方向可以分为发动机
   前横置前轮驱动式和发动机前纵置前轮驱动式。　　　　　　　　　（　　　）

5. 发现举升机操作机构不灵，电动机不同步，托架不平或液压部分漏油，
   应及时报修，不得带病操作。　　　　　　　　　　　　　　　　　（　　　）

三、问答题

1. 简述汽车底盘的组成与功用。
2. 简述传动系统、行驶系统、转向系统、汽车制动系统的组成与功用。
3. 汽车传动系统的布置形式主要取决于什么？
4. 汽车传动系统的布置形式可分为哪 5 种？
5. 举升机的安全操作有哪些注意事项？
6. 钳子的使用注意事项有哪些？

项目二
传动系统

任务一　离合器的检修

一、选择题

1. 离合器的主动部分包括（　　）。
   A. 飞轮　　　　　　B. 离合器盖　　　　　C. 压盘　　　　　　D. 摩擦片
2. 离合器的从动部分包括（　　）。
   A. 离合器盖　　　　B. 压盘　　　　　　　C. 从动盘　　　　　D. 压紧弹簧
3. 离合器分离轴承与分离杠杆之间的间隙是为了（　　）。
   A. 实现离合器踏板的自由行程　　　B. 减轻从动盘磨损
   C. 防止热膨胀失效　　　　　　　　D. 保证摩擦片正常磨损后离合器不失效
4. 膜片弹簧离合器的膜片弹簧起到（　　）的作用。
   A. 压紧弹簧　　　　B. 分离杠杆　　　　　C. 从动盘　　　　　D. 主动盘
5. 离合器的从动盘主要由（　　）构成。
   A. 从动盘本体　　　B. 从动盘毂　　　　　C. 压盘　　　　　　D. 摩擦片
6. 分离杠杆不平将导致离合器（　　）。
   A. 分离不彻底　　　B. 接合不完全　　　　C. 操纵费力　　　　D. 散热差

二、判断题

1. 离合器的主、从动部分常处于分离状态。　　　　　　　　　　　　　　（　　）
2. 为使离合器接合柔和，驾驶员应逐渐放松离合器踏板。　　　　　　　　（　　）
3. 离合器踏板的自由行程过大会造成离合器的传力性能下降。　　　　　　（　　）
4. 离合器从动部分的转动惯量应尽可能大。　　　　　　　　　　　　　　（　　）
5. 离合器的摩擦衬片上粘有油污后，可得到润滑。　　　　　　　　　　　（　　）

三、简答题

1. 离合器的功用有哪些？
2. 简述离合器的工作原理。
3. 如何调整离合器踏板的自由行程？
4. 装配离合器总成时应注意哪些事项？

任务二　手动变速器的检修

一、选择题

1. 三轴式变速器包括（　　　）。
   A. 输入轴　　　　　B. 输出轴　　　　　C. 中间轴　　　　　D. 倒档轴
2. 两轴式变速器的特点是输入轴与输出轴（　　　），且无中间轴。
   A. 重合　　　　　　B. 垂直　　　　　　C. 平行　　　　　　D. 斜交
3. 对于五档变速器而言，传动比最大的前进档是（　　　）。
   A. 一档　　　　　　B. 二档　　　　　　C. 四档　　　　　　D. 五档
4. 两轴式变速器适用于（　　　）的布置形式。
   A. 发动机前置前驱　　　　　　　　　B. 发动机前置全轮驱动
   C. 发动机后置后驱　　　　　　　　　D. 发动机前置后驱
5. 保证变速器工作齿轮在全齿宽上啮合的是（　　　）。
   A. 自锁装置　　　　B. 互锁装置　　　　C. 倒档锁　　　　　D. 差速锁
6. 下面各档变速器传动比，最有可能是倒档传动比的是（　　　）。
   A. $i=2.4$　　　　　B. $i=1$　　　　　　C. $i=1.8$　　　　　D. $i=3.6$

二、判断题

1. 换档时，一般用两根拨叉轴同时工作。　　　　　　　　　　　　（　　　）
2. 变速器在换档时，为避免同时挂入两档，必须装设自锁装置。　　（　　　）
3. 变速器的档位越低，传动比越小，汽车的行驶速度越低。　　　　（　　　）
4. 互锁装置的作用是当驾驶人用变速杆推动某一拨叉轴时，自动锁上其他
   所有拨叉轴。　　　　　　　　　　　　　　　　　　　　　　　　（　　　）
5. 采用移动齿轮或接合套换档时，待啮合的一对齿轮的圆满周速度必须
   相等。　　　　　　　　　　　　　　　　　　　　　　　　　　　（　　　）
6. 同步器能够保证变速器换档时，待啮合齿轮的圆周速度迅速达到一致，
   以减少冲击和磨损。　　　　　　　　　　　　　　　　　　　　　（　　　）
7. 超速档主要用于汽车在良好路面上轻载或空载运行，以提高汽车的燃料
   经济性。　　　　　　　　　　　　　　　　　　　　　　　　　　（　　　）

三、简答题

1. 两轴式变速器和三轴式变速器在结构上有何区别？
2. 简述同步器的作用与类型。
3. 变速器操纵机构一般都有哪些换档锁装置？试说明它们的作用。
4. 拆装变速器时应注意哪些事项？

任务三　万向传动装置的检修

一、选择题

1. 十字轴式刚性万向节的十字轴轴颈一般都是（　　）。
   A. 中空的　　　　　　B. 实心的　　　　　　C. 无所谓　　　　　　D. 以上都不正确
2. 下面万向节中属于等速万向节的是（　　）。
   A. 球笼式　　　　　　B. 双联式　　　　　　C. 球叉式　　　　　　D. 三销式
3. 为了提高传动轴的强度和刚度，传动轴一般都做成（　　）。
   A. 空心的　　　　　　B. 实心的　　　　　　C. 半空、半实的　　　D. 无所谓
4. 主、从动轴具有最大交角的万向节是（　　）。
   A. 球笼式　　　　　　B. 球叉式　　　　　　C. 双联式　　　　　　D. 三销轴式

二、判断题

1. 汽车行驶过程中，传动轴的长度可以自由变化。　　　　　　　　　　　　（　　）
2. 单个十字轴万向节在有夹角时传动的不等速性是指主、从动轴的平均
   转速不相等。　　　　　　　　　　　　　　　　　　　　　　　　　　（　　）
3. 传动轴两端的万向节叉，安装时应在同一平面内。　　　　　　　　　　（　　）
4. 挠性万向节一般用于主、从动轴间夹角较大的万向传动的场合。　　　　（　　）
5. 球叉式万向节的传力钢球数比球笼式万向节多，所以承载能力强、耐磨、
   使用寿命长。　　　　　　　　　　　　　　　　　　　　　　　　　　（　　）
6. 只有驱动轮采用独立悬架时，才有实现第一万向节两轴间的夹角等于第二
   万向节两轴间的夹角的可能。　　　　　　　　　　　　　　　　　　　（　　）

三、简答题

1. 简述万向传动装置的功用。
2. 简述万向传动装置的组成。

任务四　驱动桥的检修

一、选择题

1. 单级主减速器中，从动锥齿轮两侧的圆锥滚子轴承预紧度的调整应在齿轮啮合
   调整（　　）。
   A. 之前进行　　　　　　　　　　　　　B. 之后进行
   C. 同时进行　　　　　　　　　　　　　D. 之前、之后进行都可
2. 全浮式半轴承受（　　）的作用。
   A. 转矩　　　　　　B. 弯矩　　　　　　C. 反力　　　　　　D. 以上都是

二、判断题

1. 当汽车在一般条件下行驶时，应选用双速主减速器中的高速档，而在行驶条件较差时，则采用低速档 （　　）

2. 对于对称式锥齿轮差速器来说，当两侧驱动轮的转速不等时，行星齿轮仅自转不公转。 （　　）

3. 对称式锥齿轮差速器当行星齿轮没有自转时，总是将转矩平均分配给左、右两半轴齿轮。 （　　）

4. 当采用半浮式支承时，半轴与桥壳没有直接联系。 （　　）

5. 采用半浮式支承的半轴易于拆装，不需拆卸车轮就可将半轴抽下。 （　　）

6. 双速主减速器就是具有两对齿轮传动副的主减速器。 （　　）

三、简答题

1. 简述驱动桥的功用与组成。
2. 简述差速器的结构与工作原理。
3. 如何分解、装配与调整主减速器与差速器？

项目三
电控自动变速器

一、选择题

1. 如果自动变速器油液呈乳白色，说明（　　　）。
   A. 发动机冷却液已渗漏到自动变速器油液中
   B. 自动变速器油液中混合有空气
   C. 自动变速器油液过热了
   D. 自动变速器油液中杂质过多

2. 自动变速器中用于工作的油液为专用的（　　　）。
   A. 汽油　　　　　　B. 机油　　　　　　C.ATF　　　　　　D. 齿轮油

3. 自动变速器中的油泵是由（　　　）驱动的。
   A. 电动机　　　　　B. 液压　　　　　　C. 发动机通过变矩器泵轮　　　D. 输出轴

4. 自动变速器中的（　　　）用来连接或脱开输入轴、中间轴、输出轴和行星齿轮机构，实现转矩的传递。
   A. 多片离合器　　　B. 湿式多片制动器　C. 单向离合器　　　D. 电磁阀

5. 甲说检查自动变速器油的液面高度，必经在热机，怠速状态下进行。乙说检查液面高度，只要将汽车停在平地上就可以了。（　　　）
   A. 甲正确　　　　　B. 乙正确　　　　　C. 两人都正确　　　D. 两人都不正确

6. 甲说自动变速器油加少了会造成打滑，乙说油加多了会造成换档粗暴。（　　　）
   A. 甲正确　　　　　B. 乙正确　　　　　C. 两人都正确　　　D. 两人都不正确

7. 测试自动变速器的主油道油压过高，说明（　　　）。
   A. 油泵的滤清器堵塞　　　　　　　　B. 伺服机构存在内部泄漏
   C. 主油压调节阀不良　　　　　　　　D. 蓄能器背压过高

8. 行星齿轮机构在自动变速器中的作用是（　　　）。
   A. 变矩　　　　　　B. 变速　　　　　　C. 调节液压　　　　D. 没有作用

9. 下列（　　　）有两个功用，一是给自动变速器 ECU 提供档位信息，二是保证只有变速杆置于 P 位或 N 位才能起动发动机。
   A. 强制降档开关　　　　　　　　　　　　　　　　　　　　B. 制动灯开关
   C. 驻车档 / 空档位置开关（又称空档起动开关）　　　　　D. 模式选择开关

10. 关于自动变速器的液力变矩器，下列说法中正确的是（　　　）。
   A. 能将发动机的转矩传递给变速器　　B. 涡轮与发动机转速相同
   C. 导轮由发动机直接驱动　　　　　　D. 导轮与涡轮之间通过单向离合器连接

11. 在自动变速器档位名称中，驻车档为（　　　）。
   A. P　　　　　　　　B. R　　　　　　　C. N　　　　　　　D. D

12. 液力变矩器所需的油压是由（　　　）调节提供的。

A. 油泵　　　　　　　B. 主调压阀　　　　　　C. 次调压阀　　　　　　D. 手动阀

13. 在自动变速器档位名称中，倒档为（　　　）。

A. P　　　　　　　　B. R　　　　　　　　　C. N　　　　　　　　D. D

二、判断题

1. 具有4个前进档的电控自动变速器，必须具有4个换档电磁阀。　　　　（　　　）

2. 在一般的自动变速器中，一组共用太阳齿轮的辛普森行星齿轮系，可提供两个前进档和一个倒档。　　　　（　　　）

3. 根据换档工况的需要，自动变速器中的单向离合器由液压系统控制其自由或锁止。　　　　（　　　）

4. 在自动变速器中，由于行星齿轮机构处于常啮合状态，故动力传输不会产生齿轮间冲击。　　　　（　　　）

5. 自动变速器时滞试验是测量从换档开始至车轮转动锁需要的时间。　　　　（　　　）

6. 发动机的怠速不正常不会影响到自动变速器的工作。　　　　（　　　）

7. 自动变速器中，换档离合器的油道是装于壳体上。　　　　（　　　）

8. 在自动变速器的液控系统中，蓄能器的作用是预先储备一定油压以补足换档时系统油压的不足。　　　　（　　　）

9. 在自动变速器档位名称中，L为倒档。　　　　（　　　）

10. 绝大多数自动变速器的换档电磁阀采用开关式电磁阀，油压电磁阀采用占空比式电磁阀。　　　　（　　　）

11. 在单排行星齿轮变速机构中，行星齿轮与齿圈内啮合，与太阳轮外啮合。（　　　）

12. 在单排行星齿轮变速机构中，太阳轮为主动件（输入），行星架为从动件（输出），齿圈固定，此时传动比为 $1+\alpha$。　　　　（　　　）

13. 自动变速器中的内啮合式齿轮泵，其内齿轮是不旋转的。　　　　（　　　）

14. 自动变速器加压控制的换档阀是通过开启或关闭换档阀控制油路的泄油孔来控制换档阀的工作。　　　　（　　　）

15. 装备自动变速器的车辆，在实际操作过程中，可以采用"抬加速踏板"的方式来快速升档。　　　　（　　　）

16. 在单排行星齿轮变速机构中，行星架为主动件（输入），太阳轮为从动件（输出），齿圈固定，此时传动比为 $\alpha/(1+\alpha)$。　　　　（　　　）

17. 自动变速器消除了频繁换档时离合器和变速杆的复杂操作，使驾驶操作变得简单而省力，同时，也提高了行车的安全性。　　　　（　　　）

18. 自动变速器中制动器的作用是把行星齿轮机构中的某两个元件连接起来，形成一个整体共同旋转。　　　　（　　　）

19. 无级变速器中的金属传动带是将动力从主动带轮传送到从动带轮。　　　（　　　）

20. 大众01J无级变速器的传动链采用了等长度的链节，可以有效防止共振，并减小运动噪声。　　　　（　　　）

21. 无级变速器的液压控制系统也像自动变速器的液压控制系统一样，担负着系统油压的控制、油路的转换控制、用油元件的供油以及冷却、润滑控制等。 （　　）

22. 双离合器自动变速器换档时没有动力中断，换档平稳。 （　　）

23. 双离合器自动变速器有两根输入轴，档位按奇偶数分开布置在两根输入轴上。 （　　）

24. 双离合器自动变速器离合器的切换和档位变换由控制单元和执行机构进行自动控制。 （　　）

25. 双离合器自动变速器换档方式与换档齿轮基本结构与手动变速器不一样。（　　）

三、问答题

1. 自动变速器的基本组成及各部分的功用有哪些?

2. 液力变矩器的结构、功用及工作原理是怎样的?

3. 说明单排行星齿轮机构的组成和连接关系和运动规律。

4. 说明典型四档辛普森行星齿轮变速器各档动力传动路线。

5. 如何检修、调整离合器和制动器?

6. 说明四档拉威挪行星齿轮变速器各档的传动路线。

7. 简述自动变速器在不同工况时对油压的要求。

8. 简述自动变速器信号输入装置的组成及功用。

9. 简述自动变速器电子控制单元的功能。

10. 如何检测开关式电磁阀和占空比式电磁阀?

11. 如何读取、清除 01N 自动变速器的故障码?

12. 简述自动变速器油质的检查方法。

13. 如何判断锁止离合器的工作情况?

14. 简述失速试验的操作方法，并对试验结果进行分析。

15. 分析自动变速器打滑的故障现象及原因。

16. 简述无级变速器的特点。

17. 简述 01J 无级变速器的基本组成及各部分的作用。

18. 说明 01J 无级变速器动力传递过程。

19. 简述 01J 无级变速器速比变换的控制过程。

20. 简述 01J 无级变速器接触压力的控制过程。

21. 简述双离合器自动变速器的基本组成及工作过程。

22. 简述双离合器自动变速器的结构特点及优点。

23. 双离合器自动变速器的电子控制单元具有哪些功能?

24. 简述双离合器自动变速器的液压控制系统具有哪些功能?

25. 说明双离合器自动变速器各档位传递路线。

项目四
行驶系统

任务一　车桥的检修

一、选择题

1. 采用非独立悬架的汽车，其车桥一般是（　　）
   A. 断开式　　　　B. 整体式　　　　C. A、B 都可　　　　D. 与 A、B 无关
2. 车轮前束是为了调整（　　）所带来的不良后果而设置的。
   A. 主销后倾角　　B. 主销内倾角　　C. 车轮外倾角　　　D. 车轮内倾角
3. （　　）具有保证车辆自动回下的作用。
   A. 主销后倾角　　B. 主销内倾角　　C. 车轮外倾角　　　D. 前轮前束
4. 在汽车行驶时，桥壳承受由（　　）传来的路面反作用力。
   A. 车架　　　　　B. 车身　　　　　C. 车轮　　　　　　D. 离合器
5. 主销内倾角的作用除了使车轮自动回正外，另一作用是（　　）。
   A. 转向操纵轻便　　　　　　　　　B. 减少轮胎磨损
   C. 形成车轮回正的稳定力矩　　　　D. 提高车轮工作的安全性
6. 转向驱动桥的转向节轴颈制成中空的，以便（　　）从中穿过。
   A. 内半轴　　　　B. 外半轴　　　　C. 主销上段　　　　D. 主销下段
7. 越野汽车的前桥属于（　　）
   A. 转向桥　　　　B. 驱动桥　　　　C. 转向驱动桥　　　D. 支承桥

二、判断题

1. 一般载货车汽车的前桥是转向桥，后桥是驱动桥。　　　　　　　　　　（　　）
2. 无论何种车型，一般主销后倾角均是不可调的。　　　　　　　　　　　（　　）
3. 主销后倾角一定都是正值。　　　　　　　　　　　　　　　　　　　　（　　）
4. 车轮外倾角一定大于零。　　　　　　　　　　　　　　　　　　　　　（　　）
5. 前轮前束的调整，由调整转向节臂来保证的。　　　　　　　　　　　　（　　）
6. 兼起转向和驱动作用的前桥称为转向驱动桥。　　　　　　　　　　　　（　　）
7. 主销内倾角的车轮自动回正作用与车速密切相关。　　　　　　　　　　（　　）
8. 整体式转向桥主要由前轴、转向节、车轮组成。　　　　　　　　　　　（　　）
9. 车轮外倾的作用在于增强前轮工作安全性和转向轻便，使前轮自动回正。（　　）

三、简答题

1. 简述车桥的作用及类型。
2. 转向驱动桥与转向桥在结构上有什么区别?
3. 什么是转向轮定位?
4. 转向轮定位的内容及作用有哪些?

任务二　车架与悬架的检修

一、选择题

1. (　　)本身的刚度是可变的。
   A. 钢板弹簧　　　　B. 油气弹簧　　　　C. 扭杆弹簧　　　　D. 气体弹簧
2. 安装(　　)可使悬架的刚度成为可变的。
   A. 渐变刚度的钢板弹簧　　　　　　　　B. 等螺距的螺旋弹簧
   C. 变螺距的螺旋弹簧　　　　　　　　　D. 扭杆弹簧
3. (　　)悬架是车轮沿主销移动的悬架。
   A. 双横臂式　　　　B. 双纵臂式　　　　C. 烛式　　　　　　D. 麦弗逊式
4. (　　)悬架是车轮沿摆动的主销轴线上下移动的悬架。
   A. 双横臂式　　　　B. 双纵臂式　　　　C. 烛式　　　　　　D. 麦弗逊式
5. 轿车通常采用(　　)悬架。
   A. 独立　　　　　　B. 非独立　　　　　C. 平衡　　　　　　D. 非平衡
6. 独立悬架与(　　)车桥配合。
   A. 渐变刚度的钢板弹簧　　　　　　　　B. 等螺距的螺旋弹簧
   C. 变螺距的螺旋弹簧　　　　　　　　　D. 扭杆弹簧
7. 一般载货汽车的悬架未设(　　)。
   A. 弹性元件　　　　B. 减振器　　　　　C. 导向机构　　　　D. 扭杆弹簧
8. 非独立悬架两侧车轮由一根整体式车桥相连,车轮和车桥一起通过弹性元件连接
   在(　　)下面。
   A. 万向节　　　　　B. 传动系　　　　　C. 车架　　　　　　D. 传动轴
9. 独立悬架车桥都做成断开式的,两边车轮均用(　　)单独地连接在车架下面。
   A. 钢板弹簧　　　　B. 减振器　　　　　C. 螺旋弹簧　　　　D. 离合器
10. 汽车使用的弹簧种类有(　　)。
    A. 钢板弹簧　　　　B. 扭杆弹簧　　　　C. 螺旋弹簧　　　　D. 以上各项都是
11. 悬架弹性元件起(　　)作用。
    A. 减振　　　　　　B. 导向　　　　　　C. 散热　　　　　　D. 缓冲

二、判断题

1. 当悬架刚度一定时,簧载质量越大,则悬架的垂直变形越大,固有频率越高。(　　)
2. 在悬架所受的垂直载荷一定时,悬架刚度越小,则悬架的垂直变速越小,

汽车的固有频率越低。 （　　）

3. 扭杆弹簧本身的扭转刚度是可变的，所以采用扭杆弹簧的悬架的刚度也是可变的。 （　　）

4. 减振器与弹性元件是串联安装的。 （　　）

5. 减振器在汽车行驶中变热是不正常的。 （　　）

6. 减振器在伸张行程时，阻力应尽可能小，以充分发挥弹性元件的缓冲作用。 （　　）

7. 一般载货车汽车的悬架未设导向装置。 （　　）

8. 悬架的减振器仅起缓冲作用。 （　　）

9. 非独立悬架的汽车当一侧车轮因路面不平而跳动时，另一侧车轮不会受影响。 （　　）

10. 汽车悬架是弹性连接车桥和车架的传力装置。 （　　）

三、简答题

1. 简述车架的功用及对车架的要求。

2. 简述车架的种类及其结构特点。

3. 说明悬架的组成及其功用。

4. 与非独立悬架相比，独立悬架有哪些优点？

5. 双向作用筒式减振器的结构及工作原理是怎样的？

6. 常见的非独立悬架有哪些，举例说明其典型应用。

7. 常见的独立悬架有哪些类型，举例说明其典型应用。

任务三　电控悬架的检修

一、选择题

1. 电子控制悬架系统当汽车高速行驶时（车速 >90km/h），可自动（　　）车高，以改善高速行驶时的空气动力学参数和稳定性。

A. 降低　　　　　B. 升高　　　　　C. 保持　　　　　D. 调整

2. 不属于电子控制悬架系统的传感器是（　　）

A. 转向盘转角传感器　　　　　　　B. 车轮转速传感器

C. 车高传感器　　　　　　　　　　D. 加速度传感器

3. 下面不属于电控悬架系统车身高度控制功能的是（　　）。

A. 高速感应控制　　B. 点火开关 OFF 控制　　C. 自动高度控制　　D. 制动点头控制

二、判断题

1. 电子控制悬架系统的优点是能使悬架随着不同的路况和行驶状态做出相应的调整，保证了汽车的乘坐舒适性和稳定性。 （　　）

2. 装有电子控制悬架系统的汽车可以防止汽车制动时车头的下冲。 （　　）

3. 装有电子控制悬架系统的汽车在不平路面上行驶时，当汽车载荷变化

时能自动保持车身高度不变，使车身稳定。 （　　）

4. 装有电子控制悬架系统的汽车无论车辆负载多少，都可以保持汽车高度一定，车身保持水平。 （　　）

5. 在电子控制悬架系统中，电子控制单元根据车速传感器和转角传感器的信号，判断汽车转向时侧向力的大小和方向，以控制车身的侧倾。 （　　）

6. 装有电子控制悬架系统的汽车可以避免汽车转弯时车身向外倾斜，提高汽车转弯时的操纵稳定性。 （　　）

7. 装有电子控制悬架系统的汽车可以防止汽车急转弯时车身横向摇动和换档时车身纵向摇动。 （　　）

8. 装有电子控制悬架系统的汽车在高速行驶时，可以使车高降低，以减少空气阻力，提高操纵的稳定性。 （　　）

9. 在电子控制悬架系统中，电控单元根据车速传感器和转角传感器的信号，判断汽车转向时侧向力的大小和方向，以控制车身的侧倾。 （　　）

10. 电子控制悬架系统主要有半主动悬架和主动悬架两种。 （　　）

11. 采用主动式悬架后，汽车对侧倾、俯仰、横摆跳动和车身的控制都能更加迅速、精确，汽车高速行驶和转弯的稳定性提高，车身侧倾减少。 （　　）

12. 空气弹簧由主气室和副气室组成，主气室位于副气室上方，其容积是可变的。 （　　）

13. 反力控制式动力转向系统中的电磁阀，在车速低时，通电电流大，则流回油箱的回流量增加。 （　　）

三、简答题

1. 简述电控悬架系统的基本组成和工作原理。
2. 电控悬架系统常用的传感器有哪些，各有什么功用？
3. 电控悬架系统的控制功能有哪些？
4. 试述可调阻尼式减振器的工作原理。
5. 简述悬架刚度调节的基本原理。
6. 简述空气悬架系统车身高度控制的工作原理。
7. 电控悬架检修的注意事项有哪些？
8. 简述电控悬架系统检修的基本方法。
9. 如何诊断、排除悬架高度和阻尼系数控制失灵的故障？

任务四　车轮与轮胎的检修

一、选择题

1. 6.5-20 型轮辋是属于（　　）轮辋。
   A. 一件式　　　　B. 多件式　　　　C. A、B 都有可能　　D. 无法确定

2. 7. 0-20 型轮辋的名义直径是（　　）
   A. 7.0mm　　　　B. 20mm　　　　C. 7.0 英寸　　　　D. 20 英寸

3. 有内胎的充气轮胎由（　　　）等组成。

    A. 内胎　　　　　　　B. 外胎　　　　　　　C. 轮辋　　　　　　　D. 垫带

4. 在使用气动枪拆卸轮胎时（　　　）。

    A. 应该选用专用的六角套筒　　　　　　　B. 应该选用普通的六角套筒

    C. 应该选用专用的十二角套筒　　　　　　D. 管道内的气压应达到 1500kPa 以上

5. 桑塔纳轿车一级维护轮胎花纹深度极限应大于（　　　）mm。

    A. 1　　　　　　　　B. 2　　　　　　　　C. 3　　　　　　　　D. 0.5

6. 对轮胎磨损影响最大的因素是（　　　）。

    A. 主销后倾角　　　　B. 推力角　　　　　　C. 车轮前束　　　　　D. 转向轴线内倾角

7. 一般轿车的车轮螺栓拧紧力矩为（　　　）N·m。

    A. 10　　　　　　　　B. 110　　　　　　　C. 50　　　　　　　　D. 90

8. 在检查汽车的车轮螺栓时（　　　）。

    A. 目测就能判断螺栓是否紧固　　　　　　B. 应该用扭力扳手检查判断螺栓是否紧固

    C. 用脚踢就能判断螺栓是否紧固　　　　　D. 用手摸就能判断螺栓是否紧固

9. 子午线轮胎换位一般要求（　　　）。

    A. 前后换位　　　　　B. 左右换位　　　　　C. 对角换位　　　　　D. 任意换位

10. 以下说法错误的是（　　　）。

    A. 子午线轮胎换位一般要求前后换位

    B. 子午线轮胎要求换位不改变轮胎的旋转方向

    C. 一般要求子午线轮胎不能左右换位

    D. 子午线轮胎可以任意换位

二、判断题

1. 汽车两侧车轮辐板的固定螺栓一般都采用右旋螺纹。　　　　　　　　　　（　　　）

2. 普通斜交胎的帘布层数越多，强度越大，但弹性越差。　　　　　　　　　（　　　）

3. 子午线轮胎帘布层帘线的排列方向与轮胎的子午断面一致，使其强度
提高，但轮胎的弹性有所下降。　　　　　　　　　　　　　　　　　　　（　　　）

4. 车轮不平衡可能引起汽车行驶时过分的振动　　　　　　　　　　　　　　（　　　）

5. 当车辆在举升机上升起的位置测量轮胎压力是不规范的。　　　　　　　　（　　　）

6. 轿车的车轮螺栓拧紧力矩为 10N·m。　　　　　　　　　　　　　　　　　（　　　）

三、简答题

1. 简述车轮总成的组成及功用。

2. 简述车轮的功用及其构造。

3. 简述充气轮胎的结构组成。

4. 举例说明轮胎规格的表示方法。

5. 轮胎气压过高、过低会引起哪些不良后果？

6. 常见的轮胎故障有哪些？

项目五
转向系统

一、选择题

1. 带有平行轴传动机构 (APA) 的电动机械式转向机构，其电动机位置传感器安装在何处？ （　　）

   A. 电动机位置传感器直接安装在转向机构主动齿轮上。

   B. 电动机位置传感器是电动机 V187 的组件。

   C. 电动机位置传感器安装在转向柱和转向柱开关之间。

2. 带有平行轴传动机构 (APA) 的电动机械式转向机构，使用的是哪种电动机？（　　）

   A. 三相同步电动机　　　　　B. 三相异步电动机　　　　　C. 二相同步电动机

3. 带有平行轴传动机构 (APA) 的电动机械式转向机构，电动机与齿条之间是如何传递力的？ （　　）

   A. 用行星齿轮机构　　　　　B. 用循环球机构　　　　　C. 用蜗轮蜗杆机构

4. 转向力矩传感器的信号是如何传递的？（　　）

   A. 经卷簧和两个一同转动的霍尔传感器

   B. 经两个霍尔传感器，它们与壳体刚性连接且不转动

   C. 通过旋转部件外的一个霍尔传感器

5. 循环球螺母内的循环通道是做什么用的？（　　）

   A. 收集循环球

   B. 让循环球经过循环球螺母

   C. 将循环球再送回原始位置

6. 大众公司带有平行轴传动机构 (APA) 的电动机械转向系统属于（　　）。

   A. 转向轴助力式　　B. 齿轮助力式　　　C. 齿条助力式　　　D. 转向盘助力式

二、判断题

1. 现在的汽车上均采用动力转向系统。　　　　　　　　　　　　　　　　（　　）

2. 电控式动力转向系是在原有机械式转向系组成基础上增设一套液压助力装置。　　　　　　　　　　　　　　　　　　　　　　　　　　　（　　）

3. 电子控制的液压动力转向系统中，旁通流量控制电磁阀是由电控单元控制的，电控单元会根据车速、转向盘速度等信息，通过该阀控制液压油流量。（　　）

4. 在电动式动力转向系统中，当电动机等发生故障时，电磁离合器会自动分离，这时可恢复手动控制转向。　　　　　　　　　　　　　　　　（　　）

5. 电动式动力转向系统根据电动机布置位置的不同，可分为转向轴助力式、
   齿轮助力式和齿条助力式 3 种。　　　　　　　　　　　　　　　　　（　　　）
6. 反力控制式动力转向系统是按照车速的变化，由 ECU 控制回转阀中油压的
   大小对转向助力进行调整的。　　　　　　　　　　　　　　　　　　（　　　）

三、简答题

1. 简述电子控制动力转向系统的优点。
2. 简述流量控制式 EPS 的工作原理。
3. 简述反力控制式 EPS 的工作原理。
4. 简述阀灵敏控制式 EPS 的工作原理。
5. 简述电动式 EPS 的工作原理。
6. 电动式 EPS 由哪些部件组成？分几种类型？
7. 说明转向助力电动机是如何实现转向时正反转控制的。
8. 电动式 EPS 转矩传感器的作用是什么？电磁感应式转矩传感器是如何工作的？
9. 如何对液压式电控动力转向系统进行检修。
10. 如何对电动式电控动力转向系统进行检修。

项目六
制动系统

任务一　常规制动系统的检修

一、选择题

1. 汽车制动时，制动力的大小取决于（　　）。
   A. 汽车的载质量
   B. 制动力矩
   C. 车速
   D. 轮胎与地面的附着条件

2. 我国国家标准规定任何一辆汽车都必须具有（　　）。
   A. 行车制动系　　　B. 驻车制动系　　　C. 第二制动系　　　D. 辅助制动系

3. 国际标准化组织 ISO 规定（　　）必须能实现渐进制动。
   A. 行车制动系　　　B. 驻车制动系　　　C. 第二制动系　　　D. 辅助制动系

4. 汽车制动时，制动力 F_B、车轮和地面之间的附着力 F_A 的关系为（　　）。
   A. $F_B < F_A$　　　B. $F_B > F_A$　　　C. $F_B \leqslant F_A$　　　D. $F_B \geqslant F_A$

5. 汽车制动时，当车轮制动力 F_B 等于车轮与地面之间的附着力 F_A 时，则车轮（　　）。
   A. 做纯滚动　　　B. 做纯滑移　　　C. 边滚边滑　　　D. 不动

6. 在汽车制动过程中，当车轮抱死滑移时，路面对车轮的侧向力（　　）。
   A. 大于零　　　B. 小于零　　　C. 等于零　　　D. 不一定

7. 领从蹄式制动器一定是（　　）。
   A. 等促动力制动器
   B. 不等促动力制动器
   C. 非平衡式制动器
   D. 以上都不对

8. 双向双领蹄式制动器的固定元件的安装是（　　）。
   A. 中心对称
   B. 轴对称
   C. 既是 A 又是 B
   D. 既不是 A 也不是 B

9. 下列（　　）制动器是平衡式制动器。
   A. 领从蹄式　　　B. 双领蹄式　　　C. 双向双领蹄式　　　D. 双从蹄式

10. 在结构形式、几何尺寸和摩擦副的摩擦系统一定时，制动器的制动力矩取决于（　　）。
    A. 促动管路内的压力
    B. 车轮与地面间的附着力
    C. 轮胎的胎压
    D. 车轮与地面间的摩擦力

11. 在汽车制动过程中，如果只是前轮制动到抱死滑移而后轮还在滚动，则汽车可能（　　）。
    A. 失去转向性能　　　B. 甩尾　　　C. 正常转向　　　D. 调头

二、判断题

1. 制动力一定是外力。 （ ）
2. 液压制动主缸的补偿孔堵塞，会造成制动不灵。 （ ）
3. 等促动力的领从蹄式制动器一定是简单非平衡式制动器。 （ ）
4. 无论制动鼓正向还是反向旋转时，领从蹄式制动器的前蹄都是领蹄，后蹄都是从蹄。 （ ）
5. 简单非平衡式车轮制动器在汽车前进与后退制动时，制动力相等。 （ ）
6. 在动力制动系统中，驾驶员的肌体不仅作为控制能源，还作为部分制动能源。 （ ）
7. 只要增大制动管路内的制动压力，就可加大制动器的制动力矩，从而制动力就可随之增大。 （ ）
8. 汽车在行驶过程中，其前后轮的垂直载荷是随车速的变化而变化的。 （ ）
9. 汽车制动的最佳状态是出现完全抱死的滑移现象。 （ ）

三、简答题

1. 制动系统有何功用？
2. 制动系统由哪些零件组成？
3. 怎样正确拆装盘式制动器？
4. 盘式制动器检查的主要内容有哪些？
5. 怎样正确拆装鼓式制动器？
6. 鼓式制动器检查的主要内容有哪些？
7. 怎样检查真空助力器工作情况？
8. 怎样检查与调整制动踏板行程？
9. 如何对制动系统排气？
10. 怎样调整驻车制动杆行程？
11. 液压制动系统常见故障诊断与排除方法有哪些？

任务二　防抱死制动系统的检修
任务三　驱动防滑控制系统的检修
任务四　电子稳定程序控制系统的检修

一、选择题

1. 汽车的制动防抱死系统基本由（　　）压力调节器，电子控制装置（ECU）三大部分组成。

   A. 制动主缸（总泵）　　　　　　　B. 车轮转速传感器

   C. 真空增压器　　　　　　　　　　D. 轮毂

2. 汽车在行驶中 ABS 功能正常，但 ABS 故障警告灯一直亮，最可能的故障原因是（　　）。

A. 油管内有空气　　　　　　　　　B. 制动系统机械故障

C. 车轮转速传感器　　　　　　　　D. 警告灯线路短路

3. ABS 失效后，汽车（　　　）。

A. 无常规制动　　　B. 有常规制动　　　C. 会造成间歇故障码　　　D. 以上均错

4. 下列哪项不是 ABS 车速传感器的检查方法（　　　）。

A. 间隙检查　　　　　　　　　　　B. 电阻检查

C. 电压检查　　　　　　　　　　　D. 通电听动作声音检查

5. 仪表显示 ABS 故障灯点亮，在诊断与排除故障时我们首先应该（　　　）。

A. 拆卸车轮转速传感器　　　　　　B. 检查线路是否有故障

C. 检查仪表是否工作正常　　　　　D. 用故障诊断仪读取故障码

6. 关于 ABS 系统检修下列说法不正确的是（　　　）。

A. 维修 ABS 系统的液压控制单元时，要首先进行泄压，然后再按规定进行修理

B. 制动液最好每 2 年更换一次

C. 在对汽车进行烤漆作业前，应将电子控制模块从车上拆下

D. 安装轮速传感器前应先涂防锈油，安装过程中不可敲击

7. ABS 制动系统就是将滑移率控制在（　　　）左右（最佳制动点），使制动效果最好，以确保行车安全效率。

A.40%　　　　　　B.50%　　　　　　C.20%　　　　　　D.5%

8. 当 ESP 判定出现不足转向时，将制动（　　　），使车辆进一步沿驾驶人转弯方向偏转，从而稳定车辆。

A. 内侧前轮　　　　B. 内侧后轮　　　　C. 外侧前轮　　　　D. 外侧后轮

二、判断题

1. ABS/ASR 系统就是要防止在车辆加速或制动时出现我们所不期望的纵向滑移，而 ESP 是要控制横向滑移。　　　　　　　　　　　　（　　　）

2. 在路滑的左弯道上，当过度转向使车辆向右甩尾时，ESP 传感器测得车轮滑动，信息送入 ECU，通过 ASR 牵制发动机动力输出，通过 ABS 对车轮进行制动，使汽车产生逆时针方向的力矩，保持原行驶轨道。　　（　　　）

3. 若系统电压不稳定，将导致 ABS 系统产生间歇故障，与正常相比，制动性能下降。　　　　　　　　　　　　　　　　　　　　　　（　　　）

4. ABS 系统产生故障后，系统将停止工作，并使常规制动效果下降。　（　　　）

5. 发动机起动后，ABS 警告灯应在几秒后熄灭，并在 ABS 工作时闪烁。（　　　）

6. 装备 ABS 的汽车，如果 ABS 系统有故障，汽车将失去制动功能。　（　　　）

7. ASR 处于防滑转调节过程中，踩下制动踏板，ASR 自动退出防滑转调节。（　　　）

8. ASR 只在一定的车速范围内进行防滑转调节。　　　　　　　　　　（　　　）

9. ASR 可以由驾驶人通过 ASR 选择开关对其是否进入工作状态进行选择。（　　　）

10. ASR 只对驱动轮实行制动控制，并有选择开关，当该开关关闭时，系统不进行控制。　　　　　　　　　　　　　　　　　　　　　（　　　）

11. ASR 在车速很高时（一般 80~120km/h）不起作用。 （　　）

12. ASR 控制期间，离合器处于分离状态，发动机惯性会对 ASR 控制产生较大影响。 （　　）

13. ESP 是一种提高车辆曲线行驶稳定性的主动安全系统，它通过制动和干预发动机来实现让车辆按理想轨迹行进的目的，同时保持车辆的可操纵性。 （　　）

14. ESP 是一个主动安全系统。它是建立在其他牵引控制系统之上的一个非独立的系统。 （　　）

15. 在同样弯路中行驶，由于转向不足，车速较快使前轮驶离路面而丧失地面附着力时，ESP 系统将产生逆时针方向的力矩，使汽车回到正确的轨道上。 （　　）

16. 驱动防滑控制系统的控制参数是车轮的滑移率。 （　　）

17. 当制动系统液压力增大到某一值时，地面制动力达到附着力，此时车轮开始抱死不转出现拖滑的现象。 （　　）

三、简答题

1. 解释滑移率的概念，说明滑移率与路面附着系数的关系。
2. 说明防抱死制动系统的功能和分类。
3. 与传统制动系统相比，采用 ABS 有哪些特点？
4. 简述电控 ABS 的工作原理。
5. 简述 ABS 系统基本组成部件和各部件的作用。
6. 简述电磁式轮速传感器的结构、原理及检测方法。
7. 简述循环式制动压力调节器的工作原理。
8. 简述可变容积式制动压力调节器的组成及工作原理。
9. 简述 ABS 系统检修方法及步骤。
10. 简述为什么要采用 ASR 系统。
11. 防滑转控制的方式有哪几种？
12. ASR 和 ABS 有哪些异同点？
13. 简述 ASR 的基本组成和工作原理。
14. 简述单独方式 ASR 制动压力调节器的工作原理。
15. 副节气门装置的主要作用是什么？
16. 简述 ASR 系统检修的基本方法。
17. 汽车电子稳定系统的作用是什么？
18. 汽车电子稳定系统由哪些部分组成？各部分的基本作用是什么？

第二部分　实训工作页

实训工作页 1
底盘的认识及工具设备的使用

学生姓名		班级		学号		日期	
实训仪器设备							

1.写出图中底盘基本组成系统

2.写出汽车底盘各系统的结构组成及功用

1）传动系统：_____

2）行驶系统：_____

3）转向系统：_____

4）制动系统：_____

3.写出汽车传动系统的布置形式

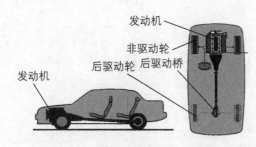

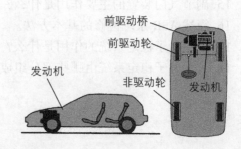

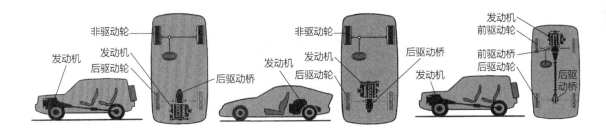

_____   _____   _____

4. 写出工具盒中常用工具的名称及使用方法

1）_____

2）_____

3）_____

4）_____

5）_____

6）_____

7）_____

5. 举升和支撑车辆，并记录相关操作

1）使用举升机前是否清除举升机附近妨碍作业的器具及杂物？　　　　是□　　否□

2）支车前，是否调整 4 个举升臂支撑块高度在同一平面上？　　　　是□　　否□

3）支车时，举升臂支撑块是否支撑在规定的支撑点位置？　　　　是□　　否□

4）当举升机升至距离地面 10cm 时，是否检查并确认车辆托举安全可靠？是□　　否□

5）举升过程中，是否严禁任何人进入车辆下面？　　　　是□　　否□

6）举升到需要高度时，保险锁销等锁止装置是否起到保险锁止作用，
是否确保安全可靠才开始车底作业？　　　　是□　　否□

6. 本次实训中存在的疑问有哪些

_____

_____

_____

7. 自我评价

你认为个人技能掌握程度是：非常熟练□　　比较熟练□　　一般熟练□　　不熟练□

教师评语：

_____

_____

成绩：_____　　教师签字：_____

实训工作页 2
离合器的检修

学生姓名		班级		学号		日期	
实训仪器设备							

1. 写出图中离合器各零部件名称

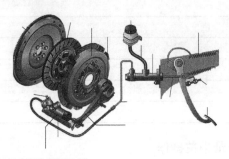

2. 写出离合器各部分机构包括的零部件

1) 主动部分：_____

2) 从动部分：_____

3) 压紧机构：_____

4) 操纵机构：_____

3. 看图写出离合器的工作原理

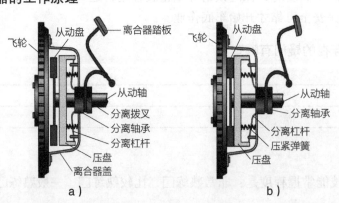

a)   b)

_____

_____

4. 离合器的检修

（1）从动盘的检查

1）目视检查。从动盘摩擦片是否有裂纹、铆钉外露、减振器弹簧

断裂等情况？ 是□ 否□

2）检查从动盘摩擦片的磨损程度。用游标卡尺测量摩擦片的厚度
为_____，是否正常？ 是□ 否□

3）检查从动盘摩擦片上的铆钉深度。用游标卡尺测量从动盘摩擦
片上的铆钉深度为_____，是否正常？ 是□ 否□

（2）压盘和离合器盖的检查

1）检查压盘表面粗糙度。目视检查压盘表面不应有明显的沟槽，沟槽深度
应小于0.30mm。如有沟槽，检测沟槽深度为_____，是否正常？ 是□ 否□

2）检查压盘平面度。用刀口尺压在压盘上，然后用塞尺测量。
离合器压盘平面度为_____，是否正常？ 是□ 否□

3）检查离合器盖与飞轮接合面的平面度。离合器盖与飞轮的接
合面的平面度为_____，是否正常？ 是□ 否□

（3）膜片弹簧的检查

1）检查膜片弹簧的磨损程度。用游标卡尺测量膜片弹簧与分离轴承
接触部位磨损的深度为_____，宽度为_____，是否正常？ 是□ 否□

2）检查膜片弹簧。目视检查膜片弹簧的分离指是否在同一高度，
是否有断裂和过度磨损现象？ 是□ 否□

（4）分离轴承的检查　用手固定分离轴承内圈，转动外圈，同时在轴
向施加压力，是否有阻滞或有明显间隙感？ 是□ 否□

5. 离合器储液罐液面高度检查

1）检查储液罐中制动液液位是否处于"MIN"线与"MAX"线之间？ 是□ 否□

2）如果制动液液位低于"MIN"线，检查是否有泄漏？ 是□ 否□

3）给储液罐加注制动液，制动液型号为_____。

4）对离合器管路进行排气工作，检查离合器管路中的空气是否已全部放出？ 是□ 否□

6. 离合器踏板行程（高度）的检查与调整

1）检查离合器踏板的高度为_____，是否正常？ 是□ 否□

2）检查离合器踏板的自由行程为_____，是否正常？ 是□ 否□

7. 本次实训中存在的疑问有哪些

_____

_____

8. 自我评价

你认为个人技能掌握程度是：非常熟练□　比较熟练□　一般熟练□　不熟练□

教师评语：

_____

_____

成绩：_____　教师签字：_____

实训工作页 3
手动变速器的检修

学生姓名		班级		学号		日期	
实训仪器设备							

1. 写出图中手动变速器零部件名称

2. 写出手动变速器档位的动力传递路线

1）写出手动变速器一档的动力传递路线

_____

_____

_____

_____

_____

输入轴

输入轴
一档齿轮

一档

输出轴

一 / 二档接合套后移

输出轴一档齿轮

一 / 二档同步器

2）写出手动变速器三档的动力传递路线

_____

_____

_____

_____

三 / 四档接合套后移

三档

3. 手动变速器的检测

（1）齿轮与花键的检修

1）检查齿轮的齿面。目视检查齿轮上是否有明显的疲劳斑点、划痕或
阶梯形磨损？ 是□ 否□

2）检查斜齿轮齿面的磨损程度，磨损量是否超过原齿面的15%？ 是□ 否□

3）检查齿轮与齿轮、齿轮与轴及花键之间各啮合间隙是否符合规定值？ 是□ 否□

（2）变速器轴的检修

1）目视检查变速器轴上是否有裂纹或破损处？ 是□ 否□

2）检查变速器轴是否有弯曲变形情况？ 是□ 否□

3）用游标卡尺测量变速器轴颈（或定位凹槽），测量值为_____。
是否正常？ 是□ 否□

（3）同步器的检修

1）用塞尺测量锁环和换档齿轮端面之间的间隙，测量值为_____。
是否正常？ 是□ 否□

2）检查同步器滑块和滑块槽是否出现磨损？ 是□ 否□

4. 写出手动变速器齿轮油的更换步骤

1）放油：_____

_____

_____

2）加油：_____

_____

_____

5. 本次实训中存在的疑问有哪些

_____

_____

_____

_____

6. 自我评价

你认为个人技能掌握程度是：非常熟练□ 比较熟练□ 一般熟练□ 不熟练□

教师评语：

_____

_____

成绩：_____ 教师签字：_____

实训工作页 4
万向传动装置的检修

学生姓名		班级		学号		日期	
实训仪器设备							

1. 写出图中万向传动装置的组成零部件名称

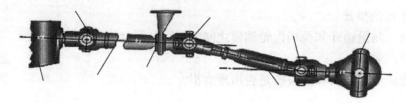

2. 写出图中球笼式等速万向节零部件名称

3. 万向节的检修

1）检查内、外等速万向节中各部件的磨损情况和装配间隙，是否正常？　是□　否□

2）检查万向节球笼、星形套与钢球有无凹陷与磨损，万向节间隙是否
过大？　　　　　　　　　　　　　　　　　　　　　　　　　　　　是□　否□

3）检查万向节防尘罩、卡箍、弹簧挡圈等是否损坏？　　　　　　　　是□　否□

4. 传动轴总成的检修

1）检查传动轴套管是否有裂纹、变形或过度磨损？　　　　　　　　　是□　否□

2）用百分表测量传动轴弯曲程度，是否超过规定值？　　　　　　　　是□　否□

3）用塞尺检查传动轴轴颈轴向侧隙，是否超过规定值？　　　　　　　　　　是☐　否☐

4）检查十字轴是否完整、密封良好以及没有变形？　　　　　　　　　　　是☐　否☐

5）十字轴转动时，是否有噪声或有受阻的感觉？　　　　　　　　　　　　是☐　否☐

6）将传动轴握紧，左右、上下地转动连接轴叉，此时十字轴上是否感到
　　有明显的松旷？　　　　　　　　　　　　　　　　　　　　　　　　是☐　否☐

7）检查中间支承的橡胶垫环是否开裂、油封磨损是否过甚而失效、轴承
　　松旷或内孔磨损是否严重？　　　　　　　　　　　　　　　　　　　是☐　否☐

8）检查中间支承吊架固定螺栓是否松动？　　　　　　　　　　　　　　是☐　否☐

9）检查万向节凸缘盘连接螺栓是否松动？　　　　　　　　　　　　　　是☐　否☐

10）检查传动轴花键，在两个相反的方向上来回转动传动轴数次，是否
　　感觉有明显的间隙？　　　　　　　　　　　　　　　　　　　　　是☐　否☐

11）检查花键部分是否过度磨损，以及传动轴管部是否有焊接缺陷？　　是☐　否☐

12）在传动轴两端装上万向节之后，检查两端的万向节叉是否在同一
　　平面上？　　　　　　　　　　　　　　　　　　　　　　　　　　是☐　否☐

5. 本次实训中存在的疑问有哪些

_____

_____

_____

_____

6. 自我评价

你认为个人技能掌握程度是：非常熟练☐　　比较熟练☐　　一般熟练☐　　不熟练☐

教师评语：

_____

_____

成绩：_____　教师签字：_____

实训工作页 5
驱动桥的检修

学生姓名		班级		学号		日期	
实训仪器设备							

1. 写出图中驱动桥主要零部件名称及作用

1）驱动桥的功用：_____

_____

2）主减速器的功用：_____

3）差速器的功用：_____

4）半轴的功用：_____

2. 写出图中普通齿轮式差速器零部件名称

3. 主减速器的调整

（1）主动锥齿轮轴承预紧度的调整

1）检查主动锥齿轮轴承预紧度是否符合规定？　　　　　　　　　是□　　否□

2）增加垫片的厚度，主动锥齿轮轴承预紧度是否变小；反之，轴承预
　　紧度是否变大？ 是☐ 否☐

（2）从动锥齿轮轴承预紧度的调整

1）检查从动锥齿轮轴承预紧度是否符合规定？ 是☐ 否☐

2）拧动从动锥齿轮轴承两侧的轴承调整螺母。拧入调整螺母，轴承预
　　紧度是否变大；反之，轴承预紧度是否变小？ 是☐ 否☐

（3）锥齿轮啮合的调整

1）齿面啮合印痕的调整。检查齿面啮合印痕，是否位于齿高的中间偏
　　小端，并占齿宽 60% 以上？ 是☐ 否☐

2）齿侧啮合间隙的调整。将百分表抵在从动锥齿轮正面的大端处，用
　　手把住主动锥齿轮，然后轻轻地往复摆转从动锥齿轮，读取间隙值。
　　间隙值是否符合规定？ 是☐ 否☐

4. 差速器的检修

1）用游标卡尺测量差速器行星齿轮止推垫圈的厚度值为_____，
　　是否正常？ 是☐ 否☐

2）用游标卡尺测量差速器行星齿轮轴的外径为_____，是否正常？ 是☐ 否☐

5. 驱动桥齿轮油的检查与更换

1）检查驱动桥齿轮油的油面是否在加油螺塞开口最低点以下 5mm 范围内？ 是☐ 否☐

2）驱动桥齿轮油的油位低时，检查齿轮油是否泄漏？ 是☐ 否☐

3）手动变速驱动桥齿轮油的型号为_____。

6. 本次实训中存在的疑问有哪些

_____

_____

_____

_____

7. 自我评价

你认为个人技能掌握程度是：非常熟练☐　比较熟练☐　一般熟练☐　不熟练☐

　教师评语：

_____

_____

成绩：_____ 教师签字：_____

实训工作页 6
自动变速器的认识

学生姓名		班级		学号		日期	
实训仪器设备							

1. 按图填写自动变速器的组成部件

1: _____ 2: _____ 3: _____ 4: _____ 5: _____

2. 写出下表中液力自动变速器的组成部件的作用

表6-1　液力自动变速器组成部件的作用

序号	组成部件	作用
1	液力变矩器	
2	齿轮变速机构	
3	换档执行机构	
4	液压操控系统	
5	电子控制系统	
6	冷却滤油装置	

3. 观察自动变速器变速杆的布置，写出表中自动变速器各档位名称及功用

表 6-2　自动变速器各档位名称及功用

档位	档位名称	档位功用
P		
R		
N		
D		
3		
2（S）		
L（1）		
OD		

4. 本次实训中存在的疑问有哪些

_____

_____

_____

_____

5. 自我评价

你认为个人技能掌握程度是：非常熟练□　比较熟练□　一般熟练□　不熟练□

教师评语：

_____

_____

成绩：_____　　教师签字：_____

实训工作页 7
液力变矩器的检修

学生姓名		班级		学号		日期	
实训仪器设备							

1. 按图填写液力变矩器的组成部件

1：_____ 2：_____ 3：_____ 4：_____ 5：_____

2. 液力变矩器的检查

（1）检查液力变矩器的外部
目视检查液力变矩器的外部有无损坏和裂纹？油泵驱动轴套外径有无
磨损？驱动油泵的轴套缺口有无损伤？ 是□ 否□

（2）检查液力变矩器内部干涉

1）检查导轮和涡轮之间的干涉。把涡轮轴插入涡轮轮毂中，使油泵和
液力变矩器保持不动，然后顺时针、逆时针反复转动涡轮轴，是否
转动不顺畅或有噪声？ 是□ 否□

2）导轮和泵轮之间的干涉检查。把液力变矩器安装在油泵上，固定住
油泵并逆时针转动液力变矩器，是否转动不顺畅或有噪声？ 是□ 否□

3）液力变矩器轴套径向跳动检查。将液力变矩器安装到飞轮上，用千分
表检查变矩器轴套的径向跳动误差为_____，是否正常？ 是□ 否□

3. 单向离合器的检查

1）用专用工具插入油泵驱动毂和单向离合器外座圈的槽口中。

2）用手指压住单向离合器的内座圈并转动内座圈，检查顺时针方向是否
能转动而逆时针方向锁止？ 是□ 否□

4. 观察锁止离合器的结构特点，写出锁止离合器的工作过程

_____

_____

_____

_____

5. 本次实训中存在的疑问有哪些

_____

_____

_____

_____

6. 自我评价

你认为个人技能掌握程度是：非常熟练□　比较熟练□　一般熟练□　不熟练□

教师评语：

_____

_____

成绩：_____　　教师签字：_____

实训工作页 8
自动变速器齿轮变速机构的检修

学生姓名		班级		学号		日期	
实训仪器设备							

1. 在图中写出单排行星齿轮机构各零部件名称

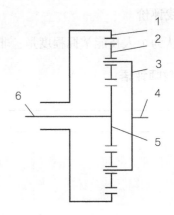

1: _____ 2: _____ 3: _____   1: _____ 2: _____ 3: _____
4: _____ 5: _____ 6: _____   4: _____ 5: _____ 6: _____

2. 离合器检修

1）摩擦片表面是否出现剥落、有裂纹、内花键不光滑等现象？　　　　　　　是□　　否□

2）摩擦片是否出现翘曲变形？　　　　　　　　　　　　　　　　　　　　　是□　　否□

3）摩擦片表面是否发黑（烧蚀）？　　　　　　　　　　　　　　　　　　　是□　　否□

4）摩擦片上的沟槽是否磨平？　　　　　　　　　　　　　　　　　　　　　是□　　否□

5）摩擦表面上的含油层是否已被抛光？　　　　　　　　　　　　　　　　　是□　　否□

6）摩擦片上数字记号是否已被磨掉？　　　　　　　　　　　　　　　　　　是□　　否□

7）压盘和钢片上的齿是否完好？是否有拉毛现象？　　　　　　　　　　　　是□　　否□

8）压盘和钢片是否有蓝色过热的斑迹？　　　　　　　　　　　　　　　　　是□　　否□

9）压盘和钢片是否变形或表面有裂纹？　　　　　　　　　　　　　　　　　是□　　否□

10）装配前，新、旧摩擦片是否在洁净的 ATF 油中浸泡至规定时间？　　　　是□　　否□

11）装配时摩擦片花健缺口是否对正？　　　　　　　　　　　　　　　　　是□　　否□

12）检查离合器鼓、花键毂、压盘等是否磨损严重、变形？　　　　　　　　是□　　否□

13）复位弹簧是否变形、过短、折断、弹性不足？　　　　　　　　　　　　是□　　否□

14）单向球阀是否密封良好等？ 是☐ 否☐

15）离合器重新装配后，用塞尺检查离合器间隙为_____，是否正常？ 是☐ 否☐

3. 带式制动器检修

1）检查制动带是否有破裂、过热、不均匀磨损、表面剥落等缺陷？ 是☐ 否☐

2）检查制动带磨损是否均匀？ 是☐ 否☐

3）检查摩擦材料上印刷的数字是否磨掉？ 是☐ 否☐

4）检查制动带摩擦片表面的含油能力，轻压制动带摩擦片，是否
有油溢出？ 是☐ 否☐

5）检查制动鼓表面是否磨损严重？有无烧蚀污点、划伤、磨光、变形
等缺陷？ 是☐ 否☐

4. 行星排的检修

1）检查太阳轮、行星轮和齿圈的齿面，是否有磨损或疲劳剥落？ 是☐ 否☐

2）检查行星轮与行星架之间的间隙为_____，是否正常？ 是☐ 否☐

3）检查太阳轮、行星架、齿圈等零件的轴径或滑动轴承处是否磨损？ 是☐ 否☐

5. 单向离合器的检查

1）单向离合器是否有滚柱破裂、滚柱保持架断裂或内外圈滚道磨损
起槽等现象？ 是☐ 否☐

2）检查单向离合器是否在一个方向上能自由转动，而反方向锁止？ 是☐ 否☐

6. 本次实训中存在的疑问有哪些

_____

_____

_____

_____

7. 自我评价

你认为个人技能掌握程度是：非常熟练☐ 比较熟练☐ 一般熟练☐ 不熟练☐

教师评语：

_____

_____

成绩：_____ 教师签字：_____

实训工作页 9
油泵和阀体的检修

学生姓名		班级		学号		日期	
实训仪器设备							

1. 写出图中油泵零部件名称

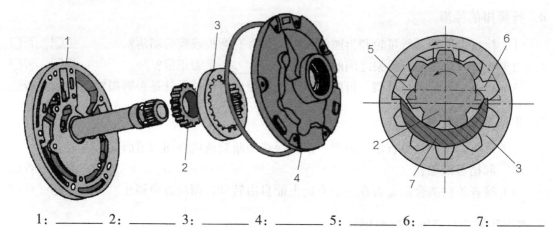

1：_____ 2：_____ 3：_____ 4：_____ 5：_____ 6：_____ 7：_____

2. 油泵的检查

1）检查从动齿轮与泵体之间的间隙。用塞尺测量从动齿轮与泵体之间的间隙_____，是否正常？ 　是□　否□

2）检查从动齿轮齿顶与月牙板之间的间隙。用塞尺测量从动齿轮齿顶与月牙板之间的间隙_____，是否正常？ 　是□　否□

3）检查主动齿轮齿顶与月牙板之间的间隙。用塞尺测量主动齿轮齿顶与月牙板之间的间隙_____，是否正常？ 　是□　否□

4）检查主动齿轮与从动齿轮的侧隙。用直尺和塞尺测量主动齿轮与从动齿轮的侧隙_____，是否正常？ 　是□　否□

5）用百分表测量油泵体衬套内径为_____，是否正常？ 　是□　否□

3. 阀体的检查

1）检查所有阀芯表面是否有刮伤痕迹，是否正常？ 　是□　否□

2）检查各弹簧是否变形、折断？ 　是□　否□

3）测量各弹簧长度是否符合要求？ 　是□　否□

4）检查滤网有无损坏或堵塞？ 　是□　否□

4. 本次实训中存在的疑问有哪些

_____

_____

_____

_____

5. 自我评价

你认为个人技能掌握程度是：非常熟练□   比较熟练□   一般熟练□   不熟练□

教师评语：

_____

_____

成绩：_____   教师签字：_____

实训工作页 10
自动变速器电子控制系统的检修

学生姓名		班级		学号		日期	
实训仪器设备							

1. 写出图中自动变速器的电子控制系统主要部件

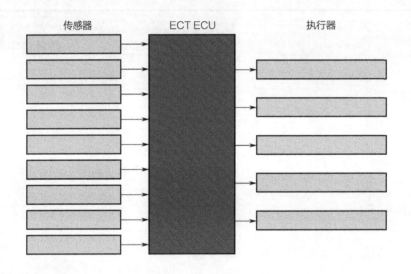

2. 故障码的读取与清除

1）在连接故障诊断仪之前，是否将变速杆置于 P 位，是否拉起驻车
制动器？　　　　　　　　　　　　　　　　　　　　　　是□　否□

2）蓄电池电压是否正常？　　　　　　　　　　　　　　是□　否□

3）关闭点火开关，将故障诊断仪连接到故障车上的诊断插头上，按照故障诊断仪
显示屏的提示，进行相应操作。记录自动变速器故障码为＿＿＿＿＿＿，故障码含
义：＿＿＿＿＿＿＿，可能的故障部位＿＿＿＿＿＿＿＿＿＿。

3. 车速传感器（电磁式）的检测

1）外观检查。检查转子是否有断齿、脏污等情况，是否正常？　是□　否□

2）检查转子齿顶与传感器之间的间隙。用标准间隙厚度的塞尺插入转子
齿顶与传感器之间，如果感觉阻力合适，表明间隙符合标准。如果阻力
大说明间隙过小；如果没有阻力，说明间隙大。是否正常？　　是□　否□

3）检查电磁线圈电阻。关闭点火开关，拔下传感器插头，用欧姆表测量电

磁线圈电阻，为_____。与标准电阻值进行比较，是否正常？　　　是□　否□

4）模拟检查。举升车辆，用交流电压表2V档测量输出电压，运转时
应为_____。用示波器检测输出信号波形是否完整、连续、光滑等？

是□　否□

4. 空档起动开关的检测

1）检查开关导通情况。点火开关关闭，拔下传感器插接器插头，用万
用表的欧姆档测量各端子之间的导通情况，是否正常？　　　是□　否□

2）检查空档起动开关各端子电压。打开点火开关，但不起动发动机，
用万用表的电压档测量空档起动开关各端子之间的电压，是否正常？　是□　否□

5. 开关式电磁阀的检测

1）检查电磁阀电阻。脱开电磁阀插接器，测量电磁阀端子与车身搭铁之间的电阻，
开关式电磁阀电阻值为_____，占空比式电磁阀电阻值为_____。

2）检查电磁阀的工作情况。检测时将蓄电池串联一个低电阻，如一个8~10W
的灯泡，然后再与电磁阀相连（由于占空比式电磁阀线圈的电阻很小，
不可与12V蓄电池直接相连，否则容易烧毁电磁阀线圈），电磁阀通
电后，检查是否有工作响声？　　　是□　否□

3）检查电磁阀的漏气。拆下电磁阀，施加0.5MPa的压缩空气，检查电磁
阀是否漏气？　　　是□　否□

6. 本次实训中存在的疑问有哪些

_____
_____
_____
_____

7. 自我评价

你认为个人技能掌握程度是：非常熟练□　比较熟练□　一般熟练□　不熟练□

教师评语：

_____
_____

成绩：_____　　教师签字：_____

实训工作页 11
自动变速器的基本检查

学生姓名		班级		学号		日期	
实训仪器设备							

1. ATF 液面高度的检查

1）起动发动机，预热车辆，使发动机冷却液温度和自动变速器 ATF 油温度达到正常工作温度？　　　　　　　　　　　　　　　　　　是□　否□

2）将车辆停在水平地面，并可靠驻车。　　　　　　　　　　　　　是□　否□

3）发动机怠速运转，将变速杆由 P 位切换至各档位，再退回 P 位。　是□　否□

4）拉出变速器油尺，并将其擦拭干净。　　　　　　　　　　　　　是□　否□

5）将油尺全部插回套管。　　　　　　　　　　　　　　　　　　　是□　否□

6）再将油尺拉出，检查油面是否在 HOT 范围？　　　　　　　　　是□　否□

2. ATF 油质的检查

1）颜色：ATF 颜色是否为鲜亮、透明的红色？　　　　　　　　　　是□　否□

2）气味：ATF 是否有气味？　　　　　　　　　　　　　　　　　　是□　否□

　　　　　ATF 是否有焦煳味？　　　　　　　　　　　　　　　　是□　否□

3）杂质：ATF 中是否有金属屑？　　　　　　　　　　　　　　　　是□　否□

　　　　　ATF 中是否有胶质状油？　　　　　　　　　　　　　　是□　否□

3. ATF 的更换

1）拆下放油塞，将 ATF 排放到容器中。　　　　　　　　　　　　是□　否□

2）再将放油塞紧固上。　　　　　　　　　　　　　　　　　　　　是□　否□

3）发动机熄火，通过加油管加入新油。　　　　　　　　　　　　　是□　否□

4）起动发动机，将变速杆由 P 位换至 L 位，再退回 P 位。　　　　是□　否□

5）检查 ATF 油位，应在 "COOL" 范围内。　　　　　　　　　　　是□　否□

6）在正常温度（70~80℃）时检查 ATF 油位，是否在 HOT 范围，油位是否正常？　　　　　　　　　　　　　　　　　　　　　　是□　否□

4. 空档起动开关的检查与调整

1）松开空档起动开关固定螺栓，将变速杆置于 N 位。　　　　　　是□　否□

2）将槽口对准空档基准线。　　　　　　　　　　　　　　　　　　是□　否□

3）定位位置后，按规定力矩拧紧固定螺栓。　　　　　　　　　　　是□　否□

5. 本次实训中存在的疑问有哪些

_____

_____

_____

_____

6. 自我评价

你认为个人技能掌握程度是：非常熟练□　比较熟练□　一般熟练□　不熟练□

教师评语：

_____

_____

成绩：_____　　教师签字：_____

实训工作页 12
无级变速器（CVT）的维护

学生姓名		班级		学号		日期	
实训仪器设备							

1.写出图中无级变速器零部件名称

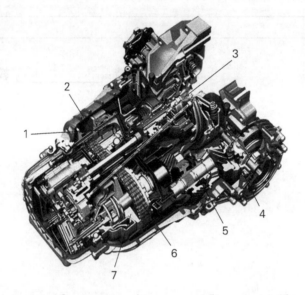

1：＿＿＿　2：＿＿＿　3：＿＿＿　4：＿＿＿　5：＿＿＿　6：＿＿＿　7：＿＿＿

2.ATF 油位的检查

（1）准备工作

1）车辆处于水平位置。

2）发动机运转时，将变速杆挂入 P 位，并拉紧驻车制动器。　　　　　是□　　否□

3）连接故障诊断仪，然后按照显示屏提示选择车辆自诊断和车辆系统中
　　的自动变速器。　　　　　　　　　　　　　　　　　　　　　　　　是□　　否□

4）发动机处于怠速运转。　　　　　　　　　　　　　　　　　　　　　是□　　否□

5）关掉空调制冷系统和暖风系统。　　　　　　　　　　　　　　　　　是□　　否□

6）开始检查前，ATF 的温度不允许超过 30℃，必要时先冷却变速器。　是□　　否□

（2）ATF 油位的检查

1）在故障诊断仪上读取 ATF 温度，变速器温度在 30~35℃时进行操作。
是否正常？　　　　　　　　　　　　　　　　　　　　　　　　是□　　否□

2）发动机处于怠速运转，踩下制动器，在所有档位（P、R、N、D）上
停留一遍，并且在每一个位置上发动机怠速运转约 2s，最后将变速
杆置于 P 位置。是否正常？　　　　　　　　　　　　　　　　　是□　　否□

3）举升车辆，拧下变速器壳体上的检查螺栓，检查有无 ATF 从检查孔溢
出，如果不需加注 ATF，直到 ATF 从检查孔溢出为止。是否正常？　是□　　否□

3. 更换 ATF

1）打开变速器底部放油螺栓，将旧的 ATF 排出，然后再拧紧放油螺栓。
是否正常？　　　　　　　　　　　　　　　　　　　　　　　　是□　　否□

2）将变速器底部的 ATF 加注螺栓拆下来，用专用 ATF 加注器将新的 ATF
加入变速器内部。是否正常？　　　　　　　　　　　　　　　　是□　　否□

3）检查 ATF 油面高度，直到符合标准为止。是否正常？　　　　是□　　否□

4. 本次实训中存在的疑问有哪些

_____

_____

_____

_____

5. 自我评价

你认为个人技能掌握程度是：非常熟练□　　比较熟练□　　一般熟练□　　不熟练□

教师评语：

_____

_____

成绩：_____　　教师签字：_____

实训工作页 13
双离合器自动变速器的检修

学生姓名		班级		学号		日期	
实训仪器设备							

1. 写出图中双离合器自动变速器零部件名称

1: _____ 2: _____ 3: _____
4: _____ 5: _____ 6: _____
7: _____ 8: _____ 9: _____
10: _____

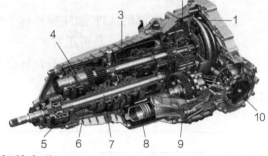

2. 写出双离合器自动变速器工作原理图中零部件名称

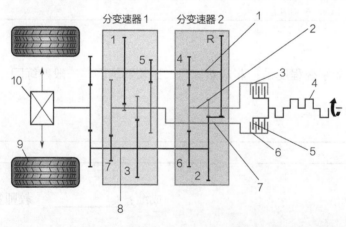

1: _____ 2: _____ 3: _____ 4: _____ 5: _____
6: _____ 7: _____ 8: _____ 9: _____ 10: _____

3. ATF 油位的检查

（1）准备工作

1）车辆处于水平位置。

2）发动机运转时，将变速杆挂入 P 位，并拉紧驻车制动器。　　　　是□　　否□

3）连接故障诊断仪，然后按照显示屏提示选择车辆自诊断和车辆系统中
的自动变速器。　　　　是□　　否□

044

4）发动机处于怠速运转。 是□ 否□

5）关掉空调制冷系统和暖风系统。 是□ 否□

6）开始检查前，ATF 的温度不允许超过 30℃，必要时先冷却变速器。 是□ 否□

（2）ATF 油位的检查

1）在故障诊断仪上读取 ATF 温度，变速器温度在 30~35℃时进行操作。
是否正常？ 是□ 否□

2）发动机处于怠速运转，踩下制动器，在所有档位（P、R、N、D）上
停留一遍，并且在每一个位置上发动机怠速运转约 2s，最后将变速
杆置于 P 位置。是否正常？ 是□ 否□

3）举升车辆，通过油面高度检查孔检查 ATF 是否有油溢出，如果没有
需加注 ATF，直到 ATF 从检查孔溢出为止。是否正常？ 是□ 否□

4. 更换 ATF

1）将发动机熄火，将接油盘放到变速器下面。

2）拧下滤清器壳体，取下前轻轻敲击壳体，以使壳体内的油流回变速器，
更换滤清器后拧紧壳体。是否正常？ 是□ 否□

3）拧下放油螺栓及放油孔内的溢流管，排放掉旧的 ATF，并拧回溢流管。
是否正常？ 是□ 否□

4）将 ATF 专用加注器连接到加注口，加注 ATF，并接上 VAS5051，阅
读变速器油温。是否正常？ 是□ 否□

5）起动发动机，踩下制动踏板，试挂所有档位，每个档位停留 2s，最
后将变速杆置入 P 位。是否正常？ 是□ 否□

6）当变速器油温达到 35~45℃时，检查是否有 ATF 从检查孔流出，
当变速器油开始滴出时，拧上放油螺栓，加注完成。是否正常？ 是□ 否□

5. 本次实训中存在的疑问有哪些

_____

_____

_____

_____

6. 自我评价

你认为个人技能掌握程度是：非常熟练□ 比较熟练□ 一般熟练□ 不熟练□

教师评语：

_____

_____

成绩：_____ 教师签字：_____

实训工作页 14
车轮定位的检查与调整

学生姓名		班级		学号		日期	
实训仪器设备							

1. 车轮定位包括哪几个参数？各有何功用？

_____

_____

_____

_____

2. 车轮定位的检查与调整

（1）实训车型基本信息

车型_____ VIN_____

生产年份_____ 制造商_____

（2）查找车型维修资料，确定实训车型四轮定位标准数据

1）前轮：

前束值_____，车轮外倾角_____，主销后倾角_____，主销内倾角_____。

2）后轮：

前束值_____，车轮外倾角_____，主销后倾角_____，主销内倾角_____。

（3）车辆的准备

1）在车内安装好座椅套、转向盘套，垫上脚垫，然后将车辆开上四轮定位仪专用举升机。

2）检查轮胎，测量四个轮胎气压是否在标准值范围内？ 是☐ 否☐

3）查看4个轮胎胎面的磨损情况，要求各轮胎磨损基本一致。 是☐ 否☐

4）检查车身悬架、减振器、车轮及轮胎是否有松旷或变形等情况？ 是☐ 否☐

5）检查底盘各个活动连接部件的球头、胶套、防尘套是否有老化或脱落的现象？ 是☐ 否☐

（4）检查与调整

1）打开四轮定位检测设备，按照检测设备上的提示，将4个传感器安装到相应的车轮上，注意不可安装错误。安装是否正确？ 是☐ 否☐

2）升起车辆，操作四轮定位仪，启动四轮定位系统，进入设备使用界面，按照设备的提示，进入四轮定位界面。

3）填写车辆相关的信息，选择车型。

4）选择车轮偏心补偿界面的操作，先使转向盘摆正，然后使用专用工具固定制动踏板。

5）根据设备界面的提示，少量移动车辆位置，进行车轮偏心补偿调整。

6）调整车轮偏心补偿后，设备会自动出现检测结果。

7）记录实训车型四轮定位标准数据

前轮：

前束值_____，车轮外倾角_____，主销后倾角_____，主销内倾角_____。

后轮：

前束值_____，车轮外倾角_____，主销后倾角_____，主销内倾角_____。

8）如果显示的检测结果不符合标准值，应进行车轮的调整。点击"车轮调整"界面，选择"前轮调整"，进入调整界面。

9）调整前，将四轮定位仪移动圆盘上的锁销拔下。

10）按照标准数值，在车辆上调整前轮、后轮相关部位，直到符合各参数的规定值。

11）降下车辆，拆下4个传感器和夹具，放回到原来的指定位置。

12）最后对车辆进行路试检查。

3. 本次实训中存在的疑问有哪些

_____

_____

_____

_____

4. 自我评价

你认为个人技能掌握程度是：非常熟练□　比较熟练□　一般熟练□　不熟练□

教师评语：

_____

_____

成绩：_____　　教师签字：_____

实训工作页 15
车架与悬架的检修

学生姓名		班级		学号		日期	
实训仪器设备							

1. 写出图中前悬架总成的零部件名称

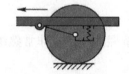

1: _____ 2: _____

3: _____ 4: _____

5: _____ 6: _____

7: _____ 8: _____

9: _____ 10: _____

11: _____ 12: _____

13: _____ 14: _____

15: _____ 16: _____

17: _____ 18: _____

19: _____ 20: _____

2. 写出图中独立悬架的类型

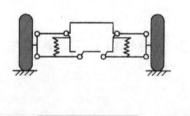

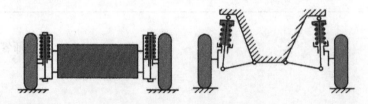

3. 检查减振器总成

1）按压车身，检查减振器的压缩和回弹效果是否正常？　　　　　　　　　　是□　　否□

2）举升车辆，检查减振器总成安装是否松动或损坏？　　　　　　　　　　　是□　　否□

3）举升车辆，检查减振器是否出现轻微泄漏迹象？　　　　　　　　　　　　是□　　否□

4）举升车辆，检查减振器完全伸展时密封罩是否完好？　　　　　　是☐　否☐

5）检查减振器衬套是否磨损？　　　　　　　　　　　　　　　　　是☐　否☐

4. 检查其他零部件

1）检查螺旋弹簧弹力是否不足？　　　　　　　　　　　　　　　　是☐　否☐

2）检查横向稳定杆是否变形？　　　　　　　　　　　　　　　　　是☐　否☐

5. 本次实训中存在的疑问有哪些

_____

_____

_____

_____

6. 自我评价

你认为个人技能掌握程度是：非常熟练☐　比较熟练☐　一般熟练☐　不熟练☐

教师评语：

_____

_____

成绩：_____ 教师签字：_____

实训工作页 16
电控悬架系统的检修

学生姓名		班级		学号		日期	
实训仪器设备							

1. 写出图中电控悬架系统的组成部件名称

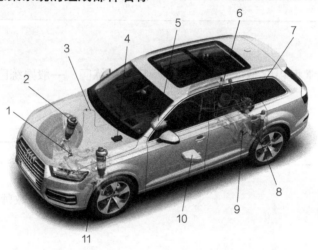

1: _____ 2: _____ 3: _____ 4: _____ 5: _____ 6: _____
7: _____ 8: _____ 9: _____ 10: _____ 11: _____

2. 汽车高度调整功能的检查

1）检查轮胎气压：前轮为_____、后轮为_____。是否符合规定？是□ 否□

2）检查汽车高度，下横臂安装螺栓中心到地面的距离为_____。

3）起动发动机，将高度控制开关由"NORM"转换到"HIGH"，车身高度升高为_____，是否符合规定？是□ 否□。从操作高度开关到压缩机起动的时间应为_____，是否符合规定？是□ 否□。从压缩机起动到高度调整完成，所需时间为_____，是否符合规定？ 是□ 否□。

4）使车辆处于"HIGH"高度调整状态，起动发动机，将高度调整开关从"HIGH"位置转换到"NORM"位置，车辆高度变化为_____，是否符合规定？是□ 否□。从操作高度开关到压缩机起动的时间_____，是否符合规定？是□ 否□。从开始排气到高度调整结束的时间为_____，是否符合规定？是□ 否□。

3. 溢流阀的检查

当压缩机工作时，检查溢流阀是否工作？ 　　　　是□ 否□

1）点火开关置于 ON，将高度控制插接器的 1、7 端子跨接，检查压缩机
是否工作？ 是□ 否□
2）压缩机工作一会后，检查溢流阀是否放气？ 是□ 否□
如果不放气则说明：_____。
3）检查结束后。将点火开关置于 OFF，清除故障码。

4. 漏气检查

1）将高度控制开关置于"HIGH"位置，使车辆高度升高。
2）使发动机熄火。
3）在管子的接头处涂抹肥皂水，检查是否漏气？ 是□ 否□

5. 汽车高度调整

在进行汽车高度调整时，必须将高度控制开关处于"NORM"位置。应在水平面上
进行高度调整，务必将汽车的高度调整到标准范围以内。
（1）检查汽车高度 在相应的测量点检查车身高度为_____，是否
符合规定？ 是□ 否□
（2）调整汽车高度
1）旋松车身高度传感器连杆上的两只锁紧螺母。
2）转动车身高度传感器连接杆的螺栓以调节长度。车身高度传感器连接杆每转一
圈能使汽车高度改变大约为_____mm。
3）检查车身高度。传感器连接杆的尺寸是否小于极限值？ 是□ 否□
前、后悬架的极限值均为_____mm。
4）预拧紧两只锁紧螺母。
5）再检查一次汽车高度为_____，是否符合规定？ 是□ 否□
6）旋紧锁紧螺母。拧紧力矩为_____N·m。
（3）检查车轮定位是否正常？ 是□ 否□

6. 本次实训中存在的疑问有哪些

_____

_____

_____

7. 自我评价

你认为个人技能掌握程度是：非常熟练□ 比较熟练□ 一般熟练□ 不熟练□

教师评语：

_____

_____

成绩：_____ 教师签字：_____

实训工作页 17
车轮与轮胎的检修

学生姓名		班级		学号		日期	
实训仪器设备							

1. 写出图中车轮总成零部件名称

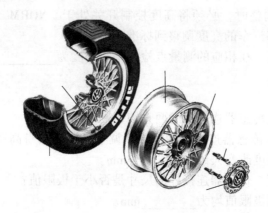

2. 写出子午线轮胎的规格含义

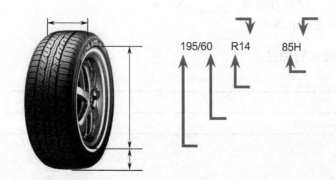

195/60   R14   85H

1）195 _____

2）60 _____

3）R _____

4）14 _____

5）85 _____

6）H _____

3. 车轮的拆装

1）车辆是否停稳？ 是□ 否□
2）用千斤顶或举升机升起车辆时，是否顶在车辆指定的位置？ 是□ 否□
3）在车轮总成拆装过程中，是否按对角线的顺序分 2~3 次拧松和拧紧
车轮螺栓？ 是□ 否□
4）最后一次是否按规定力矩拧紧车轮螺栓？ 是□ 否□

4. 轮毂轴承预紧度的调整

1）车辆是否停稳？ 是□ 否□
2）用千斤顶或举升机升起车辆时，是否顶在车辆指定的位置？ 是□ 否□
3）调整合适的轮毂轴承预紧度，车轮是否能够自由转动，且轴向推动
是否无明显间隙？ 是□ 否□

5. 轮胎的检查

1）轮胎外观的检查。举升车辆，缓慢转动轮胎，检查轮胎是否有胎体
变形、鼓包、橡胶开裂、异常磨损及穿刺异物等现象？ 是□ 否□
2）胎面花纹深度检查。擦净轮胎花纹顶面及纹槽，将深度尺垂直插入
轮胎花纹槽中，保持深度尺的测量平面与两侧花纹顶面可靠接触，
观察并读取深度尺外壳顶端与标尺对齐的刻度线指示的数值，是否
符合规定值？ 是□ 否□
3）轮胎气压的检查。用气压表检查轮胎气压，是否符合规定值？ 是□ 否□

6. 车轮动平衡的检验

1）被测车轮是否进行清洗，是否去掉泥土、砂石，是否拆掉旧平衡块？ 是□ 否□
2）检查轮胎气压是否符合规定值？ 是□ 否□
3）是否根据轮辋中心孔的大小选择锥体？ 是□ 否□
4）将车轮安装于平衡机上时，是否用锁紧螺母将车轮锁紧？ 是□ 否□
5）在轮辋内侧或外侧装卡或粘贴平衡块后，是否再次进行动平衡试验，
直至动不平衡量 <5g？ 是□ 否□

7. 轮胎的换位

1）如果轮胎有方向性花纹，是否采用单边换位法？ 是□ 否□
2）轮胎换位后，按所换轮胎位置的要求，是否重新调整气压？ 是□ 否□
3）轮胎换位后是否做好记录，下次换位仍要按上次选定的换位方法换位？ 是□ 否□
4）对于有胎压监测功能的轮胎，换位后是否重新设定轮胎位置？ 是□ 否□

8. 轮胎的拆装

（1）轮胎的拆卸
1）用专用工具拆卸气门芯，是否将轮胎内的空气放尽？是否取下轮辋边缘

的平衡块？ 是☐　否☐

2）拆卸时，是否在轮胎与轮辋边缘涂润滑剂（肥皂水）？ 是☐　否☐

3）若轮辋上安装有胎压传感器，拆装时是否使拆装头避开胎压传感器
的位置？ 是☐　否☐

（2）轮胎的安装

1）安装时，是否在轮胎与轮辋边缘涂润滑剂（肥皂水）？ 是☐　否☐

2）安装时，是否调整轮胎位置，保证轮胎气门嘴位置安装正确？ 是☐　否☐

3）安装时，是否先充入少量的压缩空气，待轮胎的边缘充气伸展后再
继续充气至规定值气压？ 是☐　否☐

9. 本次实训中存在的疑问有哪些

_____

_____

_____

_____

10. 自我评价

你认为个人技能掌握程度是：非常熟练☐　比较熟练☐　一般熟练☐　不熟练☐

教师评语：

_____

_____

成绩：_____ 教师签字：_____

实训工作页 18
液压式电控动力转向系统的检修

学生姓名	班级	学号	日期
实训仪器设备			

1. 写出图中液压式电控动力转向系统零部件名称

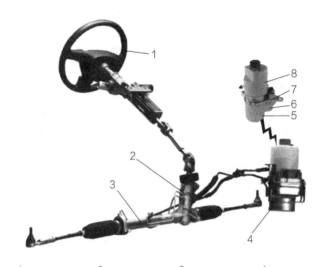

1: _____ 2: _____ 3: _____ 4: _____
5: _____ 6: _____ 7: _____ 8: _____

2. 检修前要求及注意事项

1）确定车辆的悬架是否被改动过？　　　　　　　　　　　　　　　　是□　否□

2）轮胎尺寸_____，气压值_____，是否符合规定？　　　　　是□　否□

3）发动机怠速转速是否符合厂家规定的标准值，发动机运转是否稳定？　是□　否□

4）确定转向盘是否更换过？　　　　　　　　　　　　　　　　　　　是□　否□

3. 动力转向储液罐液面的检查

1）将车辆停放在平坦的地面上，使前轮处于直行位置。是否正常？　　是□　否□

2）起动发动机，并使其达到正常的工作温度。 是否正常？　　　　　是□　否□

3）使发动机怠速运转大约 2min，左、右打几次转向盘，使油温达到
　　40~80℃，关闭发动机。是否正常？　　　　　　　　　　　　　　是□　否□

4）观察储液罐的液面，此时液面应处于"MAX"（上限）与"MIN"

（下限）之间，液面低于"MIN"时，应加至"MAX"。是否正常？ 是□ 否□

5）对于用油标尺检查的汽车，拧下带油标尺的封盖，用布将油位标尺擦净，将带油位标尺的封盖插入储液罐内拧好，然后重新拧出，观察油位标尺上的标记，应处于"MAX"与"MIN"之间，必要时将转向油加至"MAX"处。是否正常？ 是□ 否□

4. V带张紧力的检查

1）将汽车停在干燥路面上，运转发动机使动力转向油液上升到正常温度，左右转动转向盘，此时驱动V带的负荷最大；如果V带打滑，说明V带张紧度不够。是否正常？ 是□ 否□

2）在发动机不运转的情况下，用手以大约100N的力从V带的中间位置按下，V带应有大约10mm挠度的变形量。是否正常？ 是□ 否□

3）用V带张紧度测量表测量V带在产生标准变形量时所需力的大小，新V带约为450~550N，旧V带约为200~350N。是否正常？ 是□ 否□

5. 动力转向系统转向液压油压力的检查

1）先关闭节流阀阀门，然后接好压力表和节流阀。是否正常？ 是□ 否□

2）将节流阀的阀门打开，起动发动机并以怠速运转，使转向盘向左、右旋转到极限位置，同时读出压力表上的压力，额定值为6.8~8.2MPa。是否正常？ 是□ 否□

6. 电控系统线路检查

1）电源线路检查。接通点火开关，用万用表（直流20V档位）测量B端子与搭铁端子之间的电压，正常电压值应为10~14V（蓄电池电压）。是否正常？ 是□ 否□

2）搭铁线路检查。用万用表（欧姆档）测量GND端子与搭铁之间的电阻值，正常电阻值应为0Ω。是否正常？ 是□ 否□

3）车速传感器线路检查。支撑起一侧前轮，用万用表（电阻档）测量端子SPD与端子GND间的电阻值。当转动车轮时，电阻值应在0~∞之间交替变化。是否正常？ 是□ 否□

4）电磁阀线路检查。用万用表（电阻档）测量SOL+与端子SOL-之间的电阻值，正常电阻值应为6.0~11Ω。是否正常？ 是□ 否□

7. 电控元件的检查

1）电磁阀的检查。拔下电磁阀插接器，用万用表测量电磁线圈的电阻，电阻应为6.0~11Ω；也可将蓄电池正极与负极分别接到电磁线圈的两端子SOL+与SOL-上，此时应听到电磁阀动作的"咔嗒"声。是否正常？ 是□ 否□

2）电控单元ECU的检查。举升车辆，起动发动机，在不拔下ECU插接器、发动机怠速运转的情况下，用万用表测量 ECU 的端子 SOL- 和 GND 间的电压。所测电压应比原来增加 0.07~0.22V。是否正常？ 是☐ 否☐

8. 本次实训中存在的疑问有哪些

_____
_____
_____
_____

9. 自我评价

你认为个人技能掌握程度是：非常熟练☐ 比较熟练☐ 一般熟练☐ 不熟练☐

教师评语：

_____
_____

成绩：_____ 教师签字：_____

实训工作页 19
电动式电控动力转向系统的检修

学生姓名		班级		学号		日期	
实训仪器设备							

1. 写出图中油泵零部件名称

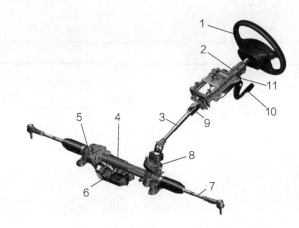

1: _____ 2: _____ 3: _____ 4: _____ 5: _____ 6: _____

7: _____ 8: _____ 9: _____ 10: _____ 11: _____

2. 检修前要求及注意事项

1）维修过程中，当点火开关在打开状态下时，不要随意断开蓄电池
导线，不要拆卸或安装控制模块及其插接器。　　　　　　　　是□　否□

2）确定车辆的悬架是否被改动过？　　　　　　　　　　　　　　是□　否□

3）轮胎尺寸_____，气压值_____，是否符合规定？　　　是□　否□

4）发动机怠速转速是否符合厂家规定的标准值，发动机运转是否稳定？是□　否□

5）确定转向盘是否更换过？　　　　　　　　　　　　　　　　　　是□　否□

3. 故障警告灯的检查

1）打开点火开关处于 ON 位置（起动发动机），转向系统故障警告灯
应点亮，发动机起动后故障警告灯熄灭为正常？　　　　　　　　是□　否□

2）警告灯不亮时，检查灯泡是否损坏？熔丝和导线是否断路？　　是□　否□

3）发动机起动后，警告灯是否仍亮？　　　　　　　　　　　　　是□　否□

4. 转矩传感器的检查

1）检测转矩传感器线圈电阻。拔下转矩传感器插接器，测量转矩传感器
相应端子之间的电阻，是否符合标准值？ 是□ 否□

2）检测转矩传感器电压。将转向盘置于中间位置，用万用表直流电压档
测量转矩传感器相应端子的电压，是否符合标准值？ 是□ 否□

5. 直流电动机的检查

1）检查电动机电阻。用万用表检查电动机两端子之间的电阻值，是否
符合标准值？ 是□ 否□

2）检查电动机运转情况。给电动机加上蓄电池电压时，是否听到电
动机转动的声音？ 是□ 否□

6. 电控单元（ECU）检查

1）如果在自诊断系统中出现电控单元的故障码，说明电控单元可能
损坏。是否出现电控单元的故障码？ 是□ 否□

2）如果没有出现电控单元故障码，在电控单元电源和搭铁线路都正
常的情况下，可采用换件的方法替换怀疑有故障的电控单元。是否
替换零件？ 是□ 否□

3）如果更换后故障排除，则说明电控单元损坏。故障是否排除？ 是□ 否□

7. 本次实训中存在的疑问有哪些

_____

_____

_____

_____

8. 自我评价

你认为个人技能掌握程度是：非常熟练□　比较熟练□　一般熟练□　不熟练□

教师评语：

_____

_____

成绩：_____　　教师签字：_____

实训工作页 20
制动器的检修

学生姓名		班级		学号		日期	
实训仪器设备							

1. 写出图中制动系统零部件名称

2. 盘式制动器的检修

1）拆卸盘式制动器时，在制动盘和车桥轮毂上是否已做好装配标记。　是□　否□

2）检查钳体是否变形或有裂纹，轮缸缸孔是否不均匀磨损，防尘罩是否
损坏或变质？活塞是否不均匀磨损或损坏？　　　　　　　　　　　　是□　否□

3）用直尺测量制动摩擦片衬块厚度为_____，标准厚度为_____，是否
正常？　　　　　　　　　　　　　　　　　　　　　　　　　　　　是□　否□

4）检查盘式制动器衬块支撑板是否有足够的弹性？是否无变形、裂纹或
磨损等情况？　　　　　　　　　　　　　　　　　　　　　　　　　是□　否□

5）用游标卡尺测量制动盘厚度为_____，标准厚度为_____，是否正常？是□　否□

6）用百分表测量制动盘的径向跳动为_____，最大径向跳动为_____，
是否正常？　　　　　　　　　　　　　　　　　　　　　　　　　　是□　否□

7）安装前制动盘时，是否对准制动盘和车桥轮毂的装配标记？　　　　是□　否□

8）制动器摩擦片或制动盘的摩擦面上是否有油污或润滑脂？　　　　　是□　否□

3. 鼓式制动器的检修

1）检查制动底板是否变形？制动蹄接触面是否严重磨损？是否有
机械损伤等缺陷？　　　　　　　　　　　　　　　　　　　是☐　否☐

2）用游标卡尺测量制动蹄片的厚度为_____，标准值为_____，使用
极限为_____，其铆钉与摩擦片的表面深度为_____，是否正常？　是☐　否☐

3）检查制动鼓内侧是否有烧损、刮痕和凹陷等？　　　　　　　是☐　否☐

4）用游标卡尺检查制动鼓内径尺寸为_____，标准值为_____，
使用极限为_____，是否正常？　　　　　　　　　　　　　　是☐　否☐

5）测量制动鼓内径的圆度误差为_____，使用极限为_____，
是否正常？　　　　　　　　　　　　　　　　　　　　　　　是☐　否☐

6）检查后制动蹄衬片与后制动鼓接触面积，是否大于60%？　　是☐　否☐

7）检查后制动器定位弹簧、上复位弹簧、下复位弹簧和楔形调整板
拉簧的自由长度增长率是否达5%？　　　　　　　　　　　　　是☐　否☐

4. 本次实训中存在的疑问有哪些

_____

_____

_____

_____

5. 自我评价

你认为个人技能掌握程度是：非常熟练☐　比较熟练☐　一般熟练☐　不熟练☐

教师评语：

_____

_____

　　　　　　　　　　　　　　　　成绩：_____　教师签字：_____

实训工作页 21
制动系统的检修

学生姓名		班级	学号		日期	
实训仪器设备						

1. 写出图中制动系统零部件名称

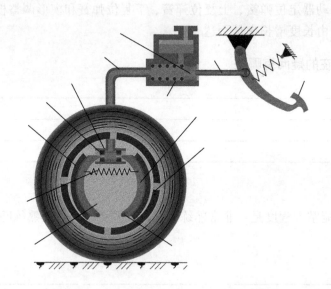

2. 真空助力器工作情况的检查

（1）检查气密性

1）起动发动机。发动机运行 1~2min 后，关闭发动机。

2）用相同的一般制动力踩动制动踏板几次，并观察踏板行程。如果第
一次踏板下沉很深，第二次和第三次踩下踏板时，若气密形成，踏
板行程是否减小？　　　　　　　　　　　　　　　　　　　是□　否□

3）如果踏板行程不变，气密是否形成？　　　　　　　　　是□　否□

（2）工作情况检查

1）发动机停止运转后，用相同的力，踩动制动踏板几次，确认踏板行程未改变。

2）起动发动机的同时，踩制动踏板。如果踏板行程有少许增大，真空
助力器工作是否正常？　　　　　　　　　　　　　　　　　是□　否□

如踏板行程无变化，则表明真空助力器是否有故障？　　　是□　否□

（3）有负荷条件下气密性检查

1）在发动机运转的同时，踩动制动踏板，然后让发动机停止运转而制动踏板仍保持踩下状态。

2）让制动踏板保持踩下状态 30s，如果踏板高度不发生变化，真空助力器

工作是否正常？ 是□ 否□

如踏板升高，真空助力器工作是否正常？ 是□ 否□

3. 制动踏板行程的检查

1）测量制动踏板表面与地板之间的距离为_____，是否正常？ 是□ 否□

2）测量制动踏板的自由行程为_____，是否正常？ 是□ 否□

4. 制动液液面高度的检查

1）检查储液罐中制动液液位是否正常？ 是□ 否□

2）给储液罐加注制动液，制动液型号为_____。

3）对制动管路进行排气工作，检查管路中的空气是否已全部放出？ 是□ 否□

制动管路排气的顺序为：_____。

5. 驻车制动装置的检查

1）缓慢将驻车制动杆向上拉到底，并计算"咔嗒"声次数_____，

是否正常？ 是□ 否□

2）检查驻车制动器是否卡滞？ 是□ 否□

3）检查制动拉索复位弹簧挂钩是否正确？弹簧弹力有无下降？弹簧是否

被折断或变形？ 是□ 否□

4）操作驻车制动杆时，检查并确认制动警告灯是否亮起？ 是□ 否□

6. 本次实训中存在的疑问有哪些

_____

_____

_____

_____

7. 自我评价

你认为个人技能掌握程度是：非常熟练□ 比较熟练□ 一般熟练□ 不熟练□

教师评语：

_____

_____

成绩：_____ 教师签字：_____

实训工作页 22
防抱死制动系统的检修

学生姓名		班级		学号		日期	
实训仪器设备							

1.写出图中 ABS 系统零部件名称

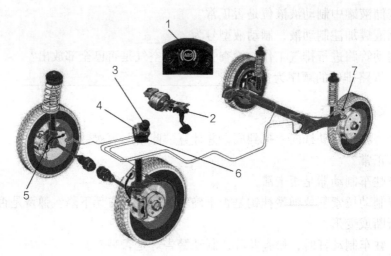

1：_____ 2：_____ 3：_____ 4：_____ 5：_____ 6：_____ 7：_____

2. ABS 系统初步检查

1）检查储液室是否液面过低？液压装置是否外部泄漏及制动主缸工作
   是否正常？ 是□ 否□

2）检查驻车制动器是否完全放松以及驻车开关功能是否正常？ 是□ 否□

3）检查 ABS 系统熔丝是否熔断？ 是□ 否□

4）检查导线及插接器是否有破损或插接器松动现象？ 是□ 否□

5）检查所有的继电器、熔断器是否完好，插接是否牢固？ 是□ 否□

6）检查蓄电池电压是否在规定的范围内，检查蓄电池正、负极导线的
   连接是否牢靠，连接处是否清洁？ 是□ 否□

7）检查 ABS 控制单元、液压控制装置等的搭铁端是否接触良好？ 是□ 否□

8）检查车轮胎面纹槽的深度是否符合规定？ 是□ 否□

3. 车轮转速传感器的检查

1）举升起前轮，使之离地，用双手转动前轮感觉前轮摆动是否异常？　　是□　否□

2）检查前轮轴承是否损坏或轴向间隙是否过大？　　是□　否□

3）检查齿圈是否变形或齿数残缺不全？　　是□　否□

4）检查齿圈是否被泥泞或脏物堵塞？　　是□　否□

5）检查前轮转速传感器与齿圈之间的间隙为_____。是否符合规定？是□　否□

6）以 30r/min 的转速转动前轮，用万用表或示波器测量输出电压
为_____。是否符合规定？　　是□　否□

7）检查传感器电阻值为_____。是否符合规定？　　是□　否□

4. 本次实训中存在的疑问有哪些

_____

_____

_____

_____

5. 自我评价

你认为个人技能掌握程度是：非常熟练□　比较熟练□　一般熟练□　不熟练□

教师评语：

_____

_____

成绩：_____　教师签字：_____

实训工作页 23
驱动防滑控制系统的检修

学生姓名		班级		学号		日期	
实训仪器设备							

1. 写出图中 ASR 系统零部件名称

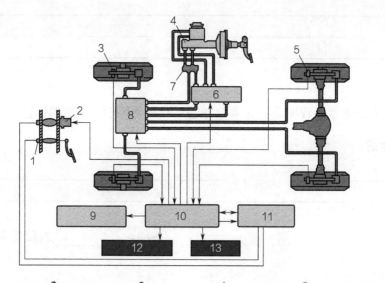

1:＿＿＿＿＿ 2:＿＿＿＿＿ 3:＿＿＿＿＿ 4:＿＿＿＿＿ 5:＿＿＿＿＿

6:＿＿＿＿＿ 7:＿＿＿＿＿ 8:＿＿＿＿＿ 9:＿＿＿＿＿ 10:＿＿＿＿＿

11:＿＿＿＿＿ 12:＿＿＿＿＿ 13:＿＿＿＿＿

2. ASR 系统故障自诊断

连接故障诊断仪，是否有故障码?　　　　　　　　　　　　　　是□　否□

3. ASR 系统线路的检测

1）拔下电控单元（ECU）线束插头，使用专用适配器将 ECU 线束插头与 ECU 插座连接在一起。

2）根据各端子的功能，用万用表对各端口进行测量。测得的数值是否
正常?　　　　　　　　　　　　　　　　　　　　　　　　　是□　否□

4. 电控单元的检测

1）TRC 电控单元（ECU）外部线束检查。检查 ASR 电控单元（ECU）线束插接器有无松动，插口有无损坏？ 是□ 否□

2）TRC 电控单元（ECU）自身的检查。通过自诊断功能是否读取到相应的故障码？ 是□ 否□

3）如果没有提示相应的故障码，在检查传感器、继电器、电磁阀及其线路均无故障后，可用新的 ECU 替代，故障现象是否消失？ 是□ 否□

5.TRC 电动液压泵的检测

1）拆下 TRC 液压泵电动机插接器，给液压泵电动机接上蓄电池电压（+接 3 号端子，-接 1 号端子），是否能听到 TRC 液压泵电动机运转的声音？ 是□ 否□

2）若接上蓄电池电压后，TRC 液压泵电动机不工作，应更换 TRC 液压泵及电动机总成。故障现象是否消失？ 是□ 否□

3）若液压泵电动机工作，检查 2-3 端子与 4-5 端子之间是否导通？ 是□ 否□

4）如果端子不导通，更换 TRC 液压泵及电动机总成。故障现象是否消失？ 是□ 否□

6. 本次实训中存在的疑问有哪些

_____

_____

_____

_____

7. 自我评价

你认为个人技能掌握程度是： 非常熟练□ 比较熟练□ 一般熟练□ 不熟练□

教师评语：

_____

_____

成绩：_____ 教师签字：_____

实训工作页 24
电子稳定程序控制系统的检修

学生姓名		班级		学号		日期	
实训仪器设备							

1. 写出图中 ESP 系统零部件名称

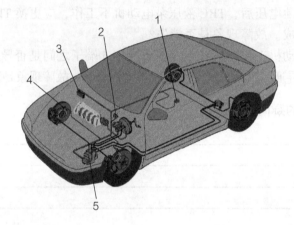

1: _____ 2: _____ 3: _____ 4: _____ 5: _____

2. ESP 警告灯故障诊断

1）ABS 警告灯 K47 不熄灭。打开点火开关及结束检测过程后，如果 ABS 警告灯 K47 不熄灭，分析可能存在的故障：

_____

_____

_____

2）ABS 警告灯 K47 熄灭和制动系统警告灯 K118 亮，分析可能存在的故障：

_____

_____

3）ESP 警告灯 K155 不熄灭。 如果打开点火开关且检测结束后，K155 不熄灭，分析可能存在的故障：

_____

_____

_____

3.ESP 自诊断与调整

1）操作并记录转向盘转角传感器 G85 零点平衡的初始化标定：

2）操作并记录侧向加速度传感器 G200 零点平衡的初始化标定：

3）操作并记录制动压力传感器 G201 零点平衡的初始化标定：

4）记录 ESP 启动的检测过程：

4. 本次实训中存在的疑问有哪些

_____

_____

_____

_____

5. 自我评价

你认为个人技能掌握程度是：非常熟练□　比较熟练□　一般熟练□　不熟练□

教师评语：

_____

_____

成绩：_____　教师签字：_____

FOREWORD
前言

　　汽车底盘构造与维修是高职院校汽车检测与维修、汽车电子等专业的一门核心专业课程。本书全面贯彻党的二十大精神，以社会主义核心价值观为引领，立足于"青年强则国家强"的国家人才发展战略。为了适应新的高职教育模式的要求，使学生能够系统地学习汽车底盘构造与维修的知识和技能，并体现"做中学"和"基于工作过程"的教学理念，我们组织高职院校教师及企业专家编写了本书。

　　为了符合高等职业院校"1+X"课证融通教育教学的特点，达到课程内容与职业标准对接、教学过程与生产过程对接的目的，在编写本书的过程中，紧紧围绕汽车专业教育教学改革的要求，注重职业教育的特点，按技能型、应用型人才培养的模式进行设计构思。

　　本书根据项目教学的要求，将具体内容按照项目描述、岗位核心能力、相关知识、相关技能及维修实例的形式进行编排。本书共分6个项目，内容包括汽车底盘概述、传动系统、电控自动变速器、行驶系统、转向系统和制动系统。编写时，从高等职业教育的实际出发，结合教学和行业实际的需要，在内容上注重实训教学环节和动手能力的培养，具有针对性和实用性，强化了实践教学。

　　为了适应汽车技术的飞速发展与不断更新，本书在编写过程中，突出了以下特点：

　　（1）课证融通，注重技能培养。本书在总体设计上根据"1+X"汽车专业领域职业技能等级证书的要求，采用项目任务的设计，每个任务均能够体现工作过程，使学生能够通过每个任务的学习，掌握汽车底盘系统检修的知识和技能。

　　（2）在内容组织上采用项目化、任务驱动设计。将技能点、知识点进行有效融合，以"1+X"职业技能等级证书标准为依据，注重对学生操作规范化、职业化的素质培养。

　　（3）在表现形式上，使用了大量的便于学生理解的实物图片，介绍了汽车新技术和实用技术知识。

　　（4）学习任务的选取是在"1+X"课证融通相应的项目进行知识、技能的整合，提炼出满足要求的知识点和技能点，突出以知识为目标，以实践为载体，以学习能力的培养为核心。

　　（5）校企合作，产教融合。由汽修企业提供真实的典型车型维修实例，使本书的理论与实践紧密结合。

　　（6）本书配备相关技能训练和复习题来检验学习效果。

　　（7）采用"互联网＋教育"的形式，即可通过手机扫描二维码来观看动画、视频的形式进行学习，解决从抽象思维到形象思维的转变，有效提高学生的学习兴趣。

本书可作为高职高专院校汽车相关课程的教材，也可作为汽车技术人员的培训教材和参考用书。

为了方便教学，本书提供了大量的教学资源，包括 PPT 课件、实训工作页、复习题答案、课程标准、电子教案、视频及 "1+X" 考核模式资料等，应用此教材的老师，可在机械工业出版社教育服务网下载相关教学资源。

由于作者水平所限，书中难免有不当之处，恳请使用本书的师生和读者批评指正。

编　者

CONTENTS
目 录

前 言

项目三 电控自动变速器 068

汽车底盘概述

→ 项目描述

汽车底盘是汽车的重要组成部分之一，是汽车装配的基础，底盘性能的好坏会影响汽车的舒适性、操控性和驾驶稳定性，并在一定程度上影响汽车的安全性，从而影响到车辆的正常使用。本项目主要介绍汽车底盘的基本知识和常用维修工具。本项目包括以下2个任务：

任务一　汽车底盘基础认知

任务二　常用设备及工具的使用

通过以上2个任务的学习，你将熟悉汽车底盘的基本组成和总体构造，能够了解汽车的驱动形式，从总体上认识汽车底盘的主要部件。

→ 素养目标：

培养工匠精神。

培养精益求精的高超技艺。

任务一 汽车底盘基础认知

岗位核心能力

◎ 知识目标

1）熟悉汽车底盘的基本组成和总体构造。

2）了解汽车的驱动形式。

◎ 技能目标

1）能够指出汽车底盘部件组成的位置。

2）能够区分汽车的驱动形式。

相关知识

一、汽车底盘的基本组成

汽车底盘由传动系统、行驶系统、转向系统和制动系统等四大系统组成，其功用为接受发动机的动力，使汽车运动并保证汽车能够按照驾驶人的操纵而正常行驶。图 1-1 所示为常见轿车的底盘基本组成。

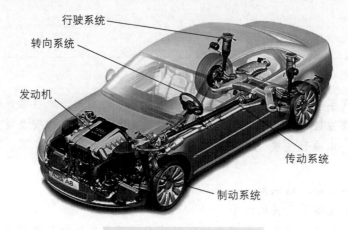

1-1 汽车底盘基本组成

图 1-1　汽车底盘的基本组成

二、汽车底盘的总体构造

1. 传动系统

汽车传动系统是指从发动机到驱动车轮之间所有动力传递装置的总称。

（1）功用　传动系统的功用是将发动机的动力传给驱动车轮。

（2）组成　传动系统一般由离合器、手动变速器、万向传动装置、驱动桥等组成，如图 1-2 所示。不同的汽车，其底盘的组成稍有不同。现代轿车中采用自动变速器的越来越多，其底盘包括自动变速器、万向传动装置、驱动桥等，即用自动变速器取代了离合器和手动变速器；如果是越野汽车（包括 SUV，即运动型多功能车等），有的还应包括分动器等。

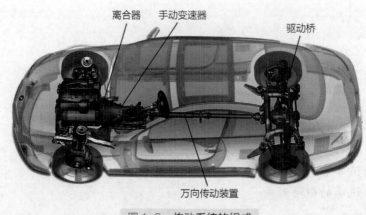

1-2 传动系统组成

图 1-2　传动系统的组成

（3）传动系统主要部件的功用

1）离合器：保证变速器换档平顺，必要时中断发动机的动力传递。

2）变速器：变速、变矩、变向、中断发动机传给驱动车轮的动力传递。

3）万向传动装置：实现有夹角和相对位置经常发生变化的两轴之间的动力传递。

4）主减速器：将动力传给差速器，并实现降速增矩、改变传动方向。

5）差速器：将动力传给半轴，并允许左右半轴以不同的转速旋转。

6）半轴：将差速器的动力传给驱动车轮。

7）分动器：对于四轮驱动的汽车，在变速器与万向传动装置之间还装有分动器，其作用是将发动机的动力分配给前、后驱动桥。

2. 行驶系统

（1）功用　汽车行驶系统的功用是支撑、安装汽车的各零部件总成，传递和承受车上、车下各种载荷的作用，缓和冲击、减少振动，以保证汽车的平稳行驶。

（2）组成　行驶系统主要由车架（车身）、车桥、悬架、车轮等组成，如图1-3所示。

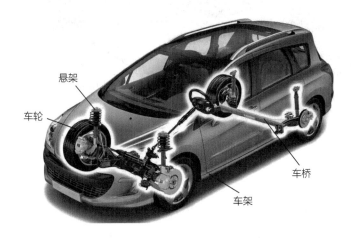

图1-3　行驶系统的组成

3. 转向系统

（1）功用　转向系统的功用是保证汽车能够按照驾驶人选定的方向行驶。

（2）组成　转向系统主要由转向操纵机构（包括转向盘、转向轴等）、转向器和转向传动机构（包括转向横拉杆、转向节臂、转向节、转向轮等）等组成，如图1-4所示。现在的汽车普遍采用动力转向装置，电动助力转向系统（EPS）应用也越来越广泛。

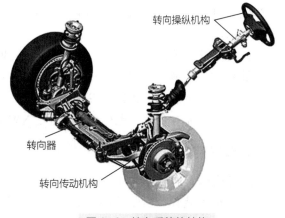

图1-4　转向系统的结构

4. 制动系统

（1）功用　制动系统的功用是使汽车减速、停车并能保证可靠地驻停。

（2）组成　汽车制动系统一般包括行车制动系统和驻车制动系统等两套相互独立的制动系统，每套制动系统都包括制动器和制动传动机构。

现代汽车的行车制动系统都普遍装有防抱死制动系统（ABS）及驱动防滑控制系统（ASR）。ABS 的作用是不论车辆在任何情况下制动，即使在滑溜路面，也能保持车辆不抱死，以保持车辆的最大制动力，使车辆的方向保持稳定。ASR 的作用是在车辆起步加速时，控制驱动轮不打滑，以保持最大的驱动力及方向稳定性。

制动系统基本组成如图 1-5 所示。

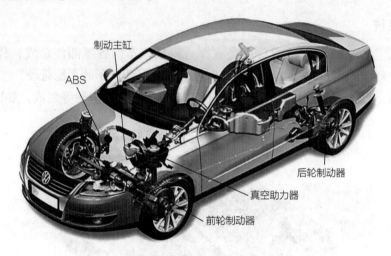

制动主缸

ABS

后轮制动器

真空助力器

前轮制动器

图 1-5　制动系统基本组成

三、汽车传动系统的布置形式

汽车传动系统的布置形式主要取决于传动系统与发动机在汽车上的相对位置及汽车驱动形式。汽车的驱动形式通常用汽车车轮总数（车轮总数系指轮毂数）× 驱动车轮数来表示。普通汽车大多装有 4 个车轮，常见的驱动形式有 4×2、4×4 等；重型货车大多装 6 个车轮，其驱动形式有 6×6、6×4 和 6×2 等。此外，也有用汽车车桥总数 × 驱动车桥数来表示汽车的驱动形式。

就目前常见的汽车而言，汽车传动系统的布置形式可分为 5 种，即发动机前置后轮驱动（简称前置后驱，FR）、发动机前置前轮驱动（简称前置前驱，FF）、发动机后置后轮驱动（简称后置后驱，RR）、发动机中置后轮驱动（简称中置后驱，MR）、发动机前置全轮驱动（简称前置全驱，也称前置四驱，XWD）。

1. 前置后驱（FR）

发动机前置后轮驱动如图 1-6 所示。发动机布置在汽车前部，动力经过离合器、变速器、万向传动装置、后驱动桥，最后传到后驱动车轮使汽车行驶。这是一种传统的布置形式，应用广泛，适用于除越野汽车外的各类型汽车，大多数的货车、部分轿车和部分客车都采用这种形式。

这种布置类型通常将发动机、离合器、变速器各总成连成一体，安装于汽车前部；主减速器、差速器安装于后桥中部，构成后驱动桥；在变速器与后驱动桥之间用万向传动装置进行连接。

1-3 汽车传动系统的布置形式

2. 前置前驱（FF）

发动机前置前轮驱动如图 1-7 所示。发动机布置在汽车前部，动力经过离合器、变速器、前驱动桥，最后传到前驱动车轮。这种布置形式在变速器与驱动桥之间省去了万向传动装置，使结构简单紧凑，整车质量小，高速时操纵稳定性好，大多数轿车采用这种布置形式。但这种布置形式的不足是爬坡性能差。

发动机前置前轮驱动布置形式根据发动机布置的方向可以分为发动机前横置前轮驱动式和发动机前纵置前轮驱动式。

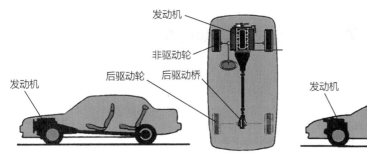

图 1-6 发动机前置后轮驱动示意图

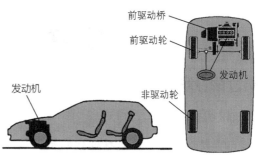

图 1-7 发动机前置前轮驱动示意图

3. 后置后驱（RR）

发动机后置后轮驱动如图 1-8 所示。发动机布置在汽车后部，动力经过离合器、变速器、角传动装置、万向传动装置、后驱动桥，最后传到后驱动车轮，使汽车行驶。这种布置形式便于车身内部的布置，减小室内发动机的噪声，一般用于大型客车。

4. 中置后驱（MR）

发动机中置后轮驱动如图 1-9 所示。这种布置形式将发动机布置于驾驶室后面、汽

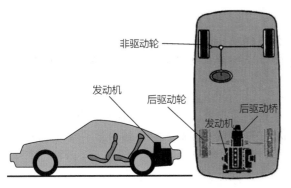

图 1-8 发动机后置后轮驱动示意图

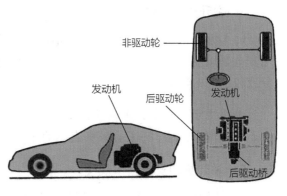

图 1-9 发动机中置后轮驱动示意图

车的中部，有利于实现前、后轴较为理想的轴荷分配，是赛车和部分大中型客车采用的方案。客车采用这种方案布置时，能使车厢有效面积得到最高利用。

5. 前置全驱（XWD）

发动机前置全轮驱动（简称全轮驱动）如图 1-10 所示。发动机布置在汽车前部，动力经过离合器、变速器、分动器、万向传动装置分别到达前后驱动桥，最后传到前、后驱动车轮，使汽车行驶。这种布置形式由于所有的车轮都是驱动车轮，提高了汽车的越野通过性能，因而被越野汽车广泛采用。

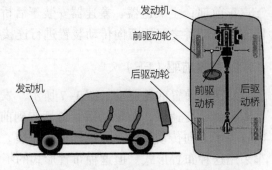

图 1-10　发动机前置全轮驱动示意图

任务二　常用设备及工具的使用

岗位核心能力

◎知识目标

1）熟悉举升机的支撑部位和举升机的安全操作规程。

2）掌握常用工具的使用方法。

◎技能目标

1）能够正确使用举升机举升车辆。

2）能够熟练使用常用工具。

相关知识

一、举升机

1. 举升支撑部位

许多维修工序需要将汽车升离地面，在升起车辆前应确保汽车已被正确支撑，并应使用安全锁以免汽车落下。在用千斤顶支起汽车时，应当确保千斤顶支撑在汽车底盘大梁部分或较结实的部分。

→小提示：在举升车辆前，应先查找维修手册，找到车辆正确的支撑点。错误的支撑点不仅会带来危险，而且会破坏汽车的车身结构。图 1-11 所示为典型的轿车举升支撑部位。

2. 举升机的安全操作规程

1）使用前应清除举升机附近妨碍作业的器具及杂物，并检查操作手柄是否正常。

支撑部位

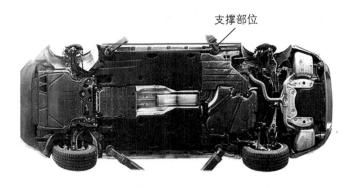

图1-11　典型的轿车举升支撑部位

2）操作机构灵敏有效，液压系统不允许有爬行现象。

3）支车时，四个支脚应在同一平面上，调整支脚橡胶垫高度使其接触车辆底盘支撑部位。

4）支车时，车辆不可支得过高，支起后四个托架要锁紧。

5）待举升车辆驶入后，应将举升机支撑块调整移动对正该车型规定的举升点。

6）举升时人员应离开车辆，举升到需要高度时，必须插入保险锁销，在确保安全可靠后才可开始车底作业。

7）除小保养及小修项目外，其他烦琐笨重作业，不得在举升机上操作修理。

8）举升机不得频繁起落。

9）支车时举升要稳，降落要慢。

10）有人作业时严禁升降举升机。

11）发现操作机构不灵、电动机不同步、托架不平或液压部分漏油，应及时报修，不得带病操作。

12）作业完毕应清除杂物，打扫举升机周围以保持场地整洁。

13）定期（半年）排除举升机液压缸积水，并检查油量，油量不足应及时加注相同牌号的压力油。同时应检查润滑、举升机传动齿轮及链条。

二、常用工具

1. 套筒扳手

如图1-12所示，套筒扳手是由多个带有六角孔或十二角孔的套筒并配有手柄（棘轮扳手）、接杆、万向接头等多种附件组成的，适合拆装部位狭小、凹陷较深的螺栓或螺母。

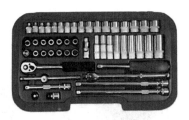

套筒部分与梅花扳手的端头相似，并制成单件，根据需要选用不同规格的套筒和各种手柄进行组合，如活动手柄可以调整所需力臂，棘轮扳手用于快速拆装螺栓、螺母。有的扳手同时还能配用扭力扳手显示拧紧力矩，具有功能多、使用方便、安全可靠的特点。

图1-12　套筒扳手

➔ **小提示：** 套筒扳手是一种组合型工具，使用时由几件共同组合成一套扳手，如图1-13所示。

2. 呆扳手

（1）特点　呆扳手如图1-14所示，主要用于拆装一般标准规格的螺栓或螺母。使用时可以上、下套入或直接插入，具有使用方便的特点。常用的有6件套、8件套两种，适用范围在6~32mm之间。按其结构形式可分为双头扳手和单头两种；按其开口角度又可分为15°、45°、90°三种。

图1-13　套筒扳手组合使用

图1-14　呆扳手

（2）使用注意事项

1）一定要选择与所拆装螺栓（螺母）相同规格的扳手，如图1-15所示。不要使用尺寸过大的扳手，以免因扳手尺寸过大而损坏螺栓（螺母）的棱角，如图1-16所示。

图1-15　选择相同规格的扳手

图1-16　不要使用尺寸过大的扳手

2）当使用推力拆装时，应用手掌力来推动，如图1-17所示。不能采用握推的方式，以免碰伤手指，如图1-18所示。

图1-17　用手掌力推动

图1-18　不能采用握推的方式

3）如图 1-19 所示，不能采用两个扳手对接或用套筒等套接的方式来加长扳手，以免损坏扳手或发生事故。

图 1-19 不能使两个扳手对接来加长扳手

3. 梅花扳手

（1）特点 梅花扳手如图 1-20 所示，它两端的套筒是圆环状的，能将螺母或螺栓的六角部分全部围住，从而保证工作的安全可靠性。其用途与呆扳手相似，具有更安全可靠的特点。常用的有 6 件套、8 件套两种，适用范围在 5.5~32mm 之间。

（2）使用方法 在使用梅花扳手时，左手推住梅花扳手与螺栓连接处，保持梅花扳手与螺栓完全配合，防止滑脱，右手握住梅花扳手另一端并加力。梅花扳手可将螺栓、螺母的头部全部围住，因此不会损坏螺栓角，可以施加大力矩。

图 1-20 梅花扳手

（3）注意事项

1）使用时，严禁将加长的管子套在扳手上以延伸扳手的长度增加力矩。

2）严禁捶击扳手以增加力矩，否则会造成工具的损坏。

3）严禁使用带有裂纹和内孔已严重磨损的梅花扳手。

4. 扭力扳手

（1）类型 在维修作业中，凡是有拧紧力矩要求的螺栓或螺母，均需用扭力扳手将螺栓或螺母拧到规定力矩。扭力扳手有指针式、预置式、数显式、表盘式、定值式以及特殊式等类型，如图 1-21 所示。

➜**小提示**：扭力扳手是一种与套筒扳手中的套筒配合使用，能显示扭转力矩的专用工具。

用扭力扳手拧紧螺栓或螺母时，其力矩的大小能及时指示出来，力矩的单位是 N·m。汽车维护中常用扭力扳手的规格为 0~300N·m。

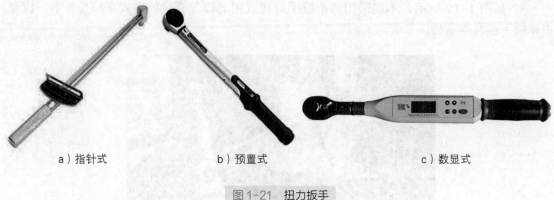

a）指针式　　　　　　　b）预置式　　　　　　　c）数显式

图1-21　扭力扳手

（2）使用注意事项

1）使用扭力扳手时，必须符合规定，切忌在过载情况下使用而造成扭力扳手的失准或损坏。

2）用完应将扭力扳手平稳放置，避免因重物撞、压，造成扳手杆或扳手指针变形而影响扳手的精度，甚至损坏扳手。

5. 拉器

（1）分类　拉器有两爪拉器、三爪拉器两种，如图1-22所示。

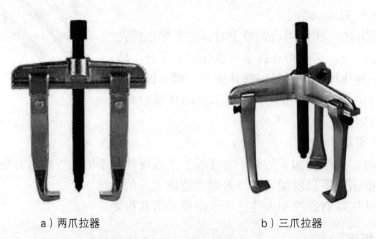

a）两爪拉器　　　　　　　　　　　b）三爪拉器

图1-22　拉器的种类

（2）用途与用法

1）两爪拉器。两爪拉器主要用于拆卸发动机曲轴正时齿轮、曲轴带轮、风扇带轮、凸轮轴正时齿轮及其他位置尺寸合适的齿轮、轴承凸缘等圆盘形零件。

2）三爪拉器。三爪拉器主要用于拆卸各种齿轮及轴承、凸缘等圆盘形构件。

➜ **小提示**：使用拉器时，当拉器与被拉工件安装好后，要检查拉爪是否卡紧，两边受力是否均匀对称，检查垫套与轴是否对中，然后转动螺杆接触工件后，再复查一次，确认无误后，才能进行拆卸工作。

📖 **课程育人**

案例 1：培养具有工匠精神的汽车人

党的二十大报告提出，要深入实施人才强国战略，发挥工匠精神，培育民族情怀。所谓工匠，以前指的是在某一行业具有较高技术工艺的匠人，比如瓦匠、木匠等。在现代社会，工匠已经打破了体力劳动和脑力劳动的界限，已经从某一领域的手工匠人演变成一种精神——一种对质量精益求精、对品质一丝不苟、具有高超技艺、勇于创新的精神。这样的工匠精神代表，为企业和行业的不断发展起到了重要的推动作用。

中国汽车产量已经连续 10 多年位居世界第一，已经是不折不扣的汽车制造大国。中国汽车要由大变强，要打造中国自己的一流汽车品牌，产品品质是第一位的。而要设计生产出一流的汽车产品，就必须在全行业倡导工匠精神，切实克服大而不强、创新不足、产品档次不高等问题。

工匠不仅是一种技艺，而是一种品德、一种精神。在汽车行业，也十分需要这种品德、这种精神。世间万物，人的因素是最宝贵的。培养大批具有工匠精神的汽车人，是保证中国汽车产业健康可持续发展的大事。

传动系统

→ 项目描述

传动系统是汽车底盘的重要组成部分之一，位于发动机与驱动轮之间，可使发动机输出的动力特性适合于在各种工况下车辆行驶的需要，以保证汽车能正常行驶。

本项目主要介绍汽车传动系统的结构、工作原理及检修方法。本项目包括以下 4 个任务：

任务一　离合器的检修

任务二　手动变速器的检修

任务三　万向传动装置的检修

任务四　驱动桥的检修

通过以上 4 个任务的学习，你将能够描述汽车传动系统的基本组成、总体构造和工作原理，熟悉汽车传动系统的检修方法，学会离合器、手动变速器、万向传动装置和驱动桥等的拆装、维护与调整。

→ 素养目标：

培养认知先进管理方法。

培养在工作中通过践行 6S 管理环节，体验质量和效率的提高。

任务一　离合器的检修

岗位核心能力

◎**知识目标**

1）熟悉离合器的功用、结构和工作原理。

2）熟悉离合器零部件的检修内容和方法。

◎**技能目标**

1）能够正确地对离合器踏板自由行程进行检查与调整。

2）能够正确地对离合器油液进行添加和放气。

案例导入

一汽大众速腾 2015 款 230 TSI 手动档舒适型轿车，行驶里程为 11.65 万 km。驾驶人反映，车辆起步时踩下离合器踏板挂入变速器一档，当慢慢抬起离合器踏板时，车速提高不柔和、不平稳，车身严重抖动，直到离合器踏板完全抬起为止。在车辆行驶过程中变换档位时，也能感觉到车身抖动。

相关知识

一、离合器的功用与分类

1. 离合器的功用

离合器的主要功用是保证汽车平稳起步、便于汽车在行驶中切换档位、防止传动系统过载。

➡ 小提示：

根据离合器的功用，它应满足下列主要要求：
◆保证可靠地传递发动机的最大转矩又能防止传动系过载。
◆接合时应平顺柔和，保证汽车平稳起步，减少冲击。
◆分离时应迅速彻底，保证变速器换档平顺和发动机起动顺利。
◆旋转部分的平衡性好，且从动部分的转动惯量小。
◆具有良好的通风散热能力，防止离合器温度过高。
◆操纵轻便，以减轻驾驶人的疲劳。

2. 离合器的安装位置

离合器位于发动机和变速器之间，如图 2-1 所示。离合器总成被固定在飞轮的后平面上，汽车在行驶过程中，驾驶人会根据实际情况踩下或松开离合器踏板，使发动机和变速器暂时分离或接合，以切断或传递发动机向变速器输入的动力。

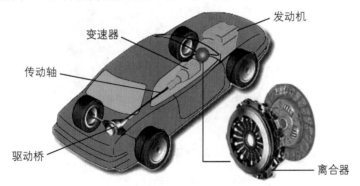

图 2-1 离合器的安装位置

3. 离合器的分类

（1）离合器的分类　汽车上应用的离合器主要有以下三种类型：摩擦离合器、液力偶合器、电磁离合器。目前在汽车上广泛采用的是摩擦离合器，摩擦离合器是指利用主、从动部分的摩擦作用来传递转矩的离合器。

（2）摩擦离合器的分类　摩擦离合器可以从不同的角度来分类，具体如下：

1）按从动盘的数目分类。摩擦离合器按从动盘的数目可以分为单片离合器和双片离合器。轿车、客车和部分中、小型货车多采用单片离合器，双片离合器多用于重型车辆上。

2）按压紧弹簧的形式分类。摩擦离合器按压紧弹簧的形式可以分为膜片弹簧离合器、周布弹簧离合器和中央弹簧离合器。膜片弹簧离合器采用膜片弹簧压紧，目前应用最广泛。

膜片弹簧离合器以膜片弹簧取代螺旋弹簧及分离杠杆，使构造简单，并可免除调整分离杠杆高度的麻烦，且膜片弹簧弹性极佳，操作省力。本书只介绍膜片弹簧离合器。

二、离合器的组成

如图 2-2 所示，离合器由主动部分、从动部分、压紧机构和操纵机构 4 部分组成。离合器剖开图如图 2-3 所示，离合器的分解图如图 2-4 所示。

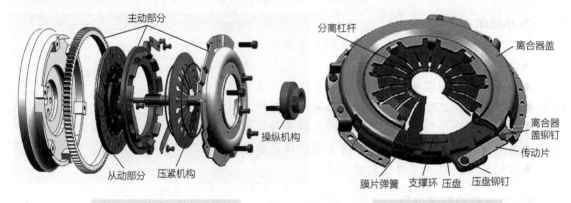

图 2-2　离合器的基本结构　　　　　图 2-3　离合器剖开图

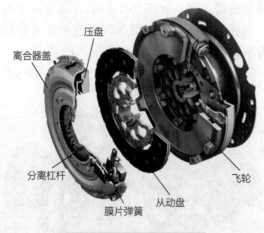

图 2-4　离合器的分解图

2-1 离合器的基本结构

2-2 离合器的组成

1. 主动部分

主动部分包括飞轮、离合器盖和压盘。离合器盖用螺栓固定在飞轮上，并用定位销进行定位。压盘与离合器盖之间通过周向均布的 3 组或 4 组传动片来传递转矩。传动片用弹簧钢片制成，每组2片，一端用铆钉铆在离合器盖上，另一端用螺钉固定在压盘上。这样，当发动机转动时，动力便经飞轮、离合器盖传到压盘，并一起转动。离合器盖和压盘如图2-5所示。

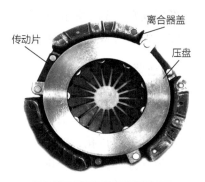

图2-5　离合器盖和压盘

2. 从动部分

从动部分包括从动盘和从动轴。如图2-6所示，从动盘主要由从动盘本体、摩擦片（也称摩擦衬片）和从动盘花键毂（也称从动盘毂）等组成，从动盘带有双面的摩擦片，离合器正常接合时分别与飞轮和压盘相接触；从动盘通过花键毂装在从动轴的花键上，从动轴是手动变速器的输入轴（一轴），其前端通过轴承支撑在曲轴后端的中心孔中，后端支撑在变速器壳体上。

从动盘的剖面图如图2-7所示。

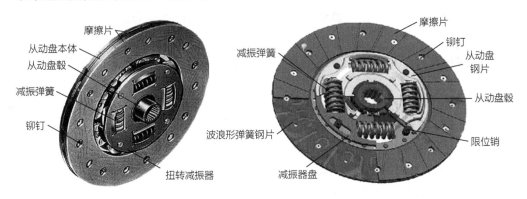

图2-6　从动盘　　　　　　　图2-7　从动盘的剖面图

为消除传动系统的扭转振动，从动盘一般都带有扭转减振器。带扭转减振器的从动盘分解图如图2-8所示，从动盘本体上的钢片外圆周铆接有波浪形弹簧钢片，摩擦片分别铆接在弹簧钢片上，从动盘钢片与扭转减振器盘铆接在一起，这两者之间夹有摩擦垫圈和从动盘毂。从动盘毂、从动盘钢片和扭转减振器盘上都有圆周均布的窗孔，减振弹簧装在窗孔中。

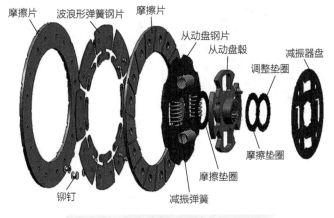

图2-8　带扭转减振器的从动盘分解图

当从动盘受到转矩作用时，转矩从摩擦片传到从动盘钢片，再经减振弹簧传给从动盘毂，此时弹簧将被压缩，吸收发动机传来的扭转振动。

3. 压紧机构

压紧机构主要指膜片弹簧。如图 2-9 所示，膜片弹簧的径向开有若干条切槽，形成弹性杠杆。切槽末端有方孔或圆孔，固定铆钉穿过孔，并固定在离合器盖上。膜片弹簧两侧装有钢丝支撑环，这两个钢丝支撑环是膜片弹簧工作时的支点。膜片弹簧的外缘通过分离钩与压盘联系起来。

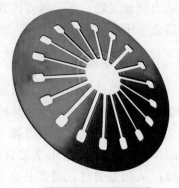

图 2-9　膜片弹簧

膜片弹簧装在压盘与离合器盖之间，用来将压盘和从动盘压向飞轮，使飞轮、从动盘和压盘三者压紧在一起。

4. 操纵机构

（1）操纵机构的作用　离合器的操纵机构是驾驶人用以使离合器分离、又使之柔和接合的一套机构。

（2）操纵机构的分类　按照分离离合器时所需操纵能源的不同，离合器的操纵机构可分为人力式和助力式两种。人力式又可以分为机械式和液压式；助力式又可以分为气压助力式和弹簧助力式。目前汽车上广泛采用的是人力式的液压式操纵机构，机械式的操纵机构已被淘汰。

（3）液压操纵机构的组成及工作原理

1）组成。离合器液压操纵机构的组成如图 2-10 所示。操纵机构主要由离合器踏板、主缸、工作缸、离合器轴（即变速器一轴或输入轴、未画出）、分离套筒（未画出）、分离轴承、分离杠杆（未画出）、复位弹簧等组成。

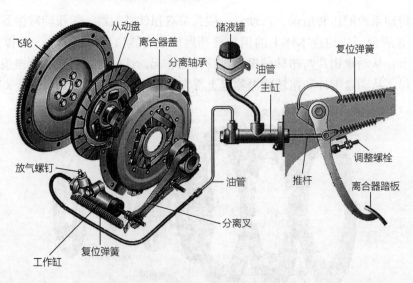

图 2-10　离合器液压操纵机构的组成

2）工作原理。当驾驶人踩下离合器踏板时，主缸活塞通过主缸推杆的作用向左移动，管路中的液压油（制动液）油压上升，在该油压的作用下，工作缸中的活塞和推杆被推动而移动，工作缸中的推杆直接推动离合器分离叉和分离轴承向前移动，通过膜片弹簧使压盘后移，解除对从动盘的压力，使离合器处于分离状态；当驾驶人放松离合器踏板时，在主缸和工作缸各自复位弹簧以及离合器膜片弹簧的作用下，各部件都回到初始位置，使离合器处于接合状态。

3）离合器主缸。离合器主缸的作用是将机械能转换为液压能，实物如图 2-11 所示。

4）离合器工作缸。离合器工作缸的作用是将液压能转换为机械能，实物如图 2-12 所示。

图 2-11　离合器主缸

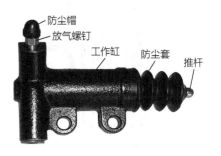

图 2-12　离合器工作缸

5. 双片离合器的基本结构

双片离合器是相对于一般的单片离合器而言的。由于受到结构的影响，单片离合器的转矩受到了一定的限制，而许多大型车辆，在单片离合器无法满足转矩要求的情况下，传动系统便采用了双片离合器。

双片离合器即在单片离合器中多加了一个中间从动盘（即离合器片）和一个中间压盘。其结构如图 2-13 所示。

图 2-13　双片离合器

三、离合器的工作原理

1. 接合状态

当驾驶人的脚不踩离合器踏板时，在压紧弹簧的作用下，压盘将从动盘紧紧地压在飞轮上，通过摩擦力将发动机的转矩传给手动变速器。

2. 分离过程

如图 2-14 所示，当脚踩下离合器踏板时，分离叉带动分离轴承向左移动，分离轴承消除与分离杠杆的间隙后压向分离杠杆，使分离杠杆拉动压盘克服压紧弹簧的力向右移动，解除对从动盘的压力，摩擦作用消失。此时离合器的主、从动部分处于分离状态，中断动力的传递。

3. 接合过程

如图 2-15 所示，当逐渐抬起离合器踏板时，压盘在压紧弹簧的作用下向左逐渐压紧从动盘，此时从动盘与压盘、飞轮的接触面之间产生摩擦力矩并逐渐增大，动力由飞轮、压盘传递给从动盘并经从动轴（输出轴）输出。在这一过程中，从动盘与输出轴转速逐渐提高，直至与主动部分相同，主、从动部分完全接合。操纵机构各部件在复位弹簧的作用下回到各自的位置。

2-3 离合器的
工作原理

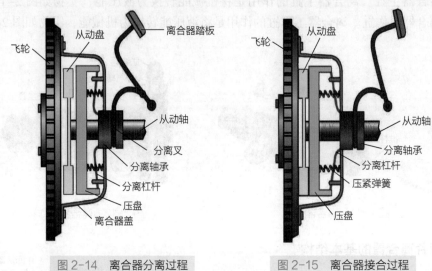

图 2-14　离合器分离过程　　　　　图 2-15　离合器接合过程

4. 半联动状态

在离合器的接合过程中，当飞轮、压盘和从动盘之间的接合还不紧密时，所能传递的摩擦力矩较小，其主、从动部分未达到同步，处于相对打滑的状态称为半联动状态。正因为离合器有半联动状态，只要操作合理，就能使汽车平稳起步。

四、离合器自由间隙和离合器踏板自由行程

1. 离合器自由间隙

根据离合器的工作原理可知，当从动盘摩擦片磨损变薄后，为了保证离合器能处于接合状态，传递发动机转矩，压盘必须向前移动更多。此时膜片弹簧（或分离杠杆）外端和压盘一起前移，其内端向后移。如果膜片弹簧（或分离杠杆）与分离轴承之间没有间隙，则由于机械式操纵机构的干涉作用，压盘最终无法前移，即导致离合器不能接合，出现打滑现象。为此，在离合器膜片弹簧（或分离杠杆）内端与分离轴承之间预留一定的间隙，这个间隙称为离合器自由间隙，如图 2-16 所示。离合器自由间隙一般为几毫米。

2. 离合器踏板自由行程和离合器踏板工作行程

（1）离合器踏板自由行程　在离合器分离过程中，为消除离合器自由间隙和分离机构、操纵机构零件的弹性变形所需要踩下的踏板行程称为离合器踏板自由行程，如图 2-17 所示。一般车型离合器踏板自由间隙为几毫米至十几毫米，如一汽大众新宝来轿车离合器

踏板自由行程为 10 ~ 20mm，本田雅阁轿车离合器踏板自由行程为 10~18mm，丰田卡罗拉轿车离合器踏板自由行程为 5~15mm。

（2）离合器踏板工作行程　消除自由间隙后，继续踩下离合器踏板，将会产生分离间隙，此过程所对应的踏板行程为离合器踏板工作行程，如图 2-17 所示。

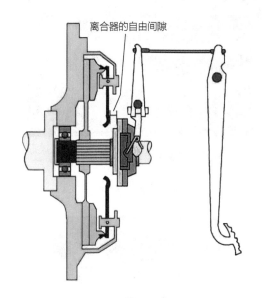

图 2-16　离合器自由间隙

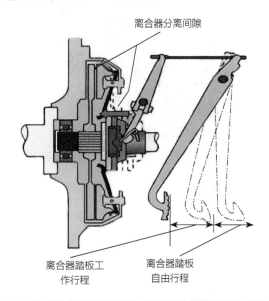

图 2-17　离合器踏板自由行程和离合器踏板工作行程

相关技能

一、离合器的拆装

1. 离合器的拆卸

1）如图 2-18 所示，拆下变速器总成。

2）如图 2-19 所示，从手动变速器壳体内部的分离叉位置拆下离合器的分离轴承。

图 2-18　拆下变速器总成

图 2-19　拆下分离轴承

3）如图 2-20 所示，拆卸前，应先在离合器盖与飞轮上做好装配标记以方便安装，保持原有的平衡状态。

4）如图 2-21 所示，用工具套筒拆卸离合器盖与发动机飞轮上的固定螺栓，注意要对角拧松，使其受力对称均匀，避免相关零件变形。

图 2-20　在离合器盖与飞轮上做装配标记

图 2-21　拆卸离合器盖与发动机飞轮上的固定螺栓

➡ **小提示：**每次先分别将各固定螺栓拧松一圈，直至弹簧的张力被完全释放。

5）如图 2-22 所示，用一字螺钉旋具在飞轮上撬开离合器盖，取下离合器盖与压盘总成，卸下离合器从动盘。

➡ **小提示：**拆卸时，应使离合器的压盘、从动盘和飞轮表面远离油污和异物。

图 2-22　用一字螺钉旋具在飞轮上撬开离合器盖

2. 离合器的安装

1）清洁飞轮，保证飞轮清洁无油污。
2）在从动盘花键毂内涂抹少量润滑脂。
3）确定从动盘的安装位置和方向。

➡ **小提示：**从动盘扭转减振器凸出的一面朝向压盘（图 2-23）。

4）用定心棒定位从动盘。如图 2-24 所示，将一根定心棒插在飞轮的轴心内，再将从动盘套在定心棒上并推到飞轮侧，对从动盘定位。

图 2-23　从动盘扭转减振器凸出的一面朝向压盘

图 2-24　对从动盘定位

5）确定离合器盖的安装位置和方向。

➔ **小提示**：将拆卸前在离合器盖与飞轮上的装配标记对准，并确认飞轮上定位销的位置（图2-25）后安装。

6）如图2-26所示，将带压盘的离合器盖对准飞轮上的定位销，将离合器盖安装到发动机飞轮上。

图 2-25　飞轮上定位销的位置

图 2-26　安装离合器盖

7）装上离合器固定螺栓。

➔ **小提示**：此时离合器盖和从动盘还未准确安装到位，注意暂时先不要拧紧固定螺栓。

8）检查并确认离合器从动盘位于飞轮的中心位置（轴心）后，上下左右轻微地移动定心棒，检查并调整离合器盖到正确的位置，然后分2~3次以对角线的位置按规定力矩拧紧离合器固定螺栓，取出定心棒。

9）清理变速器主轴。在分离轴承的内座、分离叉和分离叉支撑部件上涂抹少量润滑脂。将分离轴承安装到分离叉上，然后将分离叉安装固定在变速器上。

图 2-27　拨动分离叉

10）拨动分离叉，保证分离轴承滑动自如。如图2-27所示。

二、离合器的检修

1. 从动盘的检查

1）目视检查。目视检查从动盘摩擦片是否有裂纹、铆钉外露、减振器弹簧断裂等情况，如果有则更换从动盘。

2）检查从动盘摩擦片的磨损程度。如图2-28所示，用游标卡尺测量摩擦片的厚度，如测量值不符合规定值，应更换从动盘。

3）检查从动盘摩擦片上的铆钉。如图 2-29 所示，用游标卡尺测量从动盘摩擦片上的铆钉深度，铆钉头埋入深度一般应不小于 0.30mm。如果检查结果超过规定值，则应更换从动盘。

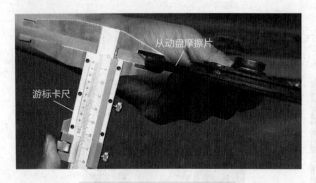

图 2-28　测量摩擦片的厚度

图 2-29　测量从动盘摩擦片上的铆钉深度

➜ 小提示：
注意，检查的是铆钉头的深度，即浅处的深度。

2-4 测量摩擦片的厚度

2-5 测量从动盘摩擦片上的铆钉深度

4）其他检查。如图 2-30 所示，检查从动盘的花键毂是否有过度磨损或缺齿；检查减振弹簧是否断裂或有明显变形，如有，应更换从动盘。

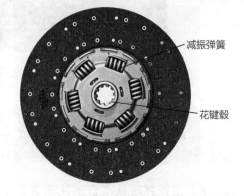

图 2-30　检查从动盘的花键毂和减振弹簧

2. 压盘和离合器盖的检查

压盘损伤主要是翘曲、破裂或过度磨损等。

1）检查压盘表面粗糙度。如图 2-31 所示，目视检查压盘表面不应有明显的沟槽，沟槽深度应小于 0.30mm。轻微的磨损可用油石修平。

2）检查压盘平面度。检查方法如图 2-32 所示，用刀口尺压在压盘上，然后用塞尺测量。离合器压盘平面度不应超过 0.2mm。

2-6 压盘平面度的检查

图 2-31　目视检查压盘表面

图 2-32　压盘平面度的检查

压盘平面度或表面粗糙度值超过要求可用平面磨床磨平或车床车平，但磨、车的厚度应小于2mm，否则应更换压盘。

3）检查离合器盖与飞轮接合面的平面度。离合器盖与飞轮的接合面的平面度应小于0.5mm，若有翘曲、裂纹、螺纹磨损等应更换离合器盖。

2-7 检查膜片弹簧的磨损程度

3. 膜片弹簧的检查

1）检查膜片弹簧的磨损程度。如图2-33所示，用游标卡尺测量膜片弹簧与分离轴承接触部位磨损的深度和宽度。深度应小于0.6mm，宽度应小于5mm，否则应更换。

a）膜片弹簧与分离轴承磨损部位

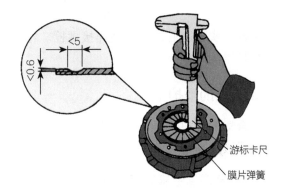

b）深度和宽度的测量

图2-33 膜片弹簧磨损的检查

2）检查膜片弹簧。目视检查膜片弹簧的分离指是否在同一高度，是否有断裂或过度磨损现象，如果不在同一高度或有断裂、过度磨损现象，应更换压盘总成。

4. 分离轴承的检查

如图2-34所示，用手固定分离轴承内圈，转动外圈，同时在轴向施加压力，如有阻滞或明显间隙感时，应更换分离轴承。

→ 小提示：分离轴承通常是一次性加注润滑脂。维护时切勿随意拆卸清洗。若有脏污，可用干净抹布擦净表面。

2-8 分离轴承的检查

图2-34 分离轴承的检查

5. 飞轮的检查

1）目视检查。检查齿圈轮齿是否磨损或打齿，检查飞轮端面是否有烧蚀、沟槽、翘曲和裂纹等，如果有，则应修理或更换飞轮。

2）检查飞轮上的轴承。如图2-35所示，用手转动轴承，在轴向加力，如果有阻滞或明显间隙感，则应更换轴承。

3）检查飞轮端面的圆跳动。如图2-36所示，将百分表安装在发动机机体上，百分表表针抵在飞轮的最外圈，转动飞轮，测量飞轮的轴向圆跳动，应小于0.1mm。如果轴向圆跳动超过标准，应修磨或更换飞轮。

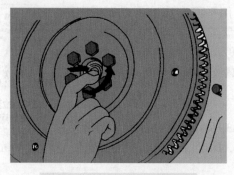

图 2-35　飞轮上轴承的检查

图 2-36　飞轮端面圆跳动的检查

飞轮每次拆卸后，应更换连接螺栓。将飞轮安装到曲轴上时，应按对角线逐次以规定的力矩拧紧。

三、离合器的维护

离合器的维护主要包括检查离合器踏板自由行程、检查离合器的工作情况、检查离合器储液罐液面高度等。

1. 离合器储液罐液面高度检查

如图 2-37 所示，检查离合器主缸储液罐（大多都是与制动液储液罐共用）内离合器液（制动液）面的高度，如果低于最低液面的标记，则应补加，并要进一步检查离合器液压操纵机构是否有泄漏的部位。

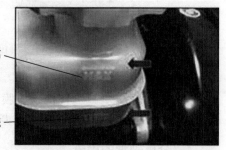

图 2-37　检查离合器液面的高度

2. 离合器液压操纵机构泄漏检查

液压操纵机构泄漏检查主要是检查主缸与油管、工作缸与油管及油封等部位是否有离合器液的痕迹。

3. 离合器踏板自由行程的检查与调整

（1）故障检查　踩下离合器踏板，检查是否存在下述故障。

1）踏板回弹无力。

2）异响。

3）踏板过度松动。

4）踏板沉重。

（2）检查离合器踏板自由行程　离合器踏板行程（高度）包括自由行程和工作行程，自由行程是为保证离合器分离彻底，而工作行程可以调整离合器接合点的高低。离合器踏板行程如图 2-38 所示。

1）关闭发动机，将一个钢直尺抵在驾驶室地板上，如图 2-39 所示。

2）先测量离合器踏板完全放松时的高度。

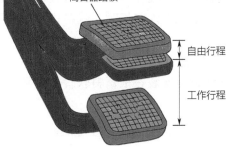

图 2-38　离合器踏板行程

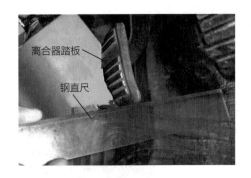

图 2-39　将钢直尺抵在地板上

3）再用手轻按离合器踏板，当感到阻力增大时停住，再测量离合器踏板高度。

4）两次测量的高度差即为离合器踏板的自由行程。

（3）离合器踏板自由行程的调整　如果离合器踏板自由行程不符合规定值，应进行调整。

1）离合器踏板自由行程的调整如图 2-40 所示，液压式操纵机构一般是调整主缸推杆的长度。

2）如图 2-41 所示，将主缸推杆锁紧螺母旋松。

图 2-40　离合器踏板自由行程的调整

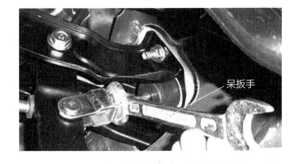

图 2-41　旋松主缸推杆锁紧螺母

3）转动主缸推杆，调整主缸推杆长度，主缸推杆变短，则离合器踏板行程变小；反之主缸推杆变长，则离合器踏板行程变大，从而调整踏板自由行程。

4）调整完毕，应将锁紧螺母旋紧。

→ 小提示：一次调整量不宜过多，调整不合适可反复多次进行调整。有些车辆的操纵机构具有自调装置，可以免除离合器踏板自由行程的调整。

4. 离合器工作情况检查

车辆可靠驻停后，拉起驻车制动手柄。起动发动机，发动机怠速运转后，踩下离合器踏板，换到一档或倒档，检查是否有噪声、是否换档平稳。如果有噪声或不平稳，说明离合器分离不彻底。

5. 离合器液压系统中空气的排出

离合器液压操纵系统在经过检修之后，管路内可能进入空气，在添加制动液时也可能使液压系统中进入空气。空气进入后，缩短了主缸推杆行程即踏板工作行程，从而使离合器分离不彻底。因此，液压系统检修后或怀疑液压系统进入空气时，就要排除液压系统中的空气。排除方法如下：

1）将主缸储液罐中的制动液加至规定高度，升起汽车。

2）如图 2-42 所示，在离合器工作缸的放气螺钉上安装一根塑料软管，接到一个盛有制动液的容器内。

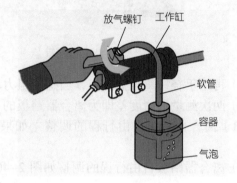

a）实物图　　　　　　　　　　　　　　　　　b）示意图

图 2-42　连接塑料软管

3）排空气需要两个人配合工作，一人慢慢地踏离合器踏板数次，感到有阻力时踏住不动；另一人拧松放气螺钉直至制动液开始流出，然后再拧紧放气螺钉。

4）连续按上述方法操作几次，直到流出的制动液中不见气泡为止。

5）空气排除干净之后，需要再次检查及调整踏板自由行程。

6）再次检查主缸储液罐液面高度，必要时添加。

四、离合器常见故障诊断与排除

离合器的常见故障有离合器打滑、分离不彻底、发抖、异响等。

（1）离合器打滑　故障诊断与排除见表 2-1。

表 2-1　离合器打滑故障诊断与排除

项　目	内　容
故障现象	汽车用低速档起步时，放松离合器踏板后，汽车不能起步或起步困难；汽车加速行驶时，车速不能随发动机转速的提高而提高，感到行驶无力，严重时产生焦煳味或冒烟等现象
故障原因	①离合器踏板没有自由行程，使分离轴承压在分离杠杆上 ②从动盘摩擦片、压盘或飞轮工作面磨损严重，离合器盖与飞轮的连接松动，使压紧力减弱 ③从动盘摩擦片油污、烧蚀、表面硬化、铆钉外露、表面不平，使摩擦系数下降 ④压力弹簧疲劳或折断，膜片弹簧疲劳或开裂，使压紧力下降 ⑤离合器操纵杆系卡滞，分离轴承套筒与导管间油污、尘腻严重，甚至造成卡滞，使分离轴承不能复位 ⑥分离杠杆弯曲变形，出现运动干涉，不能复位

（续）

项　目	内　容
故障诊断与排除	①检查离合器踏板自由行程，如不符合规定应予以调整 ②如果自由行程正常，应拆下变速器壳，检查离合器与飞轮连接螺栓是否松动，如松动则予以拧紧 ③如果离合器仍然打滑，应拆下离合器检查从动盘摩擦片的状况。如果有油污，一般可用汽油清洗并烘干，然后找出油污来源并设法排除。如果摩擦片磨损严重或有铆钉外露，应更换从动盘 ④如果从动盘完好，则应分解离合器，检查压紧弹簧，如果弹力过软则应更换 总结：离合器打滑主要可以从从动盘压不紧、从动盘摩擦系统下降等方面加以考虑

（2）离合器分离不彻底故障　故障诊断与排除见表2-2。

表2-2　离合器分离不彻底故障诊断与排除

项　目	内　容
故障现象	发动机怠速运转时，踩下离合器踏板，挂档有齿轮撞击声，且难以挂入；如果勉强挂上档，则在离合器踏板尚未完全放松时，发动机熄火
故障原因	①离合器踏板自由行程过大 ②分离杠杆弯曲变形、支座松动、支座轴销脱出，使分离杠杆内端高度难以调整 ③分离杠杆调整不当，其内端不在同一平面内或内端高度太低 ④双片离合器中间压盘限位螺钉调整不当，个别分离弹簧疲劳、高度不足或折断，中间压盘在传动销上或在离合器驱动窗口内轴向移动不灵活 ⑤从动盘钢片翘曲、摩擦片破裂或铆钉松动 ⑥新换的摩擦片太厚或从动盘正反装错 ⑦从动盘花键孔与变速器第一轴花键轴卡滞 ⑧离合器液压操纵机构漏油、有空气或油量不足 ⑨膜片弹簧弹力减弱 ⑩发动机支撑磨损或损坏，发动机与变速器不同心
故障诊断与排除	①检查离合器踏板自由行程，如果自由行程过大则进行调整。否则对于液压操纵机构检查是否储液罐油量不足或管路中有空气，并进行必要的排除。如果不是上述问题应继续检查 ②检查分离杠杆内端高度，如果分离杠杆高度太低或不在同一平面，则进行调整。否则检查从动盘是否装反，如果都没问题则继续检查 ③检查从动盘是否翘曲变形、铆钉脱落，从动盘是否轴向运动卡滞等，如果是，则进行更换或修理 总结：离合器分离不彻底主要可以从离合器踏板自由行程、分离杠杆高度、从动盘等几个方面考虑

（3）起步发抖故障　故障诊断与排除见表2-3。

表2-3　离合器起步发抖故障诊断与排除

项　目	内　容
故障现象	汽车用低速档起步时，按操作规程逐渐放松离合器踏板并徐徐踩下加速踏板，离合器不能平稳接合且产生抖振，严重时甚至整车产生抖振现象

（续）

项　目	内　容
故障原因	①分离杠杆内端高度不处在同一平面内 ②从动盘或压盘翘曲变形，飞轮工作端面的端面圆跳动严重 ③从动盘摩擦片厚度不均匀、油污、烧焦、表面不平整、表面硬化、铆钉头露出、铆钉松动或切断、波形弹簧片损坏 ④压紧弹簧的弹力不均匀、疲劳或个别折断，膜片弹簧疲劳或开裂 ⑤从动盘上的缓冲片破裂或减振弹簧疲劳、折断 ⑥发动机支架、变速器、飞轮、飞轮壳等的固定螺栓松动 ⑦分离轴承套筒与导管油污、尘腻严重，使分离轴承不能复位
故障诊断与排除	①检查离合器踏板、分离轴承等复位是否正常，如果正常则继续检查 ②检查发动机支架、变速器、飞轮、飞轮壳等的固定螺栓是否松动，如果是，则紧固螺栓，否则继续检查 ③检查分离杠杆的内端是否在同一平面，如果不在同一平面内，应更换，如果是，则继续检查 ④检查压盘、从动盘是否变形，铆钉是否松动、外露，压紧弹簧的弹力是否不在允许范围内，如果是，则更换或修理 　总结：起步发抖主要可以从起步时离合器在接合过程中不平稳来考虑，即发动机在匀速转动，而由于离合器接合不平稳使离合器的从动部分转动不平稳，从而反应为离合器乃至整车的抖振

（4）离合器异响故障　故障诊断与排除见表2-4。

表2-4　离合器异响故障诊断与排除

项　目	内　容
故障现象	离合器分离或接合时发出不正常的响声
故障原因	①分离轴承缺少润滑剂，造成干磨或轴承损坏 ②分离轴承与分离杠杆内端之间无间隙 ③分离轴承套筒与导管之间油污、尘腻严重或分离轴承复位弹簧与踏板复位弹簧疲劳、折断、脱落，使分离轴承复位不佳 ④从动盘花键孔与其花键轴配合松旷 ⑤从动盘减振弹簧退火、疲劳或折断 ⑥从动盘摩擦片铆钉松动或铆钉头外露 ⑦双片离合器传动销与中间压盘和压盘的销孔磨损松旷
故障诊断与排除	①稍稍踩下离合器踏板，使分离轴承与分离杠杆接触，如果有"沙沙"的响声则为分离轴承响；如果加油后仍响，说明轴承磨损过度、松旷或损坏，应更换 ②踩下、抬起离合器踏板，如果出现间断的碰撞声，说明分离轴承前后有串动，应更换分离轴承复位弹簧 ③连踩踏板，如果离合器刚接合或刚分开时有响声，说明从动盘铆钉松动或外露，应更换从动盘

维修实例

车辆起步困难，行驶过程中动力不足

（1）故障现象　一汽大众速腾2015款230 TSI手动档舒适型轿车，行驶里程11.65万

km。驾驶人反映，车辆起步时踩下离合器踏板挂入变速器一档，当慢慢释放离合器踏板时，车速提高不柔和、不平稳，车身严重抖动，车辆起步困难，直到离合器踏板完全抬起为止。在车辆行驶过程中变换档位时，也能感觉到车身抖动。

（2）故障原因　离合器从动盘（摩擦片）损坏，导致离合器打滑。

（3）故障诊断与排除　这是轿车离合器打滑的典型故障现象。为了确诊，需进一步诊断。

1）起动发动机，拉起驻车制动杆，挂上一档起步，感觉车辆前部确实抖动严重，不能立即起步，确实为离合器打滑。

2）将汽车用举升机升起，拆下离合器罩壳，检查离合器与飞轮连接螺栓，无松动；检视离合器外观，无严重油污。

3）拆下变速器和离合器总成，分解离合器后检查：离合器从动盘（摩擦片）铆钉头未露出，磨损不严重，但离合器从动盘（摩擦片）焦黑，发硬烧结，已不能再用。观察到压盘表面有烧蚀痕迹。

4）更换离合器从动盘（摩擦片），打磨压盘烧蚀层。

装复后试车，车辆起步柔和、平稳、车身无抖动现象，故障排除。

任务二　手动变速器的检修

岗位核心能力

◎知识目标

1）熟悉变速器的功用、结构和工作原理。
2）熟悉变速器零部件的检修内容和方法。

◎技能目标

1）能够正确检修手动变速器主要零部件。
2）能够正确分析并排除手动变速器常见故障。

案例导入

一汽大众速腾2014款1.6L手动舒适型轿车，行驶里程为12.65万km。驾驶人说，车辆在行驶过程中挂入四档时，变速器很快跳档，即，能挂得上档，却挂不住档。

相关知识

一、变速器的功用与类型

1. 变速器的功用

变速器的功用见表2-5。

2-9 手动变速器概述

表2-5 变速器的功用

功 用	说 明
实现变速、变矩	改变发动机的转矩、转速特性，使发动机的转矩增大、转速下降以适应汽车实际行驶的要求。变速器是通过不同的档位来实现这一功用的
实现倒车	发动机的旋转方向从前往后看为顺时针方向，且不能改变，为了实现汽车的倒向行驶，变速器中设置了倒档
实现中断动力传动	在发动机起动和怠速运转、变速器换档、汽车滑行和暂时停车等情况下，都需要中断发动机的动力传动，因此变速器中设有空档

2. 变速器的类型

现代汽车上所采用的变速器有不同的结构形式，有多种分类方式。

（1）按传动比变化方式分类 变速器按传动比的变化方式可分为有级式、无级式和综合式三种，见表2-6。

表2-6 变速器按传动比的变化方式的类型

类 型	说 明
有级式变速器	有级式变速器采用齿轮传动，具有若干个定值传动比。轿车和轻、中型货车变速器多采用3~5个前进档和一个倒档，每个档位对应一个传动比。重型汽车行驶的路况复杂，变速器的档位较多，可有8~20个档位。 变速器的档位数都是指前进档的个数，变速器按前进时档位数不同可为四档变速器、五档变速器和六档变速器等
无级式变速器	无级式变速器（CVT）的传动比可在一定范围内连续变化，目前一般采用金属带传递动力，通过主、从动带轮直径的变化实现无级变速。这种变速器在轿车中得到了应用
综合式变速器	综合式变速器由液力变矩器和齿轮式有级变速器组成，一般都是由计算机控制实现自动换档，所以多把这种变速器称为自动变速器。这种变速器的传动比可在最大值与最小值之间的几个间断的范围内做无级变化，是目前车用自动变速器的主要结构类型

（2）按变速器操纵方式分类 变速器按其操纵方式不同可分为手动变速器、自动变速器和手动自动一体变速器三种，见表2-7。

表2-7 变速器按其操纵方式不同的类型

类 型	说 明
手动变速器	驾驶人通过用手操纵变速杆来选定档位，并直接操纵变速器的换档机构进行档位变换。齿轮式有级变速器大多数都采用这种换档方式
自动变速器	自动变速器的控制系统可根据发动机负荷和车速变化情况自动地选定档位，并进行档位变换，即自动地改变传动比。驾驶人只需操纵加速踏板（油门踏板）和制动踏板即可
手动自动一体变速器	这种变速器可以自动换档，也可以手动换档，比较典型的车型如一汽大众奥迪A6的Tiptronic和上汽大众帕萨特1.8T等

3. 手动变速器的安装位置

手动变速器一般安装在离合器之后。前轮驱动汽车的手动变速器与主减速器集成为一体。如图 2-43 所示为手动变速器的安装位置。

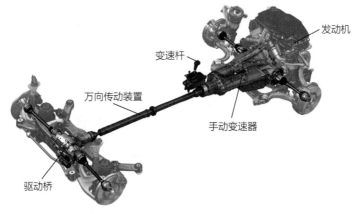

2-10 手动变速器基本工作原理

图 2-43　手动变速器安装位置

二、变速器基本工作原理

普通齿轮变速器利用不同齿数的齿轮啮合传动来实现转矩和转速的改变。

1. 齿轮传动的变速原理

一对齿数不同的齿轮啮合传动时可以实现变速，而且两齿轮的转速比与其齿数成反比。设主动齿轮转速为 n_1、齿数为 z_1，从动齿轮转速为 n_2、齿数为 z_2，主动齿轮（即输入轴）转速与从动齿轮（即输出轴）转速之比值为传动比（i_{12}），则

$$i_{12} = \frac{n_1}{n_2} = \frac{z_2}{z_1}$$

如图 2-44a 所示，当小齿轮为主动齿轮，带动大齿轮转动时，输出转速降低，即 $n_2 < n_1$，称为减速传动，此时传动比 $i>1$；如图 2-44b 所示，大齿轮驱动小齿轮时，输出转速升高，即 $n_2 > n_1$，称为增速传动，此时传动比 $i<1$，这就是齿轮传动的变速原理。汽车变

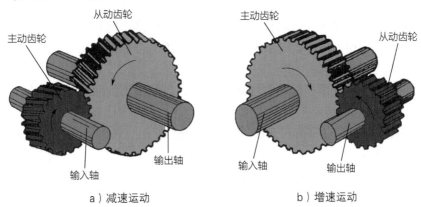

a）减速运动　　　　　　　　　　　b）增速运动

图 2-44　齿轮传动的基本原理

速器就是根据这一原理，利用若干大小不同的齿轮副传动而实现变速的。

2. 变向传动

一对齿轮旋向相反，每经过一个传动副，其轴改变一次转向。

如图 2-45 所示，变速器前进档中的主动齿轮（第一轴上的齿轮）、从动齿轮（第二轴上的齿轮）旋转方向相反，倒档中的主、从动齿轮旋转方向相同，倒档轴上的齿轮（也称倒档齿轮或惰轮）仅改变旋转方向，不改变传动比的大小。

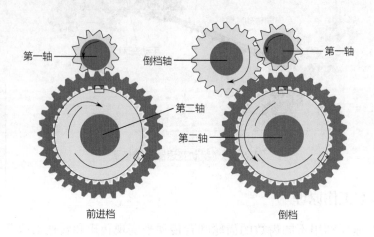

图 2-45　前进档与倒档的对比

三、手动变速器的结构

手动变速器主要由变速传动机构和操纵机构两大部分组成。

➡ 小提示：
◆变速传动机构的主要作用是改变转矩的大小和方向。
◆操纵机构的作用是实现换档。

1. 变速传动机构

（1）两轴式变速器的变速传动机构　变速传动机构是变速器的主体，两轴式变速器用于发动机前置前轮驱动的汽车，一般与驱动桥（前桥）合称为手动变速驱动桥。常见的轿车均采用这种变速器。

前置发动机有纵向布置和横向布置两种形式，与其配用的两轴式变速器也有两种不同的结构形式。

1）发动机纵向布置的两轴式变速器。发动机纵置时，主减速器为一对锥齿轮，传动示意图如图 2-46 所示。

2）发动机横向布置的两轴式变速器。发动机横置时，主减速器采用一对圆柱齿轮，所有前进档齿轮和倒档齿轮都采用常啮合斜齿轮，并采用同步器换档。该变速器的传动示意图及结构图如图 2-47 所示。

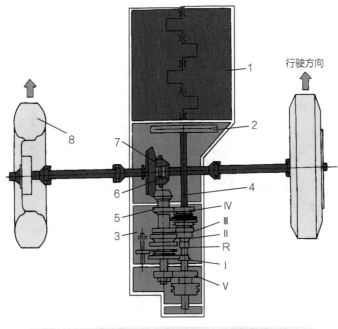

图 2-46 发动机纵向布置的两轴式变速器传动示意图

1—纵置发动机 2—离合器 3—变速器 4—变速器输入轴
5—变速器输出轴（主减速器主动锥齿轮） 6—差速器
7—主减速器从动锥齿轮 8—前轮

Ⅰ、Ⅱ、Ⅲ、Ⅳ、Ⅴ—一、二、三、四、五档齿轮 R—倒档齿轮

2-11 手动变
速器结构

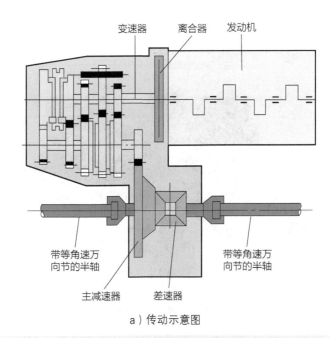

a）传动示意图

图 2-47 发动机横向布置的两轴式变速器传动示意图及结构图

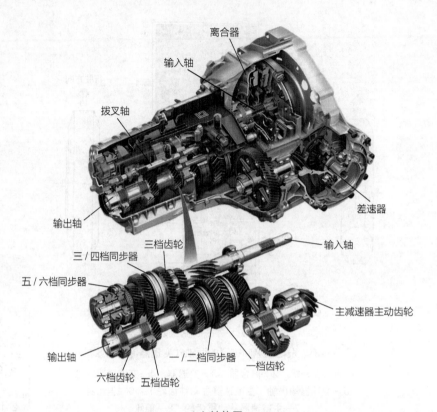

b）结构图

图2-47　发动机横向布置的两轴式变速器传动示意图及结构图（续）

两轴式手动变速器变速传动机构零件安装关系（不包括五档）如图2-48所示。

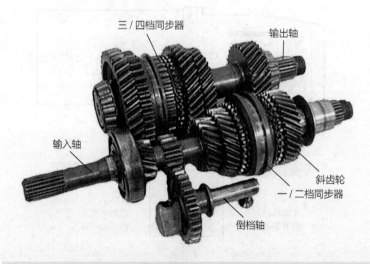

图2-48　两轴式手动变速器变速传动机构零件安装关系（不包括五档）

两轴式五档手动变速器变速传动机构的示意图如图2-49所示，各档动力传递路线见表2-8。

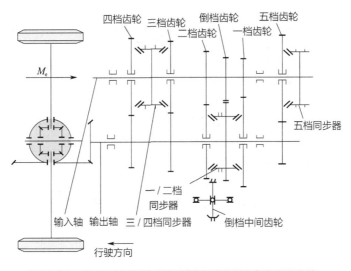

四档齿轮　三档齿轮　倒档齿轮　五档齿轮

二档齿轮　一档齿轮

M_e

五档同步器

输入轴　输出轴　三/四档同步器

一/二档同步器

倒档中间齿轮

行驶方向

图2-49　两轴式五档手动变速器变速传动机构的示意图

2-12 五档手动变速器动力传递路线

表2-8　两轴式五档手动变速器动力传递路线

档位	动力传递路线
一档	变速杆从空档向左、向前移动，实现： 动力→输入轴→输入轴一档齿轮→输出轴一档齿轮→输出轴上一/二档同步器→输出轴→动力输出
二档	变速杆从空档向左、向后移动，实现： 动力→输入轴→输入轴二档齿轮→输出轴二档齿轮→输出轴上一/二档同步器→输出轴→动力输出
三档	变速杆从空档向前移动，实现： 动力→输入轴→输入轴上三/四档同步器→输入轴三档齿轮→输出轴三档齿轮→输出轴→动力输出
四档	变速杆从空档向后移动，实现： 动力→输入轴→输入轴上三/四档同步器→输入轴四档齿轮→输出轴四档齿轮→输出轴→动力输出
五档	变速杆从空档向右、向前移动，实现： 动力→输入轴→输入轴上五档同步器→输入轴五档齿轮→输出轴五档齿轮→输出轴→动力输出
倒档	变速杆从空档向右、向后移动，实现： 动力→输入轴→输入轴倒档齿轮→倒档轴倒档齿轮→输出轴倒档齿轮→输出轴→动力反向输出

（2）三轴式变速器的变速传动机构　三轴式变速器用于发动机前置后轮驱动的汽车，该变速器有3根主要的传动轴：一轴（即输入轴）、二轴（即输出轴）和中间轴，所以称为三轴式变速器，另外还有倒档轴。

三轴式五档手动变速器变速传动机构的示意图如图2-50所示，各档动力传递路线见表2-9。

表2-9　三轴式变速器动力传递路线

档位	动力传递路线
空档	二轴上的各接合套、传动齿轮均处于中间空转的位置，动力不传给第二轴
一档	前移一/倒档直齿滑动齿轮与中间轴一/倒档齿轮啮合。动力经一轴常啮合齿轮、中间轴常啮合齿轮、中间轴一/倒档齿轮、二轴一/倒档齿轮，传到第二轴，使其顺时针旋转（与第一轴同向）

（续）

档位	动力传递路线
二档	后移接合套9与二轴二档齿轮的接合齿圈啮合。动力经一轴常啮合齿轮、中间轴常啮合齿轮、中间轴二档齿轮、二轴二档齿轮、二档齿轮接合齿圈、接合套9、花键毂24，传到第二轴，使其顺时针旋转
三档	前移接合套9与二轴三档齿轮的接合齿圈啮合。动力经一轴常啮合齿轮、中间轴常啮合齿轮、中间轴三轴齿轮、二轴三档齿轮、三档齿轮接合齿圈、接合套9、花键毂24，传到二轴使其顺时针旋转
四档	后移接合套4与二轴四档齿轮的接合齿圈啮合。动力经一轴常啮合齿轮、中间轴常啮合齿轮、中间轴四档齿轮、二轴四档齿轮、四档齿轮接合齿圈、接合套4、花键毂25，传到二轴使其顺时针旋转
五档	前移接合套4与一轴常啮合齿轮的接合齿圈啮合。动力直接由一轴、一轴常啮合齿轮、一轴常啮合齿轮接合齿圈、接合套4、花键毂25，传到二轴，传动比为1。由于二轴的转速与一轴相同，故此档称为直接档
倒档	后移二轴上的一/倒档直齿滑动齿轮与倒档齿轮17啮合。动力经一轴常啮合齿轮、中间轴常啮合齿轮、中间轴一/倒档齿轮、倒档中间齿轮17、19、二轴一/倒档直齿滑动齿轮，传给二轴使其逆时针旋转，汽车倒向行驶。倒档传动路线与其他档位相比较，由于多了倒档中间齿轮的传动，所以改变了二轴的旋转方向

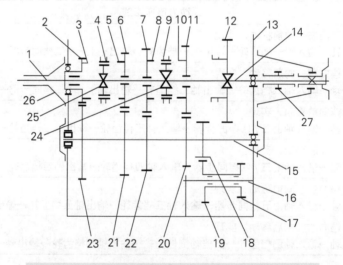

图2-50　三轴式五档手动变速器变速传动机构的示意图

1—一轴　2—一轴常啮合齿轮　3—一轴常啮合齿轮接合齿圈　4、9—接合套　5—四档齿轮接合齿圈
6—二轴四档齿轮　7—二轴三档齿轮　8—三档齿轮接合齿圈　10—二档齿轮接合齿圈　11—二轴二档齿轮
12—二轴一/倒档直齿滑动齿轮　13—变速器壳体　14—二轴　15—中间轴　16—倒档轴
17、19—倒档中间齿轮　18—中间轴一/倒档齿轮　20—中间轴二档齿轮　21—中间轴三档齿轮
22—中间轴四档齿轮　23—中间轴常啮合齿轮　24、25—花键毂　26—一轴轴承盖　27—回油螺纹

2. 操纵机构

（1）操纵机构的功用　保证驾驶人能准确可靠地将变速器挂入所需要的档位，并可随时退至空档。

（2）操纵机构的分类　操纵机构按照变速操纵杆（变速杆）位置的不同，可分为直接操纵式和远距离操纵式两种类型。

1）直接操纵式。这种形式的变速器布置在驾驶员座椅附近，变速杆由驾驶室底板伸出，驾驶人可以直接操纵。如图2-51所示为中型货车六档变速器操纵机构，多用于发动机前置后轮驱动的车辆。

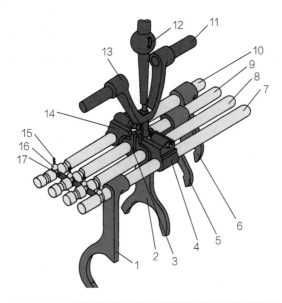

图2-51 中型货车六档变速器直接操纵式操纵机构

1—五/六档拨叉 2—三/四档拨叉 3—一/二档拨块 4—五/六档拨块 5—一/二档拨叉
6—倒档拨叉 7—五/六档拨叉轴 8—三/四档拨叉轴 9—一/二档拨叉轴 10—倒档拨叉轴
11—换档轴 12—变速杆 13—叉形拨杆 14—倒档拨块 15—自锁弹簧 16—自锁钢球 17—互锁销

2）远距离操纵式。在有些汽车上，由于变速器离驾驶人座位较远，则需要在变速杆与拨叉之间加装一些辅助杠杆或一套传动机构，构成远距离操纵机构。这种操纵机构多用于发动机前置前轮驱动的轿车。

（3）操纵机构的换档锁装置 为了保证变速器在任何情况下都能准确、安全、可靠地工作，变速器操纵机构一般都具有换档锁装置，包括自锁装置、互锁装置和倒档锁装置。

1）自锁装置。自锁装置用于防止变速器自动脱档或挂档，并保证齿轮以全齿长啮合。大多数变速器的自锁装置都是采用自锁钢球对拨叉轴进行轴向定位锁止的。如图2-52所示，换档拨叉轴上方有3个凹坑，上面有被弹簧压紧的自锁钢球，当拨叉轴处于空档或某一档位置时，钢球压在凹坑中，起到了自锁作用。

2）互锁装置。互锁装置用于防止同时挂上两个档位。如图2-53所示，互锁装置由互锁钢球和互锁销组成。当中间拨叉轴移动挂档时，另外两个拨叉轴被钢球锁住，防止同时挂上两个档而使变速器卡死或损坏，起到了互锁作用。

3）倒档锁装置。倒档锁装置的作用是防止误挂入倒档，其结构原理见图2-53中的倒档锁。当变速杆下端向倒档拨叉轴移动时，必须压缩弹簧才能进入倒档拨叉轴上的拨块槽中。这样防止了在汽车前进时因误挂倒档而导致零件损坏，起到了倒档锁的作用。当倒档拨叉轴移动挂档时，另外两个拨叉轴被钢球锁住。

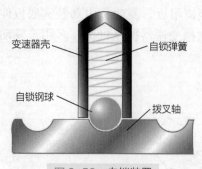

图 2-52　自锁装置

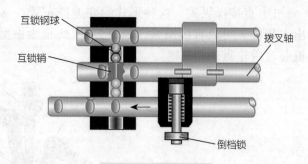

图 2-53　互锁装置

四、同步器的结构与工作原理

1. 同步器的功用

同步器的作用就是使变速器上的接合套与准备套入的齿圈之间迅速同步，并阻止它们在同步之前啮合。

2. 同步器的类型

目前所采用的同步器几乎都是摩擦式惯性同步器，按锁止装置的不同，可分为锁环式惯性同步器和锁销式惯性同步器。

3. 锁环式惯性同步器

（1）构造　如图 2-54 所示，锁环式同步器由接合齿圈、滑块、锁环（同步环）、弹簧圈（图中未画出）、花键毂、接合套等组成。

2-13　手动变速器操纵机构的换档锁装置

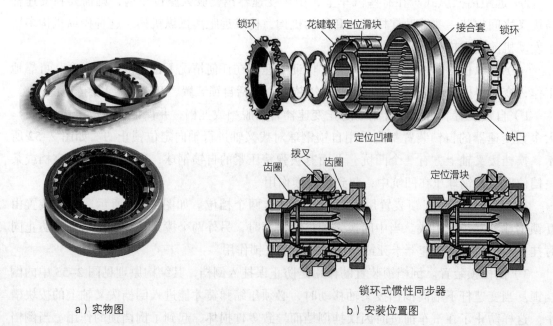

a）实物图　　　　　　b）安装位置图

图 2-54　锁环式惯性同步器

（2）工作原理　下面以二档换三档为例说明同步器的工作原理，如图 2-55 所示。

1）空档位置。接合套刚从二档退入空档时，如图 2-55a 所示，三档齿轮、接合套、锁环以及与其有关联的运动件，因惯性作用而沿原方向继续旋转（图示箭头方向）。因为齿轮 1 是高档齿轮（相对于二档齿轮来说），所以接合套、锁环的转速低于齿轮 1 的转速。

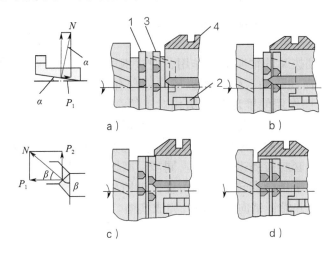

图 2-55　锁环式惯性同步器工作原理

1—待啮合齿轮的接合齿圈　2—滑块　3—锁环（同步环）　4—接合套
N—正压力　P_1—轴向力　P_2—切向力　α—摩擦锥面的圆锥角　β—锁环齿端倒角

2）挂档。欲换入三档时，驾驶人通过变速杆使拨叉推动接合套连同滑块一起向左移动，如图 2-55c 所示，滑块又推动锁环移向齿轮 1，使锥面接触。驾驶人作用在接合套上的轴向推力，使两锥面有正压力 N，又因两者有转速差，所以产生摩擦力矩。通过摩擦作用，齿轮带动锁环相对于接合套向前转动一个角度，使锁环缺口靠在滑块的另一侧（上侧）为止，此时接合套的内齿与锁环上的花键齿错开了约半个齿宽，接合套的齿端倒角面与锁环的齿端倒角面互相抵住。

3）锁止。驾驶人的轴向推力使接合套的齿端倒角面与锁环的齿端倒角面之间产生正压力，形成一个企图拨动锁环相对于接合套反转的力矩，称为拨环力矩。这样在锁环上同时作用着方向相反的摩擦力矩和拨环力矩，同步器的结构参数可以保证在同步前（存在摩擦力矩）拨环力矩始终小于摩擦力矩，所以在同步之前无论驾驶人施加多大的操纵力，都不会挂上档，即产生锁止作用，如图 2-55c 所示。

4）同步啮合。随着驾驶人施加于接合套上的推力加大，摩擦力矩不断增加，使齿轮 1 的转速迅速降低。当齿轮 1、接合套和锁环达到同步时，作用在锁环上的摩擦力矩消失。此时在拨环力矩的作用下，锁环、齿轮 1 以及与之相连的各零件相对于接合套反转一角度，滑块处于锁环缺口的中央，如图 2-55b 所示，键齿不再抵触，锁环的锁止作用消除。接合套压下弹簧圈继续左移（滑块脱离接合套的内环槽而不能左移），与锁环的花键齿圈进入啮合，进而再与齿轮 1 进入啮合，如图 2-55d 所示，换入三档。

锁环式同步器尺寸小、结构紧凑、摩擦力矩也小，多用于轿车和轻型车辆。

4. 锁销式惯性同步器

一些大、中型货车采用锁销式惯性同步器，由摩擦锥盘、摩擦锥环、定位销、接合套、锁销、花键毂、钢球和弹簧等组成，实物如图 2-56 所示。

锁销式惯性同步器的工作原理与锁环式惯性同步器类似。

图 2-56　锁销式惯性同步器实物图

换档时接合套受到拨叉的轴向推力作用，通过钢球、定位销推动摩擦锥环向前移动。因摩擦锥环与锥盘有转速差，故接触后的摩擦作用使锥环和锁销相对于接合套转过一个角度，锁销与接合套上相应孔的中心线不再同心，锁销中部倒角与接合套孔端的锥面相抵触，在同步前，作用在摩擦面的摩擦力矩总大于拨销力矩，接合套被锁止不能前移，防止在同步前接合套与齿圈进入啮合。同步后摩擦力矩消失，拨销力矩使锁销、摩擦锥盘和相应的齿轮相对于接合套转过一个角度，锁销与接合套的相应孔对中，接合套克服弹簧的张力，压下钢球并沿锁销向前移动，完成换档。

五、四轮驱动系统简介

为了提高汽车在雨天、雪地和越野行驶时的附着力和操纵性能，有些车辆常采用四轮驱动。

传统四轮驱动汽车的基本组成如图 2-57 所示，发动机的动力经过离合器传给变速器，然后利用分动器把动力分配给前后传动轴，再通过传动轴将动力传递给前后差速器以及四个半轴，使四轮车轮转动。

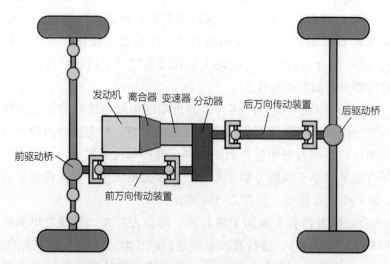

图 2-57　传统四轮驱动汽车的基本组成

四轮驱动一般分为三种形式：全时驱动、兼时驱动和适时驱动。

1. 全时驱动（Full-time）

全时驱动车辆永远保持四轮驱动模式，正常行驶时将发动机输出转矩按 50%：50% 设定在前后轮上。当轮胎打滑时自动分配前后转矩以确保在不同路面上极佳的车辆性能和驾驶条件，分配比例在 30% : 70% 至 70% : 30% 之间（前后驱动转矩在 30%~70% 之间连续无级可调），采用这种驱动模式的车辆具有极佳的驾驶操控性和行驶循迹性。全时四驱科技含量高，车辆的行驶操控性能和舒适性也强，因此主要运用在一汽大众奥迪 A6L 轿车、宝马 X5 汽车等车型上。

一汽大众奥迪 A6L 轿车全时四轮驱动系统的基本组成如图 2-58 所示。

图 2-58　一汽大众奥迪 A6L 轿车全时四轮驱动系统的基本组成

2. 兼时驱动（Part-time）

兼时驱动模式一般用于越野车或四驱 SUV 上。驾驶人可根据路面情况，通过接通或断开分动器来变化两轮驱动或四轮驱动模式，其优点是可根据实际情况来选取驱动模式，比较经济，缺点是其机械结构比较复杂，需要驾驶者有很强的驾驶经验。

3. 适时驱动（Real-time）

采用适时驱动的车辆，其选择何种驱动模式由电脑控制，正常路面一般采用两轮驱动，如果路面不良或驱动轮打滑，电脑会自动侦测出并立即将发动机输出转矩分配给其他两轮，切换到四轮驱动状态，免除了驾驶人的判断和手动操作，应用更加简单。

相关技能

一、手动变速器的分解

1）旋下变速器后端盖固定螺栓，取下变速器后端盖及密封圈。

2）拆卸五档同步器及五档齿轮。

①如图 2-59 所示，用直径为 4mm 的圆柱冲子冲出五档拨叉的锁止销。

②如图 2-60 所示，用卡环钳取下输出轴上的卡环。

③如图 2-61 所示，向上取出五档拨叉及五档同步器，然后取下五档从动齿轮。

图 2-59　拉出五档同步器总成

图 2-60　取下卡环

④使用卡环钳取下五档主动齿轮上的卡环，取下碟形弹性垫圈，再用拉器取下五档主动齿轮（图 2-61）。

2-14 手动变速器拆解准备

2-15 手动变速器拆卸

3）拆卸轴承锁止片。拧下变速器壳体上轴承的锁止片螺栓，然后用一个大小合适的圆柱冲子插入锁止卡片的螺栓孔中，用另一个圆柱冲子向外顶另一端，取下锁止片。

4）拆卸变速器壳体。先拆下变速器倒档开关，然后用套筒拆卸变速器壳体上的紧固螺栓，再用撬棒小心地撬开变速器壳体，把变速器壳体取下。

5）拆卸变速器倒档轴及倒档齿轮。

①先直接取下倒档轴，再取下倒档齿轮。

②如图 2-62 所示，先向下按住倒档拨叉再向外取下倒档拨叉销，取下倒档拨叉。

图 2-61　取出五档同步器和五档从动齿轮

图 2-62　拆下倒档拨叉

6）拆卸变速器齿轮组。

①如图 2-63 所示，先挂入一档，然后用 4mm 圆柱冲子冲出槽销。

②向外取出变速杆轴总成。

③取出一 / 二档选档复位弹簧，向外取出联锁装置锁止开关，如图 2-64 所示。

④如图 2-65 所示，先托住输入轴和输出轴，然后连同拨叉一起，向上垂直取出变速器齿轮组。

7）拆卸主减速器。

①如图 2-66 所示，拧下轴承座上的紧固螺栓，用两根撬棒向外撬下轴承座。

②取出差速器。

手动变速器的分解到此结束。

图 2-63　冲出槽销

图 2-64　取出锁止开关

图 2-65　取出变速器齿轮组

图 2-66　拧下轴承座上的紧固螺栓

二、手动变速器的检修

1. 齿轮与花键的检修

1）检查齿面。齿轮若有明显的疲劳斑点、划痕或阶梯形磨损时，应更换齿轮。

2）检查斜齿轮齿面的磨损程度，磨损量若超过原齿面的 15%，应更换齿轮。

3）检查齿轮与齿轮、齿轮与轴及花键之间各啮合间隙是否符合规定值，如不符合，应更换。

2. 变速器轴的检修

1）目视检查，若变速器轴上有裂纹或破损处时，应更换。

2）检查变速器轴的弯曲变形情况，不符合标准时，应校正或更换。

3）用游标卡尺测量变速器轴颈（或定位凹槽）的磨损情况，若超出规定值，应更换。

3. 同步器的检修

1）如图 2-67 所示，用塞尺测量锁环和换档齿轮端面之间的间隙，若超过标准值应更换同步器。

2）如图 2-68 所示，检查同步器滑块和滑块槽，出现磨损应更换。

图 2-67　用塞尺测量锁环和换档齿轮端面之间的间隙

图 2-68　检查同步器滑块和滑块槽

三、手动变速器的安装

1）清洁并安装差速器总成。

2）清洁输出轴和轴承盖，在轴承及座孔上涂抹凡士林油。安装输出轴和输出轴轴承盖。

➡ **小提示**：注意轴承盖的安装方向应符合规定，按规定力矩拧紧轴承盖固定螺栓。

3）在输出轴上装入一档齿轮和一／二档同步器，安装倒档拨叉。安装倒档轴及倒档齿轮，然后检查倒档拨叉的工作情况。

➡ **小提示**：注意倒档轴上的螺栓孔应朝外，以便正确安装壳体。

4）在输出轴上安装其他齿轮及相关卡环。

5）如图 2-69 所示，安装带相应齿轮及同步器的输入轴。

6）安装所有的拨叉和拨叉轴，安装变速器外壳和固定螺栓。

7）清洁换档轴零件，在轴颈等相关位置涂抹凡士林油。调整换档拨叉处于空档位置，然后装入换档轴、压力弹簧、卡环，装入换档轴端盖并拧紧。拧紧换档轴止动螺栓。

图 2-69　安装输入轴

8）安装五档主动齿轮和同步器。

9）安装变速器后端盖，安装并按规定力矩紧固变速器后端盖固定螺栓。

手动变速器的安装到此结束。

四、手动变速器齿轮油的更换

1. 放油

1）将车辆举升到一定高度，将废油回收桶放置在变速器放油孔位置，方便接油。

2）如图 2-70 所示，拆卸变速器放油螺塞。先拆卸变速器加油螺塞，再拆卸变速器放油螺塞，对变速器进行放油。

3）待旧的齿轮油放干净后，按规定力矩拧紧放油螺塞。

2. 加油

2-16 手动变速器齿轮油的更换

1）将符合维修车辆要求、牌号正确的新齿轮油加入手动变速器加油机中。

2）如图 2-71 所示，用手动变速器加油机从变速器加油螺塞口压入新的齿轮油，油面加到与加油螺塞口平面平齐为止。若有齿轮油溢出，应及时清理干净。

3）安装并拧紧加油螺塞。

4）降下车辆，起动发动机，变换几次变速器的不同档位，然后再升起车辆，检查变速器是否渗漏。如有渗漏，应及时处理。若无渗漏，降下车辆，手动变速器齿轮油更换完毕。

图 2-70　拆卸变速器放油螺塞

图 2-71　变速器加油

五、手动变速器常见故障诊断

2-17 手动变速器常见故障排除

手动变速器的常见故障主要有跳档、乱档、挂档困难、异响等。

（1）手动变速器跳档故障　故障诊断与排除见表 2-10。

表 2-10　手动变速器跳档故障诊断与排除

项　目	内　容
故障现象	汽车在加速、减速、爬坡或汽车剧烈振动时，变速杆自动跳回空档位置
故障原因	①自锁装置的钢球未进入凹槽内或挂档后齿轮未达到全齿长啮合 ②自锁装置的钢球或凹槽磨损严重，自锁弹簧疲劳过软或折断 ③齿轮沿齿长方向磨损成锥形 ④一、二轴轴承过于松旷，使一、二轴和曲轴三者轴线不同心或变速器壳与离合器壳接合平面相对曲轴轴线的垂直变动 ⑤二轴上的常啮合齿轮轴向或径向间隙过大 ⑥各轴轴向或径向间隙过大

（续）

项 目	内 容
故障诊断与排除	先确定跳档档位：走热全车后，采用连续加、减速的方法逐档进行路试便可确定将变速杆挂入跳档档位，发动机熄火，小心拆下变速器盖，观察跳档齿轮的啮合情况 ①未达到全长啮合，则故障由此引起 ②达到全长啮合，应继续检查 ③检查啮合部位磨损情况：磨损成锥形，则故障可能由此引起 ④检查二轴上该档齿轮和各轴的轴向和径向间隙，间隙过大，则故障可能由此引起 ⑤检查自锁装置，若自锁装置的止动阻力很小，甚至手感钢球未插入凹槽（把变速器盖夹在台虎钳上，用手摇动变速杆），则故障为自锁效能不良；否则，故障为离合器壳与变速器接合平面与曲轴轴线垂直变动等引起

（2）手动变速器乱档故障　故障诊断与排除见表 2-11。

表 2-11　手动变速器乱档故障诊断与排除

项 目	内 容
故障现象	在离合器技术状况正常的情况下，变速器同时挂上两个档或挂需要档位时结果挂入别的档位
故障原因	①互锁装置失效，如拨叉轴、互锁销或互锁钢球磨损过甚等 ②变速杆下端弧形工作面磨损过大或拨叉轴上拨块的凹槽磨损过大 ③变速杆球头定位销折断或球孔、球头磨损过于松旷 总之乱档的主要原因是变速器操纵机构失效
故障诊断与排除	①挂需要档位时，结果挂入了别的档位：摇动变速杆，检查其摆转角度，若超出正常范围，则故障由变速杆下端球头定位销与定位槽配合松旷或球头、球孔磨损过大引起。变速杆摆转360°，则为定位销折断 ②若摆转角度正常，仍挂不上或摘不下档：故障由变速杆下端从凹槽中脱出引起（脱出的原因是下端弧形工作面磨损与导槽磨损） ③同时挂入两个档：故障由互锁装置失效引起

（3）手动变速器挂档困难故障　故障诊断与排除见表 2-12。

表 2-12　手动变速器挂档困难故障诊断与排除

项 目	内 容
故障现象	离合器技术状况良好，但挂档时不能顺利挂入档位，常发生齿轮撞击声
故障原因	①同步器故障 ②拨叉轴弯曲、锁紧弹簧过硬、钢球损伤等 ③一轴花键损伤或一轴弯曲 ④齿轮油不足或过量、齿轮油不符合规格
故障诊断与排除	①检查同步器是否散架、锥环内锥面螺旋槽是否磨损、滑块是否磨损、弹簧弹力是否过软等 ②如果同步器正常，检查一轴是否弯曲、花键是否磨损严重 ③检查拨叉轴是否移动正常

（4）手动变速器异响故障　故障诊断与排除见表 2-13。

表 2-13　手动变速器异响故障诊断与排除

项　目	内　容
故障现象	变速器异响是指变速器工作时发出的不正常的响声
故障原因	①齿轮异响：齿轮磨损过甚变薄，间隙过大，运转中有冲击；齿面啮合不良，如修理时没有成对更换齿轮。新、旧齿轮搭配，齿轮不能正确啮合；齿面有金属疲劳剥落或个别齿损坏折断；齿轮与轴上的花键配合松旷，或齿轮的轴向间隙过大；轴弯曲或轴承松旷引起齿轮啮合间隙改变 ②轴承响：轴承磨损严重；轴承内（外）座圈与轴颈（孔）配合松动；轴承滚珠碎裂或有烧蚀麻点 ③其他原因发响：如变速器内缺油，齿轮油过稀、过稠或质量变坏；变速器内掉入异物；某些紧固螺栓松动；里程表软轴或里程表齿轮发响等
故障诊断与排除	①变速器发出金属干摩擦声，应为缺油或油的质量不好。应加油和检查油的质量，必要时更换 ②行驶时换入某档若响声明显，应为该档齿轮轮齿磨损；若发生周期性的响声，则为个别齿损坏 ③空档时响，而踏下离合器踏板后响声消失，一般为一轴前、后轴承及常啮合齿轮响；若换入任何档都响，为二轴后轴承响 ④变速器工作时发生突然撞击声，多为轮齿断裂，应及时拆下变速器盖检查，以防机件损坏 ⑤行驶时，变速器只有在换入某档时齿轮发响，在上述完好的前提下，应检查啮合齿轮是否搭配不当，必要时应重新装配一对新齿轮。此外，也可能是同步器齿轮磨损或损坏，应视情况修复或更换 ⑥换档时齿轮相撞击而发响，则可能是离合器不能分离或离合器踏板行程不正确、同步器损坏、怠速过大、变速杆调整不当或导向衬套紧等。遇到这种情况，先检查离合器能否分离，再分别调整怠速或变速杆位置，检查导向衬套与分离轴承配合的松紧度 　若经上述检查排除后，变速器仍发响，应检查各轴轴承与轴孔配合情况、轴承本身的技术状态等；若完好，再查看里程表软轴及齿轮是否发响，必要时予以修理或更换

（5）手动变速器漏油故障　故障诊断与排除见表 2-14。

表 2-14　手动变速器漏油故障诊断与排除

项　目	内　容
故障现象	变速器周围出现齿轮润滑油，变速器齿轮箱的油量减少，则可判断为润滑油泄漏
故障原因	①齿轮油选用不当，产生过多泡沫，或齿轮油量太多 ②侧盖太松，密封垫损坏，油封损坏 ③放油塞和变速器箱体及盖的固定螺栓松动 ④变速器壳体破裂或延伸壳体封磨损而引起的漏油 ⑤里程表齿轮限位器松脱破损 ⑥变速杆油封漏油
故障诊断与排除	①更换齿轮油或调节齿轮油 ②密封和油封损坏应更换新件 ③按规定力矩拧紧固定螺栓 ④更换变速器破裂的壳体 ⑤锁紧或更换里程表齿轮限位器 ⑥更换变速杆油封

维修实例

手动变速器在四档跳档

（1）故障现象　一汽大众速腾 2014 款 1.6L 手动舒适型轿车，行驶里程为 12.65 万 km。驾驶人说，车辆在行驶过程中挂入四档，变速器很快跳档，即，能挂得上档，却挂不住档。

（2）故障原因　同步环和同步齿轮之间的轴向间隙过大。

（3）故障诊断与排除　造成该车四档跳档的原因如下。

①同步器与同步齿轮锥齿磨损严重，或磨损成锥形，自动滑出。

②拨叉变形，端部磨损，固定螺钉松动。

③变速杆钢球槽磨损或弹簧折断。

④输入轴、输出轴轴承孔磨损或轴承损坏。

⑤发动机振动。

⑥同步环锥体或同步齿轮轴向间隙大，齿轮轴向窜动。

经挂档检查，手感挂档间隙不大，而且发动机运转正常，变速器处也无振感，初步可排除②、③、④、⑤方面的原因。

为进一步查找故障部位，对变速器进行解体检查。目测换档拨叉及换档定位杆部件均良好，无故障迹象。分解四档从动齿轮及四档同步器检查，四档从动齿轮及四档同步齿轮锥齿磨损并不严重，锥齿与同步环能够啮合，但同步环和同步齿轮之间的轴向间隙已达 0.8mm，已经超过了极限值（0.5mm）。仔细观察，轴向间隙过大是由固定卡环及环槽磨损造成的，这便是四档跳档的故障原因。

更换加厚固定卡环（也可更换同步齿轮），使同步器的轴向间隙为零。

重新装配手动变速器后试车，车辆在行驶过程中挂入四档，变速器不再跳档，故障排除。

进一步分析故障原因得知，由于卡环和环槽的磨损造成同步环与齿轮接触面处出现间隙，使同步环轴向窜动，处于接合状况中的同步环从同步器中滑脱，导致跳档。

任务三 万向传动装置的检修

岗位核心能力

◎**知识目标**

1）熟悉万向传动装置的功用、组成和应用。

2）熟悉十字轴刚性万向节的结构与工作原理。

3）熟悉等速万向节的结构与工作原理。

◎**技能目标**

1）能够对万向传动装置零部件进行检修。

2）能够正确地对万向节进行拆卸与安装。

案例导入

奔驰 A 级（进口）2016 款 A 200 动感型轿车，行驶里程为 6.3 万 km。驾驶人说，汽车底部发出异响，行驶中有振动感。

相关知识

一、万向传动装置的功用与结构

1. 功用

万向传动装置的功用是在轴线相交且相互位置经常发生变化的两转轴之间传递动力。

2. 安装位置

万向传动装置一般位于变速器与驱动桥之间，如图 2-72 所示。

3. 结构

万向传动装置主要包括万向节和传动轴，对于传动距离较远的分段式传动轴，为了提高传动轴的刚度，还设置有中间支撑，如图 2-73 所示。

2-18 万向传动装置的功用与结构

图 2-72　万向传动装置

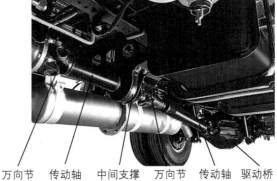

图 2-73　万向传动装置的组成

二、万向节的类型与结构

万向节是一种用来连接两根具有一定夹角的转轴并传递动力的元件。万向节按传递动力过程中输入、输出转速特性的不同，可分为不等速万向节（常用的为十字轴式万向节）、准等速万向节（常用的有双联式万向节和三销轴式万向节）和等速万向节（包括球叉式万向节和球笼式万向节等）3 类；按受力时零件的变形不同，可分为刚性万向节和柔性万向节两类。

目前在汽车上应用较多的是十字轴式刚性万向节和等速万向节。十字轴式刚性万向节主要用于发动机前置后轮驱动的变速器与驱动桥之间；等速万向节主要用于发动机前置前轮驱动的内、外半轴之间。

1. 十字轴式刚性万向节

目前，常用的不等速万向节为十字轴式刚性万向节，如图 2-74 所示，它应用广泛，允许相邻两轴的最大交角为 15°~20°。

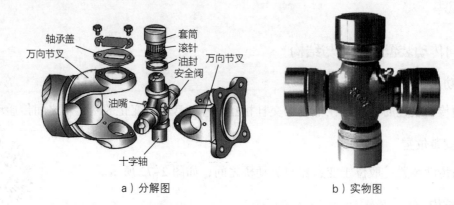

a）分解图   b）实物图

图 2-74　十字轴式刚性万向节

（1）结构　十字轴式刚性万向节主要由十字轴、万向节叉等组成。万向节叉上的孔分别套在十字轴的四个轴颈上。在十字轴轴颈与万向节叉孔之间装有滚针和套筒，用带有锁片的 螺钉和轴承盖使之轴向定位（也可用弹性卡环定位）。

（2）特点

1）单个十字轴式刚性万向节。单个十字轴式刚性万向节在主动轴和从动轴之间有夹角的情况下，当主动叉等角速转动时，从动叉是不等角速的，这称为十字轴式刚性万向节的不等速特性。两转轴之间的夹角 α 越大，不等速性就越大。

➡ 小提示：单个十字轴式刚性万向节的不等速特性能够使从动轴及其相连的传动部件产生扭转振动，从而产生附加的交变载荷，影响部件寿命。

2）双十字轴式刚性万向节。为消除上述影响，可以采用如图 2-75 所示的双十字轴刚性万向节的传动方式。该传动方式的第一万向节的不等速特性可以被第二万向节的不等速特性所抵消，从而实现两轴间的等角速传动。两者相互抵消的具体条件是：第一万向节两轴间夹角 α_1，与第二万向节两轴间夹角 α_2 相等；第一万向节的从动叉与第二万向节的主动叉处于同一平面。

由于悬架的振动，该传动方式不可能在任何时候都保证 $\alpha_1=\alpha_2$，只能近似地解决等速传动问题，且由于两轴夹角最大只能是 20°，因此在使用上受到限制。

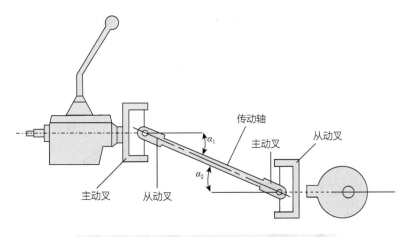

图2-75 双十字轴式刚性万向节等速传动布置图

2. 等速万向节

（1）球叉式等速万向节 球叉式等速万向节的结构如图2-76所示，由主动叉、从动叉、四个传动钢球、中心钢球、定位销、锁止销组成。主动叉与从动叉分别与内、外半轴制成一体。在主、从动叉上，分别有四个曲面凹槽，装配后，则形成两个相交的环形槽，作为钢球滚道。4个传动钢球放在槽中，中心钢球放在两叉中心的凹槽内，以定中心。球叉式等速万向节使用寿命较短，应用越来越少。

（2）球笼式等速万向节 常见的球笼式万向节按其内、外滚道结构不同，可分为固定型球笼式（外球笼）等速万向节（RF节）和伸缩型球笼式（内球笼）等速万向节（VL节）等，实物如图2-77所示。

a）外球笼实物

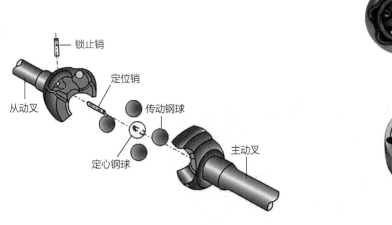

图2-76 球叉式等速万向节

b）内球笼实物

图2-77 球笼式等速万向节

1）固定型球笼式等速万向节（RF节）。固定型球笼式等速万向节由六个钢球、星形套（内滚道）、球形壳（外滚道）和球笼（保持架）等组成，如图2-78所示。万向节星形套与主动轴用花键固接在一起，星形套外表面有六条弧形凹槽滚道，球形壳的内表面有相应的 6 条凹槽，6 个钢球分别装在各条凹槽中，由球笼使其保持在同一平面内。动力由主动轴、钢球、球形壳输出。

RF 节在工作时，6 个钢球都参与传力，故承载能力强、磨损小、寿命长。它被广泛应用于各种型号的转向驱动桥和独立悬架的驱动桥。

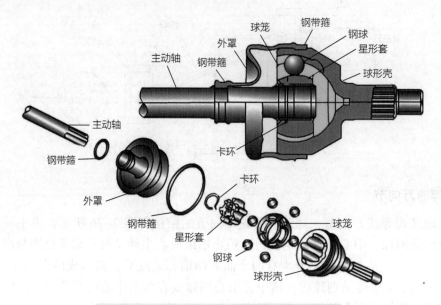

图 2-78　固定型球笼式等速万向节（RF 节）

2）伸缩型球笼式等速万向节（VL 节）。伸缩型球笼式等速万向节的结构如图 2-79 和图 2-80 所示，其内、外滚道为圆筒形，且内、外滚道不与轴线平行，而是以相同的角度相对于轴线倾斜着。装合后，同一周向位置内、外滚道的倾斜方向刚好相反，即对称交叉，而钢球则处于内外滚道的交叉部位。当内半轴与中半轴以任意夹角相交时，所有传动钢球都位于轴间交角的平分面上，从而实现等角速传动。在动力传递过程中，内、外球座可以沿轴向相对移动，因此，采用这种万向节可以省去万向传动装置中的滑动花键。

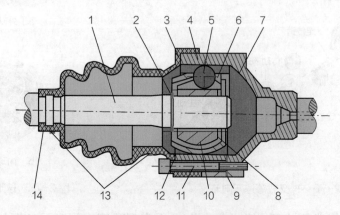

图 2-79　VL 型球笼式等速万向节结构

1—中半轴　2—挡圈　3—护盖　4—外球座　5—钢球　6—球笼　7—内半轴　8—卡环　9—密封圈
10—内球座　11—圆头内六角螺栓　12—锁片　13—钢带箍　14—外罩（防尘罩）

VL 型球笼式万向节允许两轴最大交角为 15°~21°，且具有轴向滑动的特性，寿命长、刚度高，不但满足了车轮转向性能的要求，还具有结构简单、尺寸小、质量轻等优点。

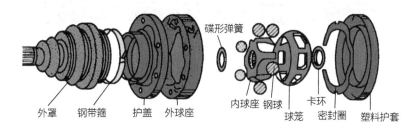

外罩　钢带箍　护盖　外球座　　　内球座　钢球　球笼　密封圈　塑料护套　碟形弹簧　卡环

图 2-80　VL 型球笼式等速万向节零件分解图

RF 节和 VL 节广泛应用于采用独立悬架的轿车转向驱动桥上，如一汽大众迈腾、奥迪等轿车的前桥。

（3）三枢轴球面滚轮式等速万向节　三枢轴球面滚轮式等速万向节又称为自由三枢轴万向节，其结构如图 2-81 所示。其由 3 个位于同一平面内互成 120°的枢轴构成，它们的轴线交于输入轴上一点，并且垂直于驱动轴。3 个外表面为球面的滚子轴承分别活套在各枢轴上，装入各槽形轨道，可沿轨道滑动。

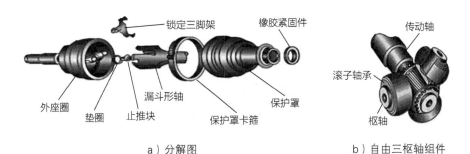

外座圈　垫圈　止推块　漏斗形轴　保护罩卡箍　保护罩　锁定三脚架　橡胶紧固件　传动轴　滚子轴承　枢轴

a）分解图　　　　　　　　　b）自由三枢轴组件

图 2-81　自由三枢轴式等速万向节

三、传动轴的功用与结构

1. 功用

传动轴是万向传动装置中的主要传力部件，通常用来连接变速器（或分动器）和驱动桥；在转向驱动桥和断开式驱动桥中，则用来连接变速器和驱动车轮。

2. 结构

图 2-82 所示为传动轴的构造。传动轴有实心轴和空心轴之分。为了减轻传动轴的质量，节省材料，提高轴的强度、刚度，传动轴多为空心轴，一般用厚度为 1.5~3.0mm 的薄钢板卷焊而成，超重型货车则直接采用无缝钢管。

转向驱动桥、断开式驱动桥或微型汽车的传动轴通常制成实心轴。

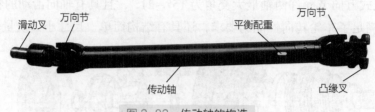

图 2-82 传动轴的构造

相关技能

一、球笼式等速万向节拆装与检查

1.万向节的分解

1）拆下防尘罩卡箍，拆下防尘罩。

2）万向节内、外圈解体。先拆弹簧卡环，用木锤敲打外万向节使之从传动轴上卸下，然后用专用工具压出内万向节。

3）外等速万向节解体。分解前，在钢球球笼和球形壳上标出星形套位置，然后转动星形套与球笼，依次取出钢球，如图 2-83 所示。用力转动球笼使两个方孔与球形壳对上（如图 2-84 箭头所示），将星形套、球笼一起拆下。将星形套上扇形齿旋入球笼的方孔，然后从球笼中取出星形套，如图 2-85 所示。

图 2-83 取出钢球　　　　图 2-84 拆下球笼　　　　图 2-85 取出星形套

4）内等速万向节解体。转动球笼和星形套，按垂直向前的方向压出球笼里的钢球，如图 2-86 箭头所示。从球槽上面取出球笼里的星形套。

➡ 注意：因星形套与球形壳体是选配的，拆卸时注意将星形套与壳体成对放置，不允许互换。

2.万向节的装配

1）外等速万向节的装配。用汽油清洗各部件，将 G6 润滑脂总量的一半（45kg）注入万向节内，将球笼连同星形套一起装入球形壳体。对角交替地压入钢球，必须保持星形套在球笼及球形壳的原先位置。将弹簧挡圈装入星形套，并将剩余的润滑脂压入万向节。

2）内等速万向节的装配。对准凹槽，将星形套嵌入球笼，再将钢球压入球笼，并注入 G6 润滑脂 90g。将带钢球的球笼垂直装入球形壳，如图 2-87 所示。

→ **小提示**：装配时，注意球形壳上的宽间隙 a 应对准星形套上的窄间隙 b，转动球笼以便嵌入到位。

转动星形套，星形套就能转出球笼，如图 2-88 所示。

安装时，应保证球形壳体中的球槽有足够间隙。

用力掀压球笼，如图 2-89 箭头所示，使装有钢球的球笼完全转入球形壳。最后检查如果用手能将星形套在轴向范围内来回灵活地推动，则表明装配正确。

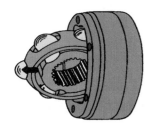

图 2-86　取出钢球

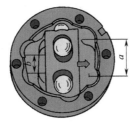

图 2-87　将球笼垂直装入球形壳

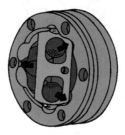

图 2-88　将星形套转出球笼

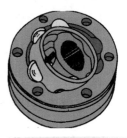

图 2-89　使球笼完全转入球形壳

3）碟形座圈的安装。将碟形座圈装在传动轴带齿端配合位置上，如图 2-90所示。

4）压入内万向节。安装弹簧卡环，装上外万向节。

5）安装防尘罩。万向节防尘罩受到挤压后内部将产生真空，因此安装防尘罩小口径后，要稍微充点气，使其压力平衡，不产生褶皱。

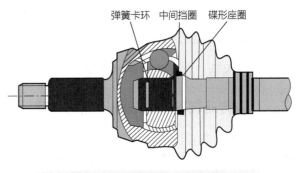

图 2-90　碟形座圈和弹簧卡环的安装位置

3.万向节的检修

1）万向节的检修主要是检查内、外等速万向节中各部件的磨损情况和装配间隙。一般外等速万向节酌情单件更换。内等速万向节，若某部件磨损严重，则应整体更换。

2）外等速万向节的六颗钢球要求有一定的配合公差，并与星形套一起组成配合件。检查轴、球笼、星形套与钢球有无凹陷与磨损，若万向节间隙过大，需更换万向节。

3）内等速万向节的检修要检查球形壳、星形套、球笼及钢球有无凹陷与磨损，若磨损严重则应更换。内等速万向节只能整体调换，不可单个更换。

4）防尘罩及卡箍、弹簧挡圈等损坏时，应予以更换。

二、传动轴的检修

（1）传动轴弯曲检查　如图 2-91 所示，用专用工具百分表和百分表固定座检查传动轴弯曲，弯曲限度在 0.5mm 以下。若超过该值，应当进行校正，并需经动平衡校正，也可直接更换。

（2）传动轴轴颈轴向侧隙检查　如图2-92所示，用塞尺检查传动轴轴颈轴向侧隙，应符合标准值。若超过极限，应当进行校正或更换。

图2-91　传动轴弯曲的检查

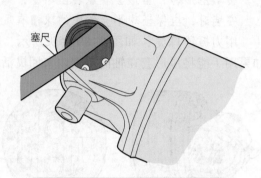

图2-92　传动轴轴颈轴向侧隙的检查

（3）传动轴噪声检查

1）在高速时出现的噪声。整车有抖动感觉，一般是传动轴总成动平衡超过规定或已弯曲变形引起。应当进行校正，并需经动平衡校正，或是更换。

2）在低速或变速时出现的噪声一般是零件磨损松动引起。若滑动叉花键、十字轴和滚针轴承磨损严重，则应更换整根传动轴。

➜ **小提示**：在安装十字轴轴承前，要对十字轴轴承座圈涂抹润滑脂。

三、万向传动装置常见故障诊断与排除

万向传动装置由于经常受汽车在复杂道路上行驶的影响，使传动轴在其角度和长度不断变化情况下传递转矩，因此常出现传动轴动不平衡、万向节与中间支撑松旷、发响等故障。

（1）传动轴动不平衡　故障诊断与排除见表2-15。

表2-15　传动轴动不平衡故障诊断与排除

项　目	内　容
故障现象	在万向节和伸缩叉技术状况良好时，汽车行驶中发出周期性的响声；速度越高响声越大，甚至伴随有车身振动，握转向盘的手感觉麻木
故障原因	①传动轴上的平衡块脱落 ②传动轴弯曲或传动轴管凹陷 ③传动轴管与万向节叉焊接不正或传动轴未进行过动平衡试验和校准 ④伸缩叉安装错位，造成传动轴两端的万向节叉不在同一平面内，不满足等速传动条件
故障诊断与排除	①检查传动轴管是否凹陷：有凹陷，则故障由此引起；无凹陷，则继续检查 ②检查传动轴管上的平衡片是否脱落：若脱落，则故障由此引起；否则继续检查 ③检查伸缩叉安装是否正确：不正确，则故障由此引起；否则继续检查 ④拆下传动轴进行动平衡试验：动不平衡，则应校准以消除故障。若弯曲应校直

（2）万向节松旷　故障诊断与排除见表2-16。

表 2-16 万向节松旷故障诊断与排除

项　目	内　　容
故障现象	在汽车起步或突然改变车速时，传动轴发出"抗"的响声；在汽车缓行时，发出"咣当、咣当"的响声
故障原因	①凸缘盘连接螺栓松动 ②万向节主、从动部分游动角度太大 ③万向节十字轴磨损严重
故障诊断与排除	①用榔头轻轻敲击各万向节凸缘盘连接处，检查其松紧度。太松旷则故障由连接螺栓松动引起，否则继续检查 ②用双手分别握住万向节主、从动部分转动，检查游动角度。游动角度太大，则故障由此引起

（3）传动轴异响　故障诊断与排除见表 2-17。

表 2-17 传动轴异响故障诊断与排除

项　目	内　　容
故障现象	汽车行驶中传动装置发出周期性的响声；车速越高响声越大，严重时伴随有车身振抖
故障原因	主要原因是传动轴动不平衡，由于变形或平衡块脱落等；其次是中间支撑吊架固定螺栓松动或万向节凸缘盘连接螺栓松动，使传动轴偏斜
故障诊断与排除	除"传动轴动不平衡"诊断方法外，再检查中间支撑吊架固定螺栓和万向节凸缘盘连接螺栓是否松动，若有松动，则异响由此引起

维修实例

车辆底部发出异响，行驶中有振动感

（1）故障现象　奔驰 A 级（进口）2016 款 A 200 动感型轿车，行驶里程为 6.3 万 km。驾驶人说，汽车底部发出异响，行驶中有振动感。

（2）故障原因　右万向节球笼总成、橡胶护套损坏。

（3）故障诊断　试车中，反复踏动离合器踏板，异响无变化，初步判断异响不是发自离合器处。该车异响特征是起步无异响，行驶中有"克啦、克啦"金属撞击声，而且响声杂乱无规律，时而出现金属撞击声，因此怀疑为传动轴处异响。

将车停放在举升架上检查，用手摇动前桥两根传动轴，与差速器左右半轴连接的内球笼（VL 型）等速万向节没有异常现象；而靠近车轮外的外球笼（RF 型）等速万向节前右端有明显晃动感，同时观察到该万向节橡胶护套已破损。拆下球笼式万向节后检查，万向节球笼已变形，孔和钢球均已磨损，而且球笼与钢球十分脏。

更换前右端外球笼等速万向节总成和橡胶护套。更换零件后试车，故障现象消失，故障排除。

球笼式万向节是易损部件。故障成因往往不在于球笼式万向节本身，多数是橡胶护套或因老化或因摩擦破损，使泥污混入球笼内，致使钢球与球笼异常磨损，所以应防范此类故障。

任务四 驱动桥的检修

岗位核心能力

◎**知识目标**

1）熟悉驱动桥的功用与分类。

2）熟悉驱动桥的结构与工作原理。

3）熟悉差速器的结构与工作原理。

◎**技能目标**

1）能够对驱动桥零部件进行检修。

2）能够正确地对驱动桥总成进行拆卸与安装。

案例导入

一汽大众奥迪 A6L 2016 款 TFSI 技术型轿车，行驶里程为 8.3 万 km。驾驶人说，当车辆直行时，从底部有轻微的"嗡、嗡"声传出，但车辆在弯路上行驶转弯时有"咔、咔"异响声，而且响声十分清晰。

相关知识

一、驱动桥的功用与组成

1. 驱动桥的功用

驱动桥的功用是将由万向传动装置传来的发动机转矩传给驱动车轮，并经降速增矩、改变动力传动方向，使汽车行驶，而且允许左右驱动车轮以不同的转速旋转。具体来说，主减速器的功用为降速增矩、改变动力传动方向；差速器的功用是允许左右驱动车轮以不同的转速旋转；半轴的功用是将动力由差速器传给驱动车轮。

2. 驱动桥的组成

驱动桥一般是由主减速器、差速器、半轴、桥壳等组成，如图 2-93 所示。

驱动桥是传动系统的最后一个总成，发动机的动力传到驱动桥后，首先传到主减速器，在这里将转矩放大并降低转速后，经差速器分配给左右半轴，最后通过半轴外端的凸缘传到驱动车轮的轮毂。驱动桥的主要零部件都装在驱动桥的桥壳中。桥壳由主减速器壳和半轴套管组成。

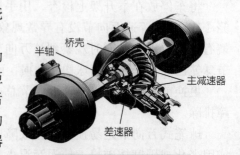

图 2-93　驱动桥的组成

3.驱动桥的分类

按照悬架结构的不同，驱动桥可以分为整体式驱动桥和断开式驱动桥。整体式驱动桥又称为非断开式驱动桥。

（1）整体式驱动桥 整体式驱动桥如图2-94所示，它与非独立悬架配用。其驱动桥壳为一个刚性的整体，驱动桥两端通过悬架与车架或车身连接，左右半轴始终在一条直线上，即左、右驱动轮不能相互独立地跳动。当某一侧车轮通过地面的凸出物或凹坑升高或下降时，整个驱动桥及车身都要随之发生倾斜，车身波动大。

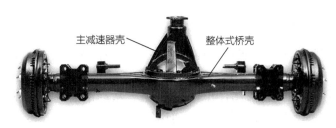

图 2-94 整体式驱动桥

（2）断开式驱动桥 断开式驱动桥如图2-95所示，它与独立悬架配用。其主减速器固定在车架或车身上，驱动桥壳制成分段并用铰链连接，半轴也分段并用万向节连接。驱动桥两端分别用悬架与车架或车身连接。这样，两侧驱动车轮及桥壳可以彼此独立地相对于车架或车身上下跳动。

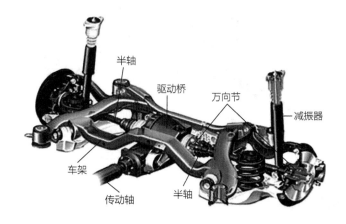

图 2-95 断开式驱动桥

二、主减速器的功用与结构

1. 主减速器的功用

1）将万向传动装置传来的发动机转矩传给差速器。
2）在动力的传动过程中将转矩增大并相应降低转速。
3）对于纵置发动机，还要将转矩的旋转方向改变90°。

2. 主减速器的类型

1）按参加传动的齿轮副数目，可分为单级式主减速器和双级式主减速器。有些重型汽车又将双级式主减速器的第二级圆柱齿轮传动设置在两侧驱动车轮附近，称为轮边减速器。

2）按主减速器传动比的个数，可分为单速式和双速式主减速器。

3）按齿轮副的结构形式，可分为圆柱齿轮式（又可分为定轴轮系和行星轮系）主减速器和锥齿轮式（又可分为弧齿锥齿轮式和准双曲面齿轮式）主减速器。

3. 单级主减速器的结构

单级主减速器结构简单、质量小、体积小、传动效率高，主要用于轿车及中型以下客货车。

图 2-96 所示为单级主减速器结构图，它由主、从动锥齿轮等组成。由于发动机前置前轮驱动，整个传动系统都集中布置在汽车前部，其主减速器装于变速器壳体内，没有专门的主减速器壳体。

➔ 小提示：由于省去了变速器到主减速器之间的万向传动装置，变速器输出轴即为主减速器主动轴。

图 2-96　单级主减速器结构图

三、差速器的功用与结构

1. 差速器的功用

差速器的功用是将主减速器传来的动力传给左右两半轴，并在必要时允许左右半轴以不同的转速旋转，使左、右驱动车轮相对于地面纯滚动而不是滑动。

2. 差速器的类型

差速器按其工作特性可分为普通齿轮式差速器和防滑差速器两大类。

3. 差速器的结构

差速器主要由差速器壳、半轴齿轮、行星轮、十字轴（有的差速器省略十字轴）

组成。

　　一般轿车及小货车采用一字轴支撑形式的普通齿轮式差速器，结构如图 2-97 所示。该差速器的行星轮有两个，差速器壳为一个整体，结构简单，重量较轻。从动锥齿轮通过螺栓连接在差速器壳上，一字轴穿在差速器壳上的孔中由销定位，两个行星轮装在一字轴上，两个半轴齿轮与行星轮相啮合，整个差速器壳通过两个圆锥轴承支撑在主减速器壳体上。

　　中型或重型车上一般采用十字轴支撑形式的普通齿轮式差速器，结构如图 2-98 所示。该差速器的行星轮有四个，差速器壳分为两半，通过螺栓连接，因而体积较大。

2-20　差速器的结构

图 2-97　一字轴普通齿轮式差速器　　　　　图 2-98　十字轴普通齿轮式差速器

4. 差速器的工作原理

　　差速器的运动原理如图 2-99 所示，差速器转矩分配原理如图 2-100 所示。主减速器传来的动力带动差速器壳（转速为 n_0）转动，经过行星轮轴、行星轮、半轴齿轮、半轴（转速分别为 n_1 和 n_2），最后传给两侧驱动车轮。

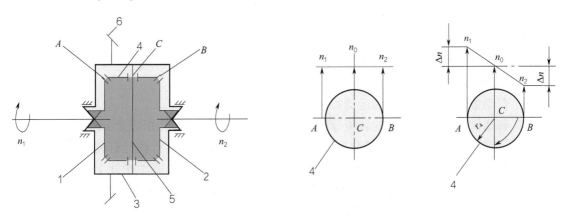

图 2-99　差速器运动原理

1、2—半轴齿轮　3—差速器壳　4—行星轮　5—行星轮轴　6—主减速器从动齿轮

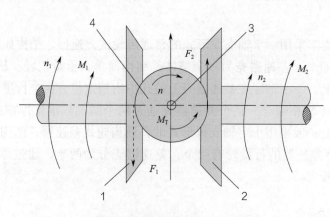

图 2-100　差速器转矩分配原理

1、2—半轴齿轮　3—行星轮轴　4—行星轮

（1）汽车直线行驶时　此时两侧驱动车轮所受到的地面阻力相同，并经半轴、半轴齿轮反作用于行星轮两啮合点 A 和 B（图 2-99）。这时行星轮相当于等臂杠杆，即行星轮不自转，只随差速器壳和行星轮轴一起公转，两半轴无转速差，即，$n_1=n_2=n_0$，$n_1+n_2=2n_0$。

同样，由于行星轮相当于等臂杠杆，因此主减速器传到差速器壳体上的转矩 M_0 将等分给两半轴齿轮（半轴），即 $M_1=M_2=M_0/2$。

（2）汽车转向行驶时　此时两侧驱动车轮所受到的地面阻力不同。如果车辆右转，右侧（内侧）驱动车轮所受的阻力大，左侧（外侧）驱动车轮所受的阻力小。这两个阻力经半轴、半轴齿轮反作用于行星轮两啮合点 A 和 B（图 2-99），使行星轮除了随差速器壳公转外还顺时针自转。因此左半轴齿轮的转速增加，右半轴齿轮的转速降低，且左半轴齿轮增加的转速等于右半轴齿轮降低的转速。设半轴齿轮的转速变化为 Δn，则 $n_1=n_0+\Delta n$，$n_2=n_0-\Delta n$，即汽车右转时，左侧（外侧）车轮转得快，右侧（内侧）车轮转得慢，实现纯滚动。此时依然有 $n_1+n_2=2n_0$。

由于行星轮的自转，行星轮孔与行星轮轴轴径间以及齿轮背部与差速器壳体之间都产生摩擦。如图 2-100 所示，行星轮所受的摩擦力矩 M_T 方向与其自转方向相反，并传到左、右半轴齿轮，使转得快的左半轴的转矩减小，转得慢的右半轴的转矩增加。所以当左、右驱动车轮存在转速差时，$M_1=(M_0-M_T)/2$，$M_2=(M_0+M_T)/2$。但由于有推力垫片的存在，实际中的 M_T 很小，可以忽略不计，则 $M_1=M_2=M_0/2$。

根据上述分析，可以得到以下结论。

1）普通锥齿轮式差速器的运动特性：$n_1+n_2=2n_0$。

2）普通锥齿轮式差速器的转矩分配特性：$M_1=M_2=M_0/2$，即转矩等量分配特性。

普通齿轮式差速器转矩等量分配的特性对于汽车在好路面上行驶是有利的，但汽车在坏路面上行驶时却会严重影响其通过能力。例如，当汽车的一个驱动轮处于泥泞路面因附着力小而原地打滑时，即使另一驱动轮处于附着力大的路面上未滑转，汽车仍不能行驶。这是因为附着力小的路面只能对驱动车轮产生一个很小的反作用力矩，而驱动转矩也只能等于这一很小的反作用力矩。由于差速器等量分配转矩的特性，附着力好的驱动车轮也只能分配到同样小的转矩，以至于总的牵引力不足以克服行驶阻力，导致汽车不能前进。

四、半轴的功用与结构

1. 半轴的功用

半轴的功用是将差速器传来的动力传给驱动轮。

2-21 半轴

2. 半轴的结构

半轴传递的转矩较大，因此常制成实心轴。半轴的结构因驱动桥结构形式的不同而异。整体式驱动桥中的半轴为一刚性整轴，如货车半轴（图2-101a）；而转向驱动桥和断开式驱动桥中的半轴则是分段的，并用万向节连接，如轿车半轴（图2-101b）。半轴内端一般制有外花键，与半轴齿轮连接。半轴外端有的直接在轴端锻造出凸缘盘；也有的制成花键，与单独制成的凸缘盘滑动配合；还有的制成锥形，并通过键和螺母与轮毂固定连接。

a）货车半轴（后驱）　　　　　　b）轿车半轴（前驱）

图2-101　半轴的结构

3. 支撑形式

现代汽车常采用全浮式和半浮式两种半轴支撑形式。

（1）全浮式半轴支撑　全浮式半轴支撑广泛应用于各种类型的货车上。这种支撑形式的半轴与桥壳没有直接联系，半轴只在两端承受转矩，不承受其他任何反力和弯矩，因此称为全浮式半轴支撑。所谓"浮"，是对卸除半轴的弯曲载荷而言。

（2）半浮式半轴支撑　半轴用一个圆锥滚子轴承直接支撑在桥壳凸缘的座孔内。车轮与桥壳之间无直接联系，而支撑于悬伸出的半轴外端。因此，地面作用于车轮的各种反力都必须经半轴外端的悬伸部分传给桥壳，使半轴外端不仅要承受转矩，而且还要承受各种反力及其形成的弯矩。半轴内端通过花键与半轴齿轮连接，不承受弯矩，故称这种支撑形式为半浮式半轴支撑。

相关技能

一、主减速器的拆装

（1）主、从动锥齿轮总成的拆卸　拆卸变速器，将其固定在支架上。拆下轴承支座和后盖。取下车速里程表的传感器。锁住传动轴（半轴），拆下紧固螺栓。取下传动轴。取下车速里程表的主动齿轮导向器和齿轮。拆下主减速器盖。

从变速器壳体上取下差速器。用铝质的夹具将差速器壳固定在台虎钳上，拆下从动齿轮的紧固螺栓。

➡ **注意：** 从动锥齿轮的紧固螺栓是自动锁紧的，一经拆卸就必须更换。取下从动锥齿轮。

（2）主、从动锥齿轮总成的安装　在变速器输出轴上装上所有齿轮、轴承及同步器，计算输出轴调整垫片的厚度。

将从动锥齿轮加热至80℃，并将其装在差速器壳上。安装时用两个螺纹销做导向。装上新的从动锥齿轮螺栓，并用70N·m的力矩交替旋紧。计算从动齿轮的调整垫片的厚度，把垫片装在适当的位置上。将轴承支座装在变速器壳体上，并换用新的衬垫。装上变速器后盖。

将差速器装在变速器壳体上。将主减速器盖装在壳体上，用25N·m的力矩旋紧螺栓。装上车速里程表的主动齿轮和导向器。装上车速里程表的传感器。装上半轴凸缘中的一个，用錾子将它锁住，装上螺栓，用20N·m的力矩把它旋紧。装另一个半轴凸缘。

二、差速器的拆装

（1）半轴齿轮和行星轮的拆装

1）拆卸。拆卸变速器，拆下差速器，拆下从动锥齿轮。拆下行星轮轴的止动销。取下行星轮轴，再取下行星轮和半轴齿轮。

2）安装。在安装之前，检查复合式止推垫片是否损坏，若需要应进行更换。通过半轴凸缘将半轴齿轮固定在差速器壳上。将行星轮放在适当的位置上，接着转动半轴凸缘使行星轮进入差速器壳。装上行星轮轴。在行星轮轴上装上止动销。取下差速器半轴凸缘。用120℃的温度加热，将从动锥齿轮装在差速器壳上。将差速器装在变速器壳体内。装上半轴凸缘。安装变速器。

（2）差速器壳的拆装

1）拆卸。拆卸变速器，拆下差速器。用专用工具拆下差速器一侧的轴承（与从动锥齿轮相对的一边）。

用专用工具拆下差速器另一侧轴承，同时取下车速表主动齿轮和锁紧套筒。拆下变速器侧面的密封圈。从主减速器盖上拆下差速器轴承的外座圈和调整垫片。从变速器壳体上拆下差速器轴承的外座圈和调整垫片。

➡ **注意：** 当更换差速器轴承时，轴承外座圈需一起更换，同时必须计算出从动齿轮的调整垫片的厚度。

2）安装。计算从动锥齿轮调整垫片的厚度。装上调整垫片和差速器轴承外座圈。装上调整垫片和轴承外座圈。

装上变速器的侧面密封圈。将差速器轴承加热至80℃（与从动齿轮相对的一面）并装在差速器壳上。将差速器轴承压到位。

将差速器另一轴承加热至80℃，并装在差速器壳上。将轴承压到位。装上车速里程表主动齿轮和锁紧套筒，使二者之间的间隙为1.8mm。

用适当的齿轮油润滑差速器轴承。将差速器装入变速器壳体内，装上主减速器盖。拆下变速器后盖和轴承支座。将专用工具和扭力扳手一起装在差速器上。通过扭力扳手,转动差速器,检查摩擦力矩,对新的轴承来说最小应为 2.5N·m。

→ **注意**:检查摩擦力矩必须将差速器轴承用适当的齿轮油润滑。

调整从动锥齿轮。装上变速器后盖和轴承支座。装上半轴凸缘并给变速器加油。安装变速器。

三、驱动桥常见故障诊断与排除

驱动桥的常见故障主要包括驱动桥过热、驱动桥漏油、驱动桥异响等。

(1)驱动桥过热 故障诊断与排除见表 2-18。

表 2-18 驱动桥过热的故障诊断与排除

项 目	内 容
故障现象	汽车行驶一段里程后,用手探试驱动桥壳中部或主减速器壳,有无法忍受的烫手感觉
故障原因	①齿轮油变质、油量不足或牌号不符合要求 ②轴承调整过紧 ③齿轮啮合间隙和行星齿轮与半轴齿轮啮合间隙调整太小 ④推力垫片与减速器从动齿轮背隙过小 ⑤油封过紧和各运动副、轴承润滑不良而产生干(或半干)摩擦
故障诊断与排除	1)局部过热。若油封处过热,则故障由油封过紧引起;轴承处过热,则故障由轴承损坏或调整不当引起;油封和轴承处均不过热,则故障由推力垫片与主减速器从动齿轮背隙过小引起 2)普遍过热 ①检查齿轮油油面高度:油面太低,则故障由齿轮油油量不足引起;否则检查齿轮油的规格、黏度或润滑性能 ②检查结果不符合要求,则故障由齿轮油变质或规格不符引起;否则检查主减速器齿轮啮合间隙的大小 ③松开驻车制动器,变速器置于空档,轻轻转动主减速器的凸缘盘;若转动角度太小,则故障由主减速器齿轮啮合间隙太小引起;若转动角度正常,则故障由差速器行星齿轮与半轴齿轮啮合间隙太小引起

(2)驱动桥漏油 故障诊断与排除见表 2-19。

表 2-19 驱动桥漏油的故障诊断与排除

项 目	内 容
故障现象	从驱动桥加油口、放油口螺塞处或油封、各接合面处可见到明显的漏油痕迹
故障原因	①加油口、放油口螺塞松动或损坏 ②油封磨损、硬化,油封装反,油封与轴颈不同轴,油封轴颈磨成沟槽 ③接合平面变形、加工粗糙,密封衬垫太薄、硬化或损坏,紧固螺钉松动或损坏 ④通气孔堵塞 ⑤桥壳有铸造缺陷或裂纹 ⑥齿轮油加注过多,运转中壳体内压增高,使齿轮油渗出

（续）

项　目	内　容
故障诊断与排除	①紧固或更换加油口、放油口螺塞 ②更换或重新安装油封 ③修磨变形的接合平面，更换有问题的密封衬垫，紧固或更换螺钉 ④疏通堵塞的通气孔 ⑤更换有铸造缺陷或裂纹的桥壳 ⑥按规定量加注齿轮油

（3）驱动桥异响　故障诊断与排除见表 2-20。

表 2-20　驱动桥异响的故障诊断与排除

项　目	内　容
故障现象	①行驶时驱动桥有异响，脱档滑行时异响减弱或消失 ②行驶时驱动桥有异响，脱档滑行时亦有异响 ③汽车直线行驶时无异响，当汽车转弯时驱动桥处有异响 ④汽车上坡或下坡时后桥有异响，或上、下坡时驱动桥都有异响 ⑤车轮有运转噪声或沉重的异响
故障原因	①主、从动（锥／柱）齿轮、行星轮、半轴齿轮啮合间隙过大；半轴齿轮花键槽与半轴的配合松旷；主、从动锥齿轮啮合不良；主、从动（锥／柱）齿轮啮合间隙不均；齿轮齿面损伤或轮齿折断 ②主动锥齿轮轴承松旷；主动圆柱齿轮轴承松旷；差速器圆锥滚子轴承松旷；后桥中某个轴承由于预紧力过大，导致间隙过小；主、从动锥齿轮调整不当，间隙过小 ③差速器行星轮与半轴齿轮不匹配，使其啮合不良；行星轮、半轴齿轮磨损或折断；差速器十字轴轴颈磨损；行星轮支撑垫圈磨薄；行星轮与差速器十字轴卡滞或装配不当（如行星轮支撑垫圈过厚），使行星轮转动困难；减速器从动齿轮与差速器壳的紧固铆钉松动 ④驱动桥某一部位的齿轮啮合间隙过小，导致汽车上坡时发响；后桥某一部位的齿轮啮合间隙过大，导致汽车下坡时发响；后桥某一部位的齿轮啮合印痕不当或齿轮轴支撑轴承松旷，导致汽车上、下坡时都发响 ⑤车轮轮毂轴承损坏，轴承外圈松动；制动鼓内有异物；车轮轮辋破碎；车轮轮辋轮胎螺栓孔磨损过大，使轮辋固定不牢
故障诊断与排除	①重新调整驱动桥齿轮的啮合间隙 ②更换损坏的齿轮 ③更换损坏的差速器 ④调整车轮轮毂轴承的预紧度，更换损坏的相关零件

维修实例

　　车辆直行时，从底部传出轻微"嗡、嗡"声，弯路上行驶转弯时有清晰的"咔、咔"异响。

　　（1）故障现象　一汽大众奥迪 A6L 2016 款 TFSI 技术型轿车，行驶里程为 8.3 万 km。驾驶人说，当车辆直行时，从底部有轻微的"嗡、嗡"声传出，但车辆在弯路上行驶转弯时有"咔、咔"异响声，而且响声十分清晰。

（2）故障原因　缺齿轮油造成差速器有故障。

（3）故障诊断　根据故障现象初步判断为差速器有故障。

查看变速器齿轮油油面，低于注油螺塞口许多，因此缺油是造成此故障的一个原因。重新更换齿轮油后架起前桥，听诊，底部"嗡、嗡"声小了许多，但差速器与变速器结合部仍有齿轮油渗出。

路试中转弯时"咔、咔"异响仍然发生，决定拆检差速器，检查行星轮和半轮齿轮技术状况。如果不拆检，故障恶化，轮齿折断，将会造成更大的损失。

拆检差速器的结果是：行星轮和侧齿轮齿隙已达 0.50mm（规定值为 0.02~0.20mm），弹性圆柱销快脱落了，行星轮和半轴齿轮齿面已有脱落和沟槽现象，差速器齿圈已有麻点，T形油封唇口卷曲歪扭。

更换弹性圆柱销块、T形油封，装回原半轴齿轮垫，并使之达到规定间隙值（0.02~0.20mm），用油尺磨去齿轮毛刺和飞边。鉴于该减速器主、被动齿轮隙不能调整，被动齿轮面未严重磨损，所以可暂时沿用一段时间。

彻底清除差速器和变速器壳接合平面密封胶，用砂布打磨干净，均匀涂抹密封胶。

检修和更换差速器的工作量大，所以驾驶人和修理单位往往对异响之类的小故障采取保守的态度，让车辆勉强行驶，这样往往会造成大的损失。

另外，检修差速器需按规范进行，例如：厂家规定弹性圆柱销和T形密封胶圈在拆检后需更换，显然上次检修差速器未遵照此规定，为这次故障的产生埋下了隐患。

📖 **课程育人**

案例 2：在工作时要做到 6S 管理

6S 管理就是从整理 (seiri)、整顿 (seiton)、清扫 (seiso)、清洁 (seiketsu)、素养 (shitsuke)、安全（safety）6 个方面对生产现场进行管理，简称 6S 管理。

6S 管理是通过规范现场、现物，营造清洁舒适安全的工作环境，培养员工良好的工作习惯，其最终目的是提升人的品质，促使员工养成良好的工作习惯。通过整理作业现场、重塑生产秩序、改善工作环境、保持整改成效、规范行为、促进安全生产等 6 个方面的努力，实现改变工作态度、提高企业生产效率的目标。

6S 管理的实施一般分为三个阶段：规范阶段、激活阶段和习惯阶段。规范阶段的任务是制定相关标准和进行宣传教育，激活阶段的任务是落实改善工作和完善制度标准，习惯阶段的任务是规范管理措施和激励全员参与。

电控自动变速器

→ 项目描述

随着电子技术和计算机技术的迅速发展，由微型计算机控制的自动变速器已经在各种车辆上得到了广泛的应用。使用自动变速器的车辆，驾驶人不需要经常地变换档位，自动变速器会根据汽车道路行驶条件和载荷情况，以最低油耗及最佳换档时间进行自动换档，使自动变速器的综合性能指标均达到最佳优化水平。自动变速器必须满足车辆的正常行驶需要，如果自动变速器维护或使用不当，会导致车辆行驶无力或不能行驶，直接影响车辆的正常使用。因此在汽车维修过程中，对自动变速器应进行检查、维护等作业。

本项目主要介绍电控自动变速器的结构、工作原理及检修方法。本项目包括以下3个任务：

任务一　常规电控自动变速器的检修

任务二　无级变速器的检修

任务三　双离合器自动变速器的检修

通过以上3个任务的学习，学生将能够描述汽车电控自动变速器的基本组成、总体构造和工作原理，熟悉电控自动变速器的检修方法，学会常规电控自动变速器、无级变速器和双离合自动变速器的拆装、检查、调整、维护及故障诊断与排除方法等知识。

→ 素养目标：

培养吃苦耐劳的精神。

培养在工作中解决问题的能力。

任务一　常规电控自动变速器的检修

岗位核心能力

◎知识目标

1）熟悉自动变速器的基本组成与工作原理。

2）熟悉自动变速器主要部件的结构、工作过程和检修方法。

◎ **技能目标**

1）能够对自动变速器进行正确的检查。

2）能够对自动变速器进行正确的使用与维护。

3）能够对自动变速器常见故障进行检修。

案例导入

　　一辆 2011 款奔驰 C200 CGI 时尚型轿车，装备 1.8T 发动机和 7 档常规电控自动变速器（7G-TRONICPLUS），行驶里程为 8.3 万 km，该车在加速行驶时，发动机转速很高但不能使车速很快提高，在平直的路面行驶时基本正常，但在上坡时发动机转速很高，车辆却行驶无力。根据该车的故障现象，初步分析为自动变速器有故障。

　　为了正确地判断自动变速器的故障，要查明故障原因，作为汽车维修人员必须了解自动变速器分类、组成等相关的基础知识，熟悉自动变速器的结构、工作原理与故障诊断方法，为排除相关故障打下基础。

相关知识

一、自动变速器的基本组成及工作原理

　　自动变速器（Automatic Transmission，AT）是指汽车驾驶中离合器的操纵和变速器的操纵都实现自动化的变速装置。目前自动变速器的自动换档过程都是自动变速器的电子控制单元（ECU，俗称电脑）控制的，因此自动变速器又可简称为 EAT、ECAT、ECT 等。

1. 自动变速器的类型

　　自动变速器的类型可以按车辆驱动方式、控制方式、变速机构、档位数的不同来区分，见表 3-1。

表 3-1　自动变速器的类型

序号	分类方法	分　类
1	按驱动方式分类	可分为前驱动自动变速器和后驱动自动变速器两种
2	按控制方式分类	可分为液压控制自动变速器和电子控制自动变速器两种。目前各大汽车制造厂商生产的自动变速器都采用了电子控制自动变速器
3	按变速机构分类	可以分为行星齿轮自动变速器和非行星齿轮自动变速器（又称平行轴式变速器）。行星齿轮自动变速器应用最广泛，又可以分为辛普森式、拉维娜式等。非行星齿轮自动变速器应用较少只在本田等个别车系中应用
4	按自动变速器前进档的档位数分类	按照自动变速器变速杆置于前进档时的档位数，可以分为 5 档、6 档、7 档、8 档、9 档、10 档等自动变速器，目前比较常见的是 6 档和 7 档自动变速器

2. 自动变速器的组成

如图 3-1 所示，自动变速器主要由液力变矩器、齿轮变速机构、换档执行机构、液压控制系统、电子控制系统和冷却滤油装置（图中未画出）等组成，液力自动变速器组成部件的作用见表 3-2。

3-1 自动变速器的组成

图 3-1　液力自动变速器的组成

表 3-2　液力自动变速器组成部件的作用

序号	组成部件	作　　用
1	液力变矩器	液力变矩器位于自动变速器的最前端，安装在发动机的飞轮上。它是一个通过自动变速器油（ATF）传递动力的装置，可以实现动力的柔和传递。液力变矩器的主要作用是利用油液循环流动将发动机的动力传递给自动变速器的输入轴，并能根据汽车行驶阻力的变化，在一定范围内自动改变传动比和转矩比，具有一定的减速增矩功能。液力变矩器还具有自动离合器的功用，在发动机不熄火、自动变速器位于动力档（D 位或 R 位）的情况下，汽车可以处于停车状态
2	齿轮变速机构	齿轮式变速机构是实现变速或变向传递动力的机构。自动变速器中的齿轮变速机构所采用的形式有行星齿轮式和非行星齿轮式（普通齿轮式）两种。采用非行星齿轮式的变速器，由于尺寸较大，最大传动比较小，只有少数车型采用。目前绝大多数轿车自动变速器中的齿轮变速器采用的是行星齿轮式
3	换档执行机构	换档执行机构用来改变齿轮变速机构中的主动元件或限制某个元件的运动，改变动力传递的方向和速比，主要由多片式离合器、制动器和单向离合器等组成
4	液压控制系统	液压控制系统主要包括供油部分和液压控制部分。供油部分由油泵、调压阀、油箱、过滤器及管道等组成。液压控制部分由各种控制阀和相应的油路组成。各种控制阀和油路设置在一个板块内，称为阀体总成。液压控制系统是由油泵、各种控制阀及与之相连通的液压换档执行元件（如离合器、制动器）组成的液压控制回路。汽车行驶中根据驾驶人的要求和行驶条件的需要，控制离合器和制动器工作状况的改变来实现变速器的自动换档
5	电子控制系统	电子控制系统将自动变速器的各种控制信号输入 ECU，经 ECU 处理后发出控制指令控制各种电磁阀的接通或断开，通过控制液压系统控制换档离合器和制动器的供油油路，使离合器接合或分开、制动器制动或释放，实现自动换档，并改善换档性能

（续）

序号	组成部件	作　用
6	冷却滤油装置	ATF 在自动变速器工作过程中会因冲击、摩擦产生热量，并且还会吸收齿轮传动过程中所产生的热量，油温会升高。油温升高将导致 ATF 黏度下降，传动效率降低，因此必须对 ATF 进行冷却，保持油温在 80~90℃。自动变速器是通过油冷却器与冷却液或空气进行热量交换来实现冷却的。自动变速器工作中各部件磨损产生的机械杂质，由滤油器从油中过滤分离出去，以减小机械的磨损、液压油路的堵塞和控制阀的卡滞

3. 自动变速器的工作原理

图 3-2 所示为电控自动变速器的工作原理图。它是通过各种传感器，将发动机的转速、节气门开度、车速、发动机冷却液温度、ATF 温度等参数信号输入 ECU，ECU 根据这些信号，按照设定的换档规律，向换档控制电磁阀发出控制信号，换档电磁阀再将 ECU 的控制信号转变为液压控制信号，阀板中的各控制阀根据这些液压控制信号，控制换档执行元件的动作，从而实现自动换档。

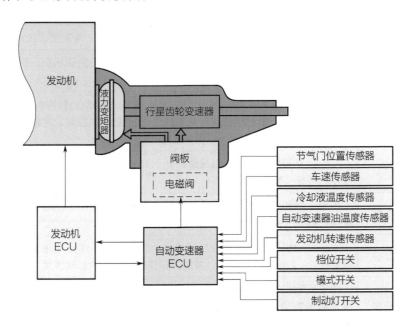

图 3-2　电控自动变速器工作原理图

4. 自动变速器变速杆的布置与使用

自动变速器的换档操纵方式有变速杆式和按键（按钮）式两种。驾驶人通过操纵变速杆或按键进行档位选择，使车辆前进、停止或倒退。常见的变速杆一般布置在驾驶室地板上或转向柱（已很少见）上，按键式一般布置在驾驶室地板上或仪表板上，如图 3-3 所示。

a）自动变速器变速杆　　　　b）手自一体变速器变速杆　　　c）按键式电子换档装置

图 3-3　自动变速器变速杆位置示意图

　　自动变速器变速杆一般设有 P 位、R 位、N 位、D 位，有的自动变速器变速杆设有 OD、3、2（S）、L（1）位等。

　　自动变速器各档位名称及功用见表 3-3。

表 3-3　自动变速器各档位名称及功用

档位	档位名称	档位功用
P	驻车档	驻车时使用。变速杆在 P 位时，驻车锁定机构将变速器的输出轴锁住，使驱动轮不能转动，可防止车辆移动。当换入其他档位时，停车锁定机构被解除锁定
R	倒档	倒车时使用。变速杆在 R 位时，自动变速器处于倒档状态，驱动轮反转，实现倒档行驶
N	空档	起动及临时停车时使用。变速杆处于 N 位时，换档执行机构的动作和停车档相同，处于空档状态。发动机只有在变速杆处于 P 位或 N 位时，才能起动。该功能依靠空档起动开关来实现
D	前进档	一般行驶条件下使用。当变速杆处于 D 位时，换档执行机构使变速器处在前进档中，并能实现自动升降档
3	前进低档	用于一般和上下坡行驶条件下使用。当变速杆处在 3 位时，变速器根据换档条件可在前进 1~3 档间自动升降
2（S）	前进低档	用于发动机制动或在松软打滑路面上行驶。当变速杆处在 2 位时，自动变速器只能在 1、2 档间自动换档，并使汽车获得发动机的制动作用
L（1）	前进低档	用于发动机制动。当变速杆位于 1 位时，变速器被锁定在前进档的 1 档，这时发动机的制动作用更强，该档多用于山区行驶、爬陡坡或下坡时，能有效地利用发动机的制动作用来稳定车速
OD	超速档	用于高速行驶。一般为最高前进档，设有专门的锁止开关，只有在规定条件达到后才能接通开关

二、液力变矩器的组成及工作原理

　　液力变矩器安装在发动机的飞轮上，是构成自动变速器不可缺少的重要组成部分。液力变矩器的结构和性能直接决定自动变速器的传动效率。

1. 液力变矩器的功用与组成

（1）液力变矩器的功用　液力变矩器位于发动机和齿轮变速器之间，以 ATF 为工作介质，主要功用见表 3-4。

表 3-4　液力变矩器的功用

序号	功用	说　　明
1	传递动力	发动机的动力通过液力变矩器的主动元件，再通过 ATF 传给液力变矩器的从动元件，最后传给变速器，由于采用 ATF 传递动力，液力变矩器的动力传递柔和，且能防止传动系统过载
2	无级变速	根据工况的不同，液力变矩器可以在一定范围内实现转速和转矩的无级变化
3	自动离合	液力变矩器由于采用 ATF 传递动力，当踩下制动踏板时，发动机也不会熄火，此时相当于离合器分离；当抬起制动踏板时，汽车可以起步，此时相当于离合器接合
4	降速增矩、缓冲振动	在涡轮转速较低时，可增大发动机的输出转矩及减小变速器的输出转速，易于车辆起步；由于采用 ATF 作为传力介质，故可减小发动机的振动
5	驱动油泵	ATF 在工作的时候需要油泵提供一定的压力，而油泵一般是由液力矩器壳体驱动的

（2）液力变矩器的组成　如图 3-4 所示，液力变矩器一般由泵轮、涡轮、导轮、单向离合器和锁止机构组成，其中，单向离合器安装在导轮内。液力变矩器主要部件的作用见表 3-5。

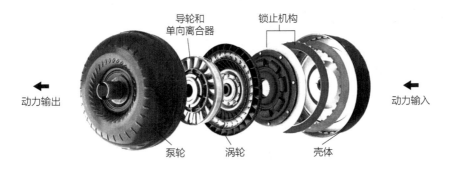

图 3-4　液力变矩器的组成

表 3-5　液力变矩器主要部件的作用

序号	部件	作　　用
1	泵轮	泵轮位于液力变矩器的后端与变矩器壳体刚性连接，变矩器壳体总成用螺栓固定于发动机曲轴后端，随发动机曲轴一起旋转。因此，泵轮是液力变矩器的输入元件，将发动机的机械能转变为 ATF 的液力能以驱动涡轮旋转，同时，泵轮还是 ATF 油泵的驱动装置
2	涡轮	涡轮位于泵轮前方，涡轮通过花键孔与自动变速器的输入轴相连，是液力变矩器的输出元件。涡轮上也装有弯曲方向与泵轮叶片相反的叶片，其叶片与泵轮叶片相对放置，中间留有 3mm 的间隙。涡轮是自动变速器的输入元件，将 ATF 液力能转变为机械能，传给变速器

（续）

序号	部件	作　用
3	导轮	导轮是液力变矩器的反应元件，位于泵轮和涡轮之间，其上也装有许多弯曲的叶片，通过单向离合器单方向固定在导轮轴或导轮套管上。因此，导轮只能向一个方向自由转动，可以在汽车起步和低速行驶时，增大变速器的输入转矩
4	单向离合器	单向离合器又称为自由轮机构、超越离合器，其功用是实现导轮的单向锁止。常见的单向离合器有楔块式和滚柱式两种。楔块式单向离合器的结构和工作原理如图3-5所示。当外座圈顺时针转动时，外座圈和内座圈的相对运动使楔块顺时针转动，因此，楔块不干涉外座圈的顺时针旋转；当外座圈逆时针旋转时，外座圈和内座圈的相对运动使楔块逆时针转动，楔块将内外座圈锁成一体
5	锁止离合器	由于液力变矩器的泵轮和涡轮之间存在着转速差和液力损失，其效率不如普通机械式变速器高，为了提高液力变矩器在高转速比工况下的效率，绝大部分液力变矩器都增设了锁止机构，使变矩器输入轴与输出轴刚性连接，提高传动效率，提高汽车在正常行驶时的燃油经济性，并防止ATF过热。目前多数液力变矩器上采用锁止离合器作为锁止装置，其接合和分开是由液力变矩器中的液压油的流向改变决定的，如图3-6所示。当车辆起步、低速或在坏路面上行驶时，此时ATF按图3-6a所示的方向流动，锁止离合器分离，此时液力变矩器具有变矩作用；当车速增高时，ATF按图3-6b所示的方向流动，锁止离合器接合（锁止），将涡轮与泵轮连接成一体，此时液力变矩器无变矩作用

a）楔块式单向离合器

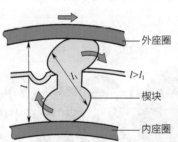

b）可以转动

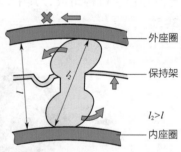

c）不可以转动

图3-5　楔块式单向离合器的结构与原理

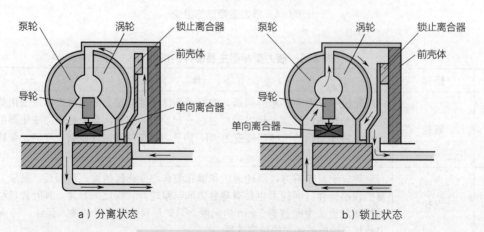

a）分离状态　　　　　　　　　　　　　b）锁止状态

图3-6　锁止离合器的结构及工作原理

2. 液力变矩器的工作原理及特性

（1）液力变矩器的工作原理　液力变矩器工作时，壳体内充满 ATF，发动机带动壳体旋转，壳体带动泵轮旋转，泵轮的叶片将 ATF 带动起来，并冲击到涡轮的叶片；如果作用在涡轮叶片上的冲击力大于作用在涡轮上的阻力，涡轮将开始转动，并使机械变速器的输入轴一起转动。由涡轮叶片流出的 ATF 经过导轮后再流回到泵轮，形成如图 3-7 所示的循环流动。

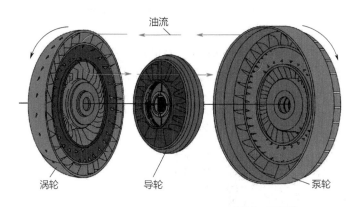

图 3-7　ATF 在液力变矩器中的循环流动

（2）液力变矩器的工作特性

1）转矩放大特性。在泵轮与涡轮的转速差较大的情况下，由涡轮甩出的 ATF 以逆时针方向冲击导轮叶片，此时导轮是固定不动的，因为导轮上装有单向离合器，它可以防止导轮逆时针转动。导轮的叶片形状使得 ATF 的流向改变为顺时针方向流回泵轮，即与泵轮的旋转方向相同。泵轮将来自发动机和从涡轮回流的能量一起再传递给涡轮，使涡轮输出转矩增大。液力变矩器的转矩放大倍数一般为 2.2 左右。

2）耦合工作特性。液力变矩器工作时，当涡轮转速达到泵轮转速的 85% ~ 90% 时，单向离合器解锁，液力变矩器进入耦合工作区，即导轮空转，变矩器不能改变输出转矩，只有液力耦合器的功能。液力变矩器进入耦合区的转速受发动机节气门开度和车速的影响而有所不同。液力变矩器在低速时按变矩器特性工作，在高速时按耦合器特性工作，高效区工作的范围有所扩大。

3）失速特性。液力变矩器失速状态是指涡轮因负荷过大而停止转动，但泵轮仍保持旋转的现象，此时液力变矩器只有动力输入而没有输出，全部输入能量都转化成热能，因此变矩器中的油液温度急剧上升，会对变矩器造成严重危害。失速点转速是指涡轮停止转动时的液力变矩器输入转速，该转速大小取决于发动机转矩、变矩器的尺寸和导轮、涡轮的叶片角度。

三、齿轮变速机构的组成及工作原理

齿轮变速机构是自动变速器的重要组成部分，与液力变矩器串联组合，可以使转矩、转速的变化范围再扩大 2 ~ 4 倍，以满足汽车行驶的要求，同时实现倒档和空档。

齿轮变速机构可分为行星齿轮变速机构和非行星齿轮变速机构两种，目前多数齿轮变速机构都采用行星齿轮变速机构。行星齿轮变速机构由行星齿轮机构和换档执行机构组成，换档执行机构根据自动变速器控制系统的命令来接合或分离、制动或放松行星齿轮机构的某个元件，以改变动力传递路线来实现传动比的变化。

1. 行星齿轮机构

行星齿轮机构根据其组合形式的不同可分为单排行星齿轮机构和单排双级行星齿轮机构。

（1）单排行星齿轮机构　如图 3-8 所示，单排行星齿轮机构主要由一个太阳轮（也称中心轮）、一个带有若干个行星齿轮的行星架和一个齿圈（也称内齿圈）组成。

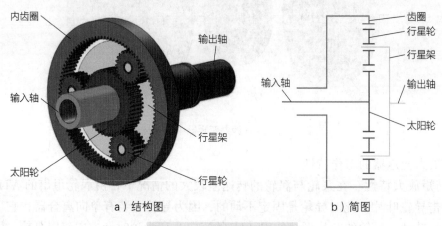

a）结构图　　　　　　　　　　　　　　b）简图

图 3-8　单排行星齿轮机构

齿圈上制有内齿，其余齿轮均为外齿。太阳轮位于机构的中心，行星轮与之外啮合，行星轮与齿圈内啮合。通常行星轮有 3～6 个，通过滚针轴承安装在行星轮轴上，行星轮轴对称、均匀地安装在行星架上。行星齿轮机构工作时，行星轮除了绕自身的轴线自转外，同时还绕着太阳轮公转，行星齿轮绕太阳轮公转，行星架也绕太阳轮旋转。

➜ 小提示：因为太阳轮与行星轮是外啮合，所以二者的旋转方向是相反的；而行星轮与齿圈是内啮合，所以二者的旋转方向是相同的。

设太阳轮、齿圈、行星架的转速分别为 n_1、n_2、n_3，齿数分别为 z_1、z_2、z_3，齿圈齿数与太阳轮齿数之比 α，即 $\alpha=z_2/z_1$。根据能量守恒定律，由作用在单排行星齿轮机构各元件上的力矩和结构参数，可得出表示单排行星齿轮机构运动规律的特性方程式为

$$n_1+\alpha n_2-（1+\alpha）n_3=0$$

➜ 小提示：由上式可知，单排行星齿轮机构有两个自由度，通过对太阳轮、齿圈和行星架三者中的某个元件的运动进行约束和限制，则机构就可以得到一个自由度，整个行星齿轮机构就可以以一定的传动比传递动力。

单排行星齿轮机构的动力传动方式如图 3-9 所示。

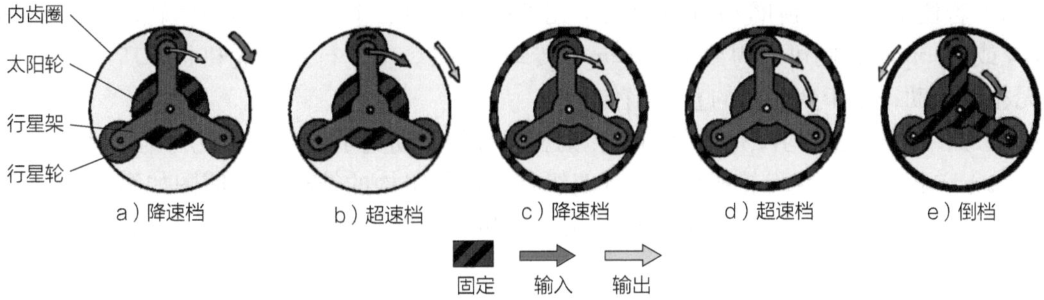

内齿圈
太阳轮
行星架
行星轮

a）降速档　　b）超速档　　c）降速档　　d）超速档　　e）倒档

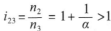

固定　　输入　　输出

图 3-9　单排行星齿轮机构的动力传动方式

3-2 单排行星
齿轮机构

1）齿圈为主动件（输入），行星架为从动件（输出），太阳轮固定，如图 3-9a 所示。此时，$n_1=0$，则传动比 i_{23} 为：

$$i_{23} = \frac{n_2}{n_3} = 1 + \frac{1}{\alpha} > 1$$

由于传动比大于 1，说明为减速传动，可以作为降速档。

2）行星架为主动件（输入），齿圈为从动件（输出），太阳轮固定，如图 3-9b 所示。此时，$n_1=0$，则传动比 i_{32} 为：

$$i_{32} = \frac{n_3}{n_2} = \frac{\alpha}{(1+\alpha)} < 1$$

由于传动比小于 1，说明为增速传动，可以作为超速档。

3）太阳轮为主动件（输入），行星架为从动件（输出），齿圈固定，如图 3-9c 所示。此时，$n_2=0$，则传动比 i_{13} 为：

$$i_{13} = \frac{n_1}{n_3} = 1 + \alpha > 1$$

由于传动比大于 1，说明为减速传动，可以作为降速档。

对比这两种情况的传动比，由于 $i_{13} > i_{23}$，虽然都为降速档，但 i_{13} 是降速档中的低档，而 i_{23} 为降速档中的高档。

4）行星架为主动件（输入），太阳轮为从动件（输出），齿圈固定，如图 3-9d 所示。此时，$n_2=0$，则传动比 i_{31} 为：

$$i_{31} = \frac{n_3}{n_1} = \frac{1}{(1+\alpha)} < 1$$

由于传动比小于 1，说明为增速传动，可以作为超速档。

5）太阳轮为主动件（输入），齿圈为从动件（输出），行星架固定，如图 3-9e 所示。此时，$n_3=0$，则传动比 i_{12} 为：

$$i_{12} = \frac{n_1}{n_2} = -\alpha$$

由于传动比为负值，说明主从动件的旋转方向相反；又由于 $\alpha>1$，说明为减速传动，可以作为倒档。

6）若使太阳轮、齿圈和行星架三个元件中的任何二个元件连为一体转动，即 $n_1=n_2$、$n_1=n_3$ 或 $n_2=n_3$ 时，则可以得到 $n_3=n_1=n_2$，传动比 $i=1$。整个行星齿轮机构中所有元件之间均无相对运动，用于变速器的直接档传动。

7）如果所有元件均没有任何约束，则各元件的运动是不确定的，此时为空档。

（2）单排双级行星齿轮机构 单排双级行星齿轮机构的结构图和简图如图 3-10 所示。设太阳轮、齿圈和行星架的转速分别为 n_1、n_2 和 n_3，齿数分别为 z_1、z_2 和 z_3，齿圈与太阳轮的齿数比为 α，则其运动规律为：

$$n_1 - \alpha n_2 + （\alpha - 1）n_3 = 0$$

单排双级行星齿轮机构的运动分析与单行星排相同。

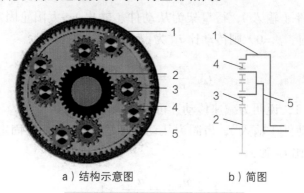

a）结构示意图　　　　b）简图

图 3-10　单排双级行星齿轮机构

1—内齿圈　2—太阳轮　3—内行星轮　4—外行星轮　5—行星架

➜ **小提示**：自动变速器中的行星齿轮变速器一般采用两排以上行星齿轮机构传动，其各档传动比就是按照上述单排行星齿轮机构传动规律进行合理组合而得到的。常见的行星齿轮变速器有辛普森式和拉维娜式的两种。

2. 换档执行机构

自动变速器若要实现传动比和传动方向的改变，就必须利用换档执行机构对行星齿轮机构中的不同元件进行约束和限制（固定或连接某些元件）。换档执行元件包括离合器、制动器和单向离合器。离合器和制动器以液压方式控制行星齿轮机构元件的运动方式，单向离合器以机械方式控制行星齿轮机构元件的运动方式。

（1）离合器 离合器的功用是连接轴和行星齿轮机构中的元件或连接行星齿轮机构中的不同元件。自动变速器上的离合器多采用多片湿式离合器。

1）离合器的组成。离合器主要由摩擦片、钢片、离合器鼓、活塞、复位弹簧等组成，如图 3-11 所示。

2）离合器的工作过程。离合器的工作过程如图 3-12 所示。

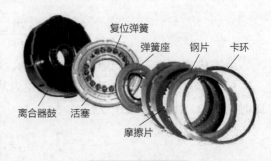

复位弹簧　弹簧座　钢片　卡环

离合器鼓　活塞

摩擦片

图 3-11　离合器

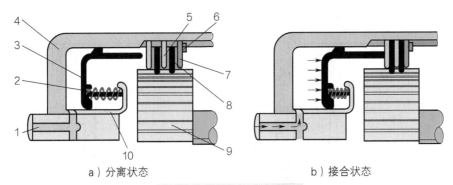

a）分离状态　　　　　　　　　　　　　b）接合状态

图 3-12　离合器工作原理

1—控制油道　2—复位弹簧　3—活塞　4—离合器鼓　5—主动片
6—卡环　7—压盘　8—从动片　9—花键毂　10—弹簧座

当一定压力的 ATF 经控制油道进入活塞左侧的液压缸时，液压作用力便克服弹簧力使活塞右移，将所有离合器片压紧，即离合器接合，与离合器主、从动部分相连的元件也被连接在一起，以相同的速度旋转。

当控制阀将作用在离合器液压缸的油压撤除后，离合器活塞在复位弹簧的作用下回复原位，并将缸内的变速器油从进油孔排出，使离合器分离，离合器主从动部分可以不同转速旋转。

（2）制动器　制动器的功用是固定行星齿轮机构中的元件，防止其转动。自动变速器中采用的制动器有片式和带式两种形式。

1）片式制动器。片式制动器与片式离合器的结构和原理相同，不同之处是片式离合器是起连接作用而传递动力，而片式制动器是通过连接而起制动作用。片式制动器的结构如图 3-13 所示。

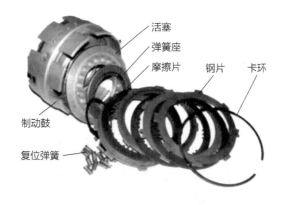

活塞
弹簧座
摩擦片　钢片　卡环
制动鼓
复位弹簧

图 3-13　片式制动器的结构

片式制动器的工作原理如图 3-14 所示，当活塞受到控制油压的作用时，活塞在活塞缸内运动，使摩擦片与钢片相互接触。其结果是，在每个摩擦片与钢片之间产生很大的摩擦力，使行星齿轮机构某一元件或单向离合器锁定在变速器壳体上。当控制油压降低时，由于复位弹簧的作用，活塞回复至原位，使制动解除。

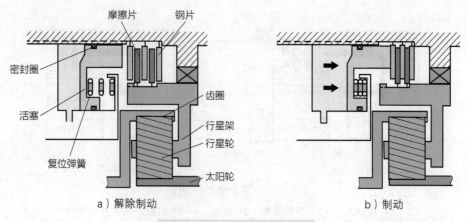

图 3-14 片式制动器的结构

2）带式制动器。带式制动器由制动带和控制油缸等组成，如图 3-15 所示为带式制动器的零件分解图。制动带是内表面带有镀层的开口式环形钢带。制动带的一端支承在与变速器壳体固连的支座上，另一端与控制油缸的活塞杆相连。

制动器的工作原理如图 3-16 所示，制动时，压力油进入活塞右腔，克服左腔油压和复位弹簧的作用力推动活塞左移，制动带以固定支座为支点收紧。在制动力矩的作用下，制动鼓停止旋转，行星齿轮机构某元件被锁止。随着油压撤除，活塞逐渐回位，制动解除。

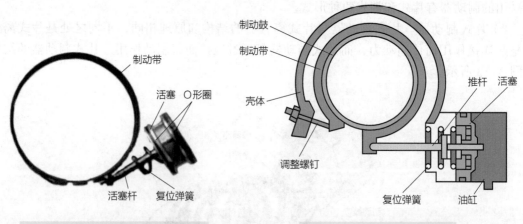

图 3-15 带式制动器的零件分解图　　　　图 3-16 制动器的工作原理

（3）单向离合器　单向离合器的作用是使某一元件只能按一定方向旋转，而在另一方向上锁止。常见的单向离合器有楔块式和滚柱式两种结构形式，其结构和工作过程与液力变矩器中的单向离合器相同。

3. 辛普森行星齿轮机构

（1）辛普森式行星齿轮自动变速器的结构　丰田卡罗拉轿车配备的 U341E 型自动变速器采用了 CR-CR 式行星齿轮机构，即将两组间行星排的行星架 C 和齿圈 R 分别组配，该行星齿轮机构仅有 4 个独立元件（前太阳轮、后太阳轮、前行星架和后齿圈组件、后行星架和前齿圈组件），其特点是变速比大、效率高、元件轴的转速低。

如图 3-17 所示为 U341E 型自动变速器行星齿轮变速传动机构的结构，主要部件的功能见表 3-6，各换档执行元件的工作情况见表 3-7。

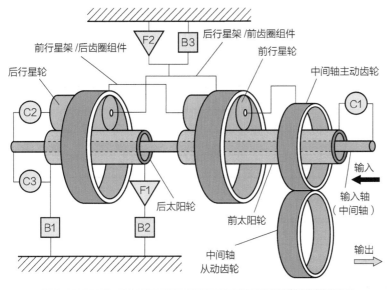

图 3-17　U341E 型自动变速器行星齿轮变速传动机构的结构

3-3　辛普森式行星齿轮变速机构及动力传递路线

表 3-6　U341E 型自动变速器行星齿轮变速传动机构主要部件功能

部　件		功　能
C1	前进档离合器	连接输入轴和前排太阳轮
C2	直接档离合器	连接输入轴和后排行星架
C3	倒档离合器	连接输入轴和后太阳轮
B1	OD 档和 2 档制动器	固定后排太阳轮
B2	2 档制动器	固定 F1 的外圈
B3	1 档和倒档制动器	固定后行星架/前齿圈组件
F1	1 号单向离合器	与 B2 配合，阻止后太阳轮逆时针转动
F2	2 号单向离合器	阻止后行星架/前齿圈组件逆时针转动
前行星轮组		根据各换档执行元件的工作情况,改变齿轮动力传递路线,
后行星轮组		以升高或降低输出转速
中间轴齿轮副		将动力传递给差速器，并改变传动方向，降低输出转速

表 3-7　U341E 型自动变速器行星齿轮变速传动机构各换档执行元件的工作情况

变速杆位置	档位	离合器			制动器			单向离合器	
		C1	C2	C3	B1	B2	B3	F1	F2
P	驻车档								
R	倒档			○			○		

（续）

变速杆位置	档位	离合器			制动器			单向离合器	
		C1	C2	C3	B1	B2	B3	F1	F2
N	空档								
D	1档	○							○
	2档	○				○		○	
	3档	○	○			○			
	4档		○		○				
3	1档	○							○
	2档	○				○		○	
	3档	○	○			○			
2	1档	○							○
	2档	○			○	○			
L	1档	○					○		○

注："○"表示工作。

（2）动力传递路线分析

1）1档。变速杆处于D位、3位和2位的1档时，参与工作的换档执行元件有C1、F2。1档时动力传递发生在前行星排，F2阻止前齿圈逆输入轴的旋转方向转动，此时，后排行星齿轮组没有元件被约束，因此处于空转状态，动力传递路线如下：

输入轴→C1→前太阳轮→前行星轮→前行星架→中间轴主、从动齿轮→输出轴

放松加速踏板时，前行星架转速高（接驱动轮），前太阳轮转速低（接发动机），使前齿圈试图被带动加速顺着前行星架（前太阳轮）的旋转方向转动。因为单向离合器F2不阻止前齿圈顺着行星架的旋转方向转动，整个行星排不能反向传递动力，所以无发动机制动效果。为了提供有发动机制动的1档，在L位1档时，除了使上述的1档换档执行元件工作外，还使B3也工作，使得车辆行驶时，不论是踩下还是放松加速踏板，行星排都有动力传递能力，从而获得发动机制动效果。

2）2档。变速杆处于D位和3位的2档时，参与工作的换档执行元件有C1、B2、F1。2档时动力传递发生在前、后两个行星排，B2、F1联合作用，阻止后太阳轮逆输入轴的旋转方向转动，动力传递路线如下：

输入轴→C1→前太阳轮→前行星轮→ ┌→前行星架 ┐
前齿圈→后行星架 ├→中间轴主、从动齿轮→输出轴
└→后行星轮→后齿圈 ┘

放松加速踏板时，前行星架和后齿圈组件转速高（接驱动轮），前太阳轮转速低（接发动机），使前齿圈和后行星架组件加速转动，进而使后太阳轮试图被带动加速顺着前行星架（前太阳轮）的旋转方向转动。因为单向离合器F1不阻止后太阳轮顺着行星架的旋转方向转动，整个行星排不能反向传递动力，所以无发动机制动效果。为了提供有发动机制

动的 2 档，在 2 位 2 档时，除了使上述的 2 档换档执行元件工作外，还使 B1 也工作，使得车辆获得发动机制动效果。

3）3 档。变速杆处于 D 位和 3 位的 3 档时，参与工作的换档执行元件有 C1、C2、B2。3 档时前、后排行星齿轮机构互锁为一体旋转，动力传递路线如下：

$$输入轴\begin{cases} →C1→前太阳轮 \\ →C2→后行星轮→前齿圈 \end{cases}→前行星架→中间轴主、从动齿轮→输出轴$$

行星齿轮机构的 3 个元件（太阳轮、行星架、齿圈）中有两个转速相等（前太阳轮、前行星架都与输入轴相连），因此在放松加速踏板时，驱动轮的动力可以经前行星架传给前太阳轮，所以有发动机制动效果。

4）4 档。变速杆处于 D 位的 4 档时，参与工作的换档执行元件有 C2、B1、B2。4 档时动力传递发生在后行星排，此时前排行星齿轮组处于空转状态，动力传递路线如下：

$$输入轴→ C2→后行星架→后行星轮→后齿圈→中间轴主、从动齿轮→输出轴$$

因为行星齿轮机构的 3 个元件（太阳轮、行星架、齿圈）中有一个固定（后太阳轮被固定），因此在放松加速踏板时，驱动轮的动力可以经后齿圈传给后行星架，所以有发动机制动效果。

5）倒档。变速杆处于 R 位时，参与工作的换档执行元件有 C3、B3。倒档时动力传递发生在后行星排，此时前排行星齿轮组处于空转状态，动力传递路线如下：

$$输入轴→ C3→后太阳轮→后行星轮→后齿圈→中间轴主、从动齿轮→输出轴$$

行星齿轮机构的 3 个元件（太阳轮、行星架、齿圈）中有一个固定（后行星架被固定），因此在放松加速踏板时，驱动轮的动力可以经后太阳轮传给后齿圈，所以有发动机制动效果。

4. 拉维娜式行星齿轮机构

下面以大众 01V 型自动变速器为例，介绍拉维娜式（Ravigneaux）行星齿轮机构。

（1）结构　大众 01V 型自动变速器行星齿轮机构与换档执行元件的位置如图 3-18 所示，动力传递路线示意图如图 3-19 所示。

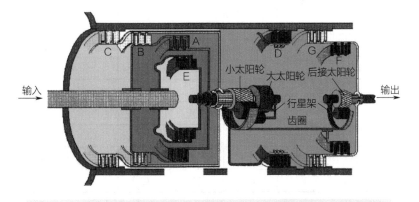

图 3-18　大众 01V 型自动变速器行星齿轮机构与换档执行元件的位置

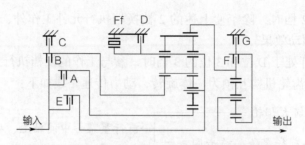

图 3-19　大众 01V 型自动变速器动力传递路线示意图

　　由图 3-18 和图 3-19 可知，其行星齿轮机构由一个主行星齿轮组（拉维娜式行星齿轮组）和一个次行星齿轮组（简单的单排单级行星齿轮机构）组合而成，其构件包括小太阳轮、大太阳轮、共用内齿圈、前行星架、后接太阳轮和后行星架（最终输出端）。换档执行元件包括四个片式离合器 A、B、E、F 和 3 个片式制动器 C、D、G 以及一个单向离合器 Ff，各换档执行元件的作用见表 3-8。不同档位时，各换档执行元件的工作状态见表 3-9。

表 3-8　换档执行元件作用表

换档执行元件	作　　用
离合器 A	驱动大太阳轮
离合器 B	驱动小太阳轮
离合器 E	驱动前行星架
离合器 F	驱动后接太阳轮
制动器 C	固定小太阳轮
制动器 D	固定前行星架
制动器 G	固定后接太阳轮
单向离合器 Ff	单向固定前行星架

表 3-9　换档执行元件工作状态

档　　位	离合器				制动器			单向离合器
	A	B	E	F	C	D	G	Ff
直接 1 档	○						○	○
直接 2 档	○				○		○	
直接 3 档	○			○	○			
直接 4 档	○		○	○				
直接 5 档			○	○	○			
倒档（R）		○				○	○	
2.1 档（2 位 1 档）	○					○	○	○
直接 5 档到 4 档	（○）		○	○		（○）		

　　注："○"代表元件工作；"（○）"代表根据行驶状态起作用。

（2）动力传递路线分析

1）1档动力传递路线。

①主行星齿轮组：离合器 A 工作，驱动大太阳齿轮（后排太阳轮）；单向离合器 Ff 锁止，单向固定前行星架，则齿圈同向减速输出。

②次行星齿轮组：动力由齿圈输入；制动器 G 工作，固定后接太阳轮，则后接行星架同向减速输出。

在直接 1 档，因单向离合器 Ff 锁止是动力传递不可缺少的条件，故没有发动机制动。

2）2.1 档动力传递路线。

①主行星齿轮组：离合器 A 工作，驱动大太阳轮（后排太阳轮）；单向离合器 Ff 锁止，同时，制动器 D 工作，双向固定前行星架，则齿圈同向减速输出。

②次行星齿轮组：动力由齿圈输入；制动器 G 工作，固定后接太阳轮，则后接行星架同向减速输出。

在 2.1 档，制动器 D 工作，将行星架双向固定，故有发动机制动。

3）2 档动力传递路线。

①主行星齿轮组：离合器 A 工作，驱动大太阳轮（后排太阳轮）；制动器 C 工作，固定小太阳轮（前排太阳轮），则齿圈同向减速输出。

②次行星齿轮组：动力由齿圈输入；制动器 G 工作，固定太阳轮，则后接行星架同向减速输出。

在直接 2 档，因没有单向离合器参与动力传递，故有发动机制动。

4）3 档动力传递路线。

①主行星齿轮组：3 档时，主行星齿轮组的状态与 2 档相同。

②次行星齿轮组：动力由齿圈输入；离合器 F 工作，将齿圈与后接太阳轮连接为一体，则整个行星齿轮机构为一体旋转，后接行星架的输出相对于齿圈的输入没有减速。

在直接 3 档，因没有单向离合器参与动力传递，故有发动机制动。

5）4 档动力传递路线。

①主行星齿轮组：离合器 A 工作，驱动大太阳轮（后排太阳轮）；同时，离合器 E 工作，驱动前行星架，因行星齿轮机构中有两个部件被同时驱动，则整个行星齿轮机构为一体旋转。

②次行星齿轮组：次行星齿轮组的状态与 3 档时相同。

4 档时，主、次级行星齿轮组的传动比均为 1：1，故为直接档。在直接档即 4 档，因没有单向离合器参与动力传递，故有发动机制动。

6）5 档动力传递路线。

①主行星齿轮组：离合器 E 工作，驱动前行星架；制动器 C 工作，固定小太阳轮（前排太阳轮），则齿圈同向增速输出。

②次行星齿轮组：次行星齿轮组的状态与 3 档时相同。

5 档时，主行星齿轮组传动比小于 1，次行星齿轮组传动比为 1，故总体传动比小于 1，为超速档。在直接5档，因没有单向离合器参与动力传递，故有发动机制动。

7）倒档动力传递路线。

①主行星齿轮组：离合器B工作，驱动小太阳轮（前排太阳轮）；制动器D工作，固定前行星架，则齿圈反向减速输出。

②次行星齿轮组：动力由齿圈输入；制动器G工作，固定后接太阳轮，则后接行星架同向减速输出。

5. 平行轴式自动变速器

下面以本田MAXA型自动变速器为例，介绍平行轴式自动变速器。

广州本田雅阁轿车MAXA自动变速器采用电子控制式，主要由定轴式齿轮变速传动机构、液压控制系统和电子控制系统等3大部分组成，可以提供4个前进档和1个倒档。

（1）MAXA自动变速器的结构　如图3-20所示为广州本田雅阁轿车用MAXA自动变速器的结构，图3-21为MAXA自动变速器的齿轮机构。平行轴式齿轮变速传动机构主要由平行轴、各档齿轮和湿式多片离合器等组成。平行轴有3根，即主轴（输入轴）、中间轴和副轴（输出轴）。各档离合器的特点见表3-10。

表3-10　各档离合器的特点

序号	离合器	特　点
1	1档离合器	1档离合器可使1档齿轮实现啮合或脱离。1档离合器位于中间轴中部，它与2档离合器背向相接。1档离合器由中间轴内的ATF供油管提供液压
2	2档离合器	2档离合器可使2档齿轮实现啮合或脱离。2档离合器位于中间轴中部，它与1档离合器背向相接。2档离合器由来自中间轴与液压回路相连的回路提供液压
3	3档离合器	3档离合器可使3档齿轮实现啮合或脱离。3档离合器位于主轴中部，它与4档离合器背向相接。3档离合器由主轴内与调节器阀相连的油道提供压力
4	4档离合器	4档离合器可使4档齿轮及倒档齿轮实现啮合或脱离。4档离合器与倒档齿轮一起位于主轴中部，4档离合器与3档离合器背向相接。4档离合器由主轴内ATF供油管提供液压
5	1档固定离合器	用于接合／分离1档，它位于副轴的端部，液力变矩器的后面。1档固定离合器由副轴内的油道供给压力
6	单向离合器	单向离合器固定在副轴的1档齿轮和3档齿轮中间，通过3档齿轮花键与副轴连接在一起，3档齿轮为它提供内座圈表面；1档齿轮为它提供外座圈表面；当动力从中间轴的1档齿轮传递给副轴的1档齿轮时，单向离合器锁止；在D4位、D3位、2位的1档、2档、3档和4档时，1档离合器和1档齿轮保持啮合。 但是，当2档、3档、4档离合器／齿轮在D4位、D3位、2位作用时，单向离合器分离，这是因为副轴上的齿轮增加的转速超过了单向离合器锁止的"转速范围"

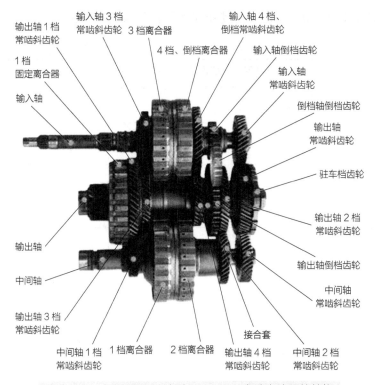

图 3-20　广州本田雅阁轿车用 MAXA 自动变速器的结构

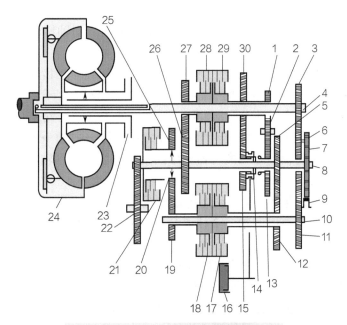

图 3-21　MAXA 自动变速器的齿轮机构

1—主轴倒档齿轮　2—倒档齿轮　3—主轴惰轮　4—主轴　5—副轴 2 档齿轮　6—副轴惰轮　7—驻车档齿轮
8—副轴　9—驻车锁销　10—中间轴　11—中间轴惰轮　12—中间轴 2 档齿轮　13—副轴倒档齿轮
14—倒档滑套　15—副轴 4 档齿轮　16—伺服液压缸　17—2 档离合器　18—1 档离合器　19—中间轴 1 档齿轮
20—单向离合器　21—1 档固定离合器　22—最终驱动齿轮　23—油泵　24—液力变矩器　25—副轴 1 档齿轮
26—副轴 3 档齿轮　27—主轴 3 档齿轮　28—3 档离合器　29—4 档离合器　30—主轴 4 档齿轮

（2）动力传递路线分析　MAXA 自动变速器各档位参与工作的相关部件见表 3-11。

表 3-11　MAXA 自动变速器各档位参与工作的相关部件

档位		液力变矩器	1档齿轮 1档离合器	1档固定离合器	2档齿轮 2档离合器	3档齿轮 3档离合器	4档齿轮	4档离合器	倒档齿轮	驻车档齿轮
P		○								○
R		○						○	○	
N		○								
D4	1档	○	○							
	2档	○	○		○					
	3档	○	○			○				
	4档	○	○				○	○		
D3	1档	○	○							
	2档	○	○		○					
	3档	○	○			○				
2		○	○							
1		○	○	○						

注："○"表示工作。

1）P 位。液压油不作用到任何离合器，所有离合器均分离，动力不传递给副轴。此时，依靠制动锁块与驻车档齿轮的互锁作用实现驻车。

2）N 位。发动机动力由液力变矩器传递给主轴惰轮、副轴惰轮和中间轴惰轮，但液压油没有作用到任何离合器上，动力没有传递给副轴。

当变速杆从 D4 位变换到 N 位时，倒档接合套将中间轴 4 档齿轮与倒档接合套及副轴相连；当变速杆从 R 位变换到 N 位时，副轴倒档齿轮也将处于啮合状态。但由于无动力传递给副轴，上述两种情况均无动力输出，从而使车辆处于空档位置。

3）D4 位或 D3 位 1 档。动力传递路线：液力变矩器→主轴→主轴惰齿轮→副轴惰齿轮→中间轴惰齿轮→中间轴→1 档离合器→中间轴 1 档齿轮→副轴 1 档齿轮→单向离合器→副轴→最终驱动齿轮。

4）D4 位或 D3 位 2 档或 2 位。动力传递路线：液力变矩器→主轴→主轴惰齿轮→副轴惰齿轮→中间轴惰齿轮→中间轴→2 档离合器→中间轴 2 档齿轮→副轴 2 档齿轮→最终驱动齿轮。

5）D4 位或 D3 位 3 档。动力传递路线：液力变矩器→主轴→3 档离合器→主轴 3 档齿轮→副轴 3 档齿轮→副轴→最终驱动齿轮。

6）D4 位 4 档。动力传递路线：液力变矩器→主轴→4 档离合器→主轴 4 档齿轮→副轴 4 档齿轮→倒档滑套→副轴→最终驱动齿轮。

7）1 位 1 档。动力传递路线与 D4 位或 D3 位 1 档基本相同，区别仅在于 1 档固定离合器接合，使动力分流，实现发动机制动。动力传递路线：车轮→驱动桥→最终驱动齿轮→副轴→1 档固定离合器→副轴 1 档齿轮→中间轴 1 档齿轮→1 档离合器→中间轴→中间轴惰齿轮→副轴惰齿轮→主轴惰齿轮→主轴→液力变矩器→发动机。

8）R位。动力传递路线：液力变矩器→主轴→4档离合器→主轴倒档齿轮→倒档惰轮→副轴倒档齿轮→副轴→最终驱动齿轮。

四、液压控制系统的组成及工作原理

自动变速器的自动换档控制是由电子控制系统控制液压控制系统的各种滑阀，通过改变液压系统的油路来实现的。因此，自动变速器的控制系统可分为液压控制系统和电子控制系统两部分，掌握好相关控制系统的结构、工作原理及检修的相关知识，是学习自动变速器的重要内容。

液压控制系统担负着为液力传动装置提供传动介质，对齿轮变速机构进行换档控制的重要任务。同时它还保证为变速器的各部分提供可靠的润滑和冷却。

1. 液压控制系统的基本组成

液压控制系统主要由动力源、执行机构和控制机构3大部分组成，其组成部件及功用见表3-12。

表3-12　液压控制系统组成部件及功用

序号	组成部件	功　用
1	动力源	液压控制系统的动力源是油泵（或称为液压泵），它是整个液压控制系统的工作基础，如各种阀体的动作、换档执行元件的工作等都需要一定压力的ATF。油泵的基本功用就是提供满足需求的ATF油量和油压
2	执行机构	执行机构主要由离合器、制动器油缸等组成，其功用是在控制油压的作用下实现离合器的接合和分离、制动器的制动和松开动作，以便得到相应的档位
3	控制机构	控制机构包括阀体和各种阀，包括主调压阀、手动阀、换档阀等。液压控制系统还包括一些辅助装置，如用于防止换档冲击的蓄能器、单向阀等

2. 液压控制系统主要元件

（1）油泵　油泵是液压控制系统的动力源，一般位于液力变矩器和行星齿轮系统之间，由液力变矩器泵轮驱动。其功用是产生一定压力和流量的ATF，供给液力变矩器、液压控制系统和行星齿轮机构。其类型主要有月牙齿轮泵、转子泵和叶片泵，如图3-22所示。三种泵的共同特点是：内部元件（转子）由液力变矩器花键毂或驱动轴驱动，外部元件与内部元件之间有一定的偏心距。

a）月牙齿轮泵　　　　　b）转子泵　　　　　c）叶片泵

图3-22　油泵

图 3-23 所示为内啮合齿轮泵的结构及工作原理。其主要由主动齿轮、从动齿轮、月牙板、壳体等组成。主动齿轮为外齿轮，从动齿轮为内齿轮，在壳体上有一个月牙板，把主、从动齿轮不啮合的部分隔开，并形成两个工作腔，分别为进油腔和出油腔。进油腔与泵体上的进油口相通，出油腔与泵体上的出油口相通。主动齿轮内径上有两个对称的凸键，与液力变矩器后端油泵驱动毂的键槽或平面相配合。因此，只要发动机转动，油泵便转动并开始供油。

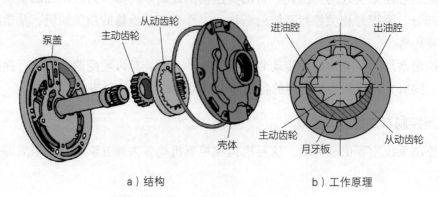

a）结构　　　　　　　　　　　　　　b）工作原理

图 3-23　内啮合齿轮泵的结构及工作原理

油泵在工作过程中，主动齿轮带动从动齿轮转动，在齿轮脱离啮合的一端（进油腔），容积不断变大，产生真空吸力，把 ATF 从油底壳经滤网吸入油泵。在齿轮进入啮合的一端（出油腔），容积不断减小，油压升高，把 ATF 从出油腔挤压出去。这样，油泵不断地运转，就形成了具有一定压力的油液，供给自动变速器工作。

这种油泵要求具有严格的加工制造精度。因为齿轮之间、齿轮与泵体之间，过大的磨损和间隙会导致油泵的性能下降，油压过低，而油压对于自动变速器的正常工作是非常重要的。

油泵使用应注意以下事项：

①发动机不工作，油泵不转，自动变速器无油压，即使在 D 位和 R 位，也不能靠推车起动发动机。

②长距离拖车时，由于发动机不转，油泵也不转，变速器齿轮系统没有润滑油，磨损会加剧，因此要求车速慢、距离短。如丰田车系要求拖车车速不高于 30km/h，距离不超过 80km；奔驰车系要求拖车车速不高于 50km/h，距离不超过 50km。

③变速器齿轮系统有故障或严重漏油时，牵引车辆时应将传动轴脱开。对于前轮驱动的汽车，应将前轮悬空牵引。

（2）主调压阀　液压油从油泵输出后，即进入主油路系统，油泵是由发动机直接驱动的，输出流量和压力均受发动机运转状况的影响，变化很大。当主油路压力过高时，会引起换档冲击和增加功率消耗；而主油路压力过低时，又会使离合器、制动器等执行元件打滑，因此在主油路系统中必须设置主油路调压阀。其作用是将油泵输出压力精确调节到所需值后再输入主油路。主油路系统在不同工况、不同档位时，具有不同油压的要求：

1）节气门开度较小时，自动变速器所传递的转矩较小，执行机构中的离合器、制动器不易打滑，主油路压力可以降低。而当发动机节气门开度较大时，因传递的转矩增大，为防止离合器、制动器打滑，主油路压力要升高。

2）汽车低速档行驶时，所传递的转矩较大，主油路压力要高。而在高速档行驶时，自动变速器传递的转矩较小，可降低主油路油压，以减少油泵的运转阻力。

3）倒档的使用时间较少，为减小自动变速器尺寸，倒档执行机构被做得较小，为避免出现打滑，需提高操纵油压。

主油路调压阀结构如图 3-24 所示。油压的调节是靠电子控制调压，电磁阀调整出不同的油压值，使滑阀改变节流口 a 的大小，通过节流作用控制主油压的大小。节流口 b 泄出的油压经二次调压阀的节流作用，调整出变矩器油压。

（3）二次调压阀 二次调压阀是把主调压阀泄出的油压调节成变矩器油压，其结构如图 3-25 所示。作用于滑阀向下的力有手动阀和油道的油压力，向上的力有弹簧弹力和来自主调压阀调节后的油压力，向上和向下两种力的平衡决定了节流口 a 的开度，即通过节流口的开度将主油压调节成变矩器油压。

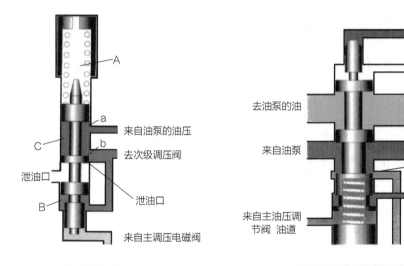

图 3-24 主油路调压阀的结构

A、B、C—油腔

图 3-25 二次调压阀结构

（4）手动阀 手动阀又称为手控阀或手动换档阀，与驾驶室内的变速杆相连，其功用是控制各档位油路的转换。如图 3-26 所示，当驾驶人操纵变速杆时，手动阀会移动，使主油压通往不同的油道。如当变速杆置于 P 位时，主油压会通往 P 位、R 位和 L 位油道；当变速杆置于 R 位时，主油压会同时通往 P 位、R 位和 L 位油道与 R 位油道；当变速杆置于 N 位时，手动阀会将主油压进油道切断，便不会有主油压通往各换档阀；当变速杆置于 D 位时，主油压会通往 D 位、2 位和 L 位油道；当变速杆置于 2 位时，主油压会同时通往 D 位、2 位和 L 位油道与 2 位和 L 位油道；当变速杆置于 L 位时，主油压会同时通往 D 位、2 位和 L 位油道与 2 位和 L 位油道及 P 位、R 位和 L 位油道。

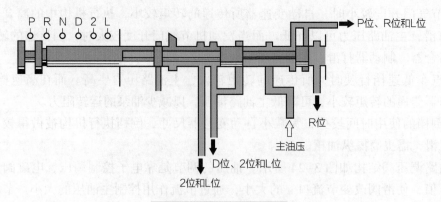

图 3-26　手动阀的结构

（5）换档阀　电控自动变速器换档阀的工作由换档电磁阀控制，其控制方式有两种：一种是加压控制，即通过开启或关闭换档阀控制油路进油孔来控制换档阀的工作；另一种是泄压控制，即通过开启或关闭换档阀控制油路泄油孔来控制换档阀的工作。加压控制方式的工作原理如图 3-27 所示，压力油经电磁阀后通至换档阀的左端。当电磁阀关闭时，没有油压作用在换档阀左端，换档阀在右端弹簧力的作用下移向左端，如图 3-27a 所示；当电磁阀开启时，压力油作用在换档阀左端，使换档阀克服弹簧力右移，如图 3-27b 所示，从而改变油路，实现档位变换。

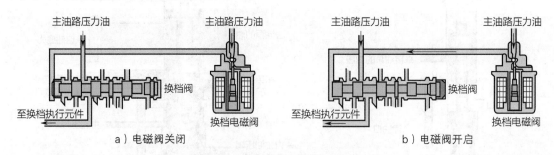

图 3-27　电控换档阀工作原理

（6）锁止离合器控制阀　目前在一些新型电控自动变速器上，锁止电磁阀采用脉冲式电磁阀，ECU 可利用脉冲电信号的大小来调节锁止电磁阀的开度，以控制作用在锁止离合器控制阀右端的油压，由此调节锁止离合器控制阀左移时排油孔的开度，从而控制锁止离合器活塞右侧油压的大小，如图 3-28 所示。

当作用在锁止电磁阀上的脉冲电信号为 0 时，电磁阀关闭，没有油压作用在锁止离合器控制阀的右端，此时锁止离合器活塞左右两侧的油压相同，锁止离合器处于分离状态；当作用在锁止电磁阀上的脉冲电信号较小时，电磁阀的开度和作用在锁止离合器控制阀右端的油压以及锁止控制阀左移打开的排油孔开度均较小，锁止离合器活塞左右两侧油压差以及由此产生的锁止离合器接合力也较小，使锁止离合器处于半接合状态。脉冲信号越大，锁止离合器活塞左右两侧油压差以及锁止离合器接合力越大；当脉冲信号达到一定数值时，锁止离合器即可完全接合。

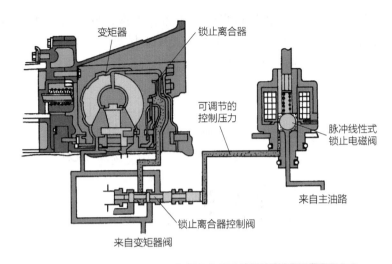

图 3-28　电控系统锁止离合器控制阀工作原理（脉冲式电子阀）

➡ **小提示**：ECU 在控制锁止离合器接合时，可以通过电磁阀来调节其接合速度，让接合力逐渐增大，使接合过程更加柔和。

（7）节流控制阀　在自动变速器内，为改善换档质量，减轻换档冲击和延长离合器、制动器的使用寿命，在通往离合器或制动器的油路中加装了许多节流控制阀。

➡ **小提示**：节流控制阀的作用有两个，一是使作用在离合器和制动器上的油压缓慢上升，以减轻接合时的冲击；二是使作用在离合器和制动器的油压泄油时尽快泄出，使分离迅速彻底，防止摩擦片分离不彻底造成的磨损。

如图 3-29 所示，当工作油液从进排液口①流入进排液口②时，油压使防松球压靠在一个节流孔上，因此工作油液仅能流经一个节流孔，使流至进排液口②的工作油液压力上升比较缓慢，减小了离合器和制动器接合时的冲击；当工作油液反转流动时，工作油液将防松球从受阻的节流口处推开，泄油迅速，使离合器片和制动器片能够快速分离。

（8）储能减振器　储能减振器也称蓄能器，通常用于防止离合器和制动器在接合时的冲击，一般安装在自动变速器的壳体上，如图 3-30 所示。

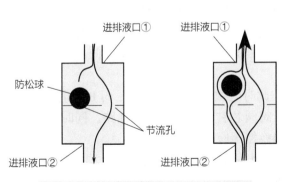

图 3-29　节流控制阀的结构与工作原理

图 3-30　储能减振器

如图 3-31 所示，油压从进排液口将活塞 1 推至右端，同时将活塞 2 向下推。用此方式不但可减小活塞 1 上的油压冲击，防止离合器片或制动器片快速接合时引起冲击，而且在推下活塞 2 压缩弹簧时又储存了能量。

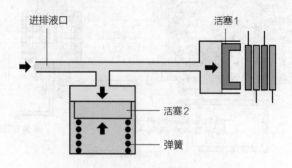

图 3-31　储能减振器的结构与工作原理

（9）阀体　液压控制系统的阀体用于装载各种电磁阀和液压阀，其上制造有许多密集复杂的油道，用于控制液压及切换液压通道。阀体通常分为上阀体、下阀体和手动阀体，图 3-32 所示为典型的液压控制阀体实物。

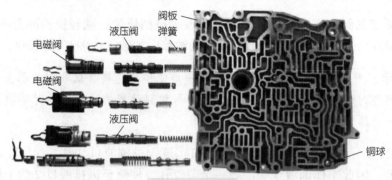

图 3-32　阀体

3. 液压控制系统的工作原理

目前大部分电子控制自动变速器采用有 2 个电磁阀操纵 3 个换档阀实现 4 个档位的变换。电控自动变速器换档液压系统原理如图 3-33 所示，它采用泄压控制方式。由图中可知，1-2 换档阀和 3-4 换档阀由电磁阀 A 控制，2-3 换档阀由电磁阀 B 控制。电磁阀不通电时关闭泄油孔，来自手动阀的主油路压力油通过节流孔后作用在各换档阀右端，使阀芯克服弹簧力左移。电磁阀通电时泄油孔开启，换档阀右端压力油被泄空，阀芯在左端弹簧力的作用下右移。

1）1 档控制。图 3-33a 为 1 档控制过程，此时电磁阀 A 断电，电磁阀 B 通电，1-2 档换档阀阀芯左移，关闭 2 档油路；2-3 档换档阀阀芯右移，关闭 3 档油路。同时使主油路油压作用在 3-4 档换档阀阀芯右端，使 3-4 档换档阀阀芯停留在右位。

2）2 档控制。图 3-33b 为 2 档控制过程，此时电磁阀 A 和电磁阀 B 同时通电，1-2 换档阀右端油压下降，阀芯右移，打开 2 档油路。

3）3 档控制。图 3-33c 为 3 档控制过程，此时电磁阀 A 通电，电磁阀 B 断电，2-3 档电磁阀右端油压上升，阀芯左移，打开3档油路。同时使主油路油压作用在1-2档换档阀左端，并让3-4档换档阀阀芯左端控制油压泄空。

4）4档控制。图3-33d为4档控制过程，此时电磁阀A和电磁阀B均不通电，3-4档换档阀阀芯右端控制压力上升，阀芯左移，关闭直接档离合器油路，接通超速制动器油路，由于1-2档换档阀阀芯左端作用着主油路油压，虽然右端有压力油作用，但阀芯仍然保持在右端不能左移。

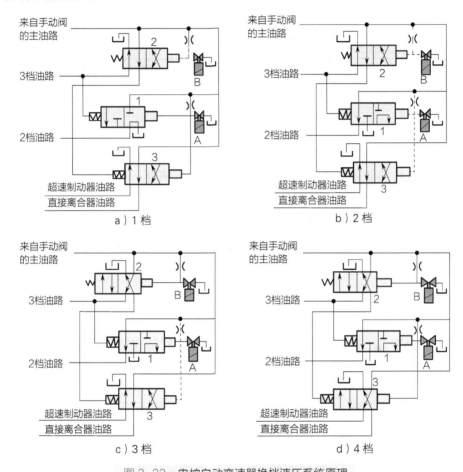

图3-33 电控自动变速器换档液压系统原理

A—换档电磁阀　B—换档电磁阀　1—1-2换档阀　2—2-3换档阀　3—3-4换档阀

五、电子控制系统的组成及工作原理

电子控制系统是自动变速器的控制核心，它接收各传感器的信息并通过运算、分析、比较，根据自动变速器的工作状态向电子控制系统执行器发出控制指令，对变速器进行最优化的控制。

1. 电子控制系统的组成

自动变速器的电子控制系统包括传感器、电子控制单元（ECU）和执行器三部分，其组成框图如图3-34所示。

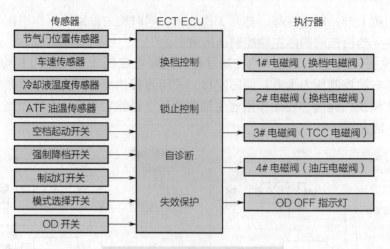

图 3-34　电子控制系统组成框图

传感器部分主要包括节气门位置传感器、车速传感器、发动机转速传感器（图中未画出）、输入轴转速传感器（图中未画出）、冷却液温度传感器、ATF 油温传感器、空档起动开关、强制降档开关、制动灯开关、模式选择开关、OD 开关等。

执行器部分主要包括各种电磁阀和故障指示灯等。

ECU 是电子控制系统的核心，主要完成换档控制、锁止离合器控制、油压控制、故障诊断和失效保护等功能。

2. 输入信号

自动变速器的输入信号主要指各种传感器和开关。

1）节气门位置传感器（TPS）。节气门位置传感器安装在节气门体上，它实际上是一个滑动变阻器，用于检测节气门开度的大小，并将数据传送给 ECU，ECU 根据此信号判断发动机负荷，从而控制自动变速器的换档、调节主油压和对锁止离合器控制。

2）车速传感器（VSS）。车速传感器用于检测自动变速器输出轴转速，自动变速器 ECU 根据车速传感器输入的信号计算出车速，并以此信号控制自动变速器的换档和锁止离合器的锁止。常见的车速传感器有电磁式、舌簧开关式、光电式 3 种形式。

3）输入轴转速传感器。多数自动变速器在输入轴附近的壳体上装有检测输入轴转速的输入轴转速传感器。该传感器一般也是采用电磁式，其结构、原理及检测与车速传感器一样。

自动变速器 ECU 根据输入轴转速传感器的信号可以更精确地控制换档。另外，ECU 还可以把该信号与发动机转速信号进行比较，计算出变矩器的转速比，使主油压和锁止离合器的控制得到优化，以改善换档、提高行驶性能。

4）冷却液温度传感器（水温传感器）。冷却液温度传感器用于检测发动机冷却液温度。当发动机冷却液温度低于设定温度（如 60℃），发动机 ECU 会发送一个信号给自动变速器 ECU，以防止自动变速器换入超速档，同时锁止离合器也不能工作。当发动机冷却液温度过高时，自动变速器 ECU 会让锁止离合器工作以帮助发动机降低冷却液的温度，防止变速器过热。

5）模式选择开关。模式选择开关是供驾驶人选择所需要的行驶或换档模式的开关。

一般有常规模式（NORM）、动力模式（PWR）及经济模式（ECO）等3种模式。自动变速器ECU根据所选择的行驶模式执行不同的换档程序，控制换档和锁止正时。如选择动力模式，自动变速器会推迟升档，以提高动力性，而选择经济模式，自动变速器会提前升档，以提高经济性，常规模式介于二者之间。

6）空档起动开关。空档起动开关有两个功用，一是给自动变速器ECU提供档位信息，二是保证只有变速杆置于P位或N位才能起动发动机。

7）OD开关。OD开关（超速档开关）一般安装在变速杆上，由驾驶人操作控制，可以使自动变速器有或没有超速档。

8）制动灯开关。自动变速器ECU通过制动灯开关检测是否踩下制动踏板，如果踩下制动踏板，ECU会取消锁止离合器的工作。

3. 执行器

电子控制系统的执行器主要指各种电磁阀。

电磁阀根据功能的不同可以分为换档电磁阀、锁止离合器电磁阀和油压电磁阀。根据工作原理的不同可以分为开关式电磁阀和占空比式（脉冲线性式）电磁阀。不同的自动变速器使用的电磁阀数量不同。绝大多数换档电磁阀是采用开关式电磁阀，油压电磁阀是采用占空比式电磁阀，而锁止离合器电磁阀采用开关式的和占空比式的都有。

1）开关式电磁阀。开关式电磁阀的功用是开启或关闭液压油路，通常用于控制换档阀和部分车型锁止离合器的工作。

2）占空比式电磁阀。占空比是指一个脉冲周期中通电时间所占的比例（百分数）。占空比式电磁阀与开关式电磁阀的结构类似，也是由电磁线圈、滑阀、弹簧等组成。它通常用于控制油路的油压，有的车型的锁止离合器也采用此种电磁阀控制。与开关式电磁阀不同的是，控制占空比式电磁阀的电信号不是恒定不变的电压信号，而是一个固定频率的脉冲电信号。在脉冲电信号的作用下，电磁阀不断开启、关闭泄油口。

占空比式电磁阀有两种工作方式，一是占空比越大，经电磁阀泄油越多，油压就越低；另一种是占空比越大，油压越高。

4. 电控单元

电子控制单元又称电脑，英文缩写为ECU，是自动变速器电子控制单元的核心，具有换档控制、锁止离合器控制、换档平顺性控制、故障诊断、失效保护等功能。

1）换档控制。自动变速器换档时刻的控制是ECU最重要的控制内容之一。汽车在某个特定工况下都有一个与之对应的最佳换档时刻，使汽车发挥出最好的动力性和经济性。汽车行驶过程中，自动变速器ECU根据模式选择开关信号、节气门开度信号、车速信号等参数来打开或关闭换档电磁阀，从而打开或关闭通往离合器、制动器的油路，使变速器升档或降档。

2）锁止离合器控制。自动变速器ECU存储着各种行驶模式下锁止离合器的工作方式的控制程序，可根据各种输入信号，控制锁止离合器电磁阀的通、断电，从而控制锁止离合器的工作。

3）换档平顺性控制。自动变速器改善换档平顺性的方法有换档油压控制、减少转矩控制和 N–D 换档控制。

4）故障自诊断。电控自动变速器 ECU 具有自我诊断功能，它不断监控各传感器、信号开关、电磁阀及其线路，当有故障时，ECU 使故障指示灯闪烁，以提醒驾驶人或维修人员；并将故障内容以故障码的形式存储在存储器中，以便维修人员采用人工或仪器的方式读取故障码。

5）失效保护。当自动变速器出现故障时，为了尽可能使自动变速器保持最基本的工作能力，以维持汽车行驶，便于汽车进厂维修，电控自动变速器 ECU 都具有失效保护功能。

六、自动变速器性能试验

自动变速器的性能实验是检测自动变速器性能好坏的有效方法，也是判断自动变速器故障诊断的有效途径，无论是在维修前还是在维修后都应进行相应的性能试验，以判断自动变速器的性能。自动变速器的性能试验包括道路试验、失速试验、油压试验、延时试验、手动换档试验等。

1. 道路试验

道路试验是诊断、分析自动变速器故障最有效的手段之一。此外，自动变速器在修复之后，也应进行道路试验，以检查其工作性能，检验修理质量。自动变速器的道路试验内容主要有检查换档车速、换档质量以及检查换档执行元件有无打滑等。在道路试验之前，应先让汽车以中低速行驶 5~10min，让发动机和自动变速器都达到正常工作温度。道路试验的内容和方法如下：

1）升档检查。将变速杆置于 D 位，踩下加速踏板，使节气门保持在 50% 开度左右，让汽车起步加速，检查自动变速器的升档情况。自动变速器在升档时发动机会有瞬时的转速下降，同时车身有轻微的振动感。正常情况下，汽车起步后随着车速的升高，试车者应能感觉到自动变速器顺利地由 1 档升入 2 档，随后再由 2 档升入 3 档，最后升入超速档。若自动变速器不能升入高档，说明控制系统或换档执行元件有故障。

2）升档车速的检查。在上述升档检查的过程中，当察觉到自动变速器升档时，记下升档车速。一般 4 档自动变速器在节气门开度 50% 时由 1 档升至 2 档的车速为 25~35km/h，由 2 档升至 3 档的车速为 55~70km/h，由 3 档升至 4 档（超速档）的车速为 90~120km/h。由于升档车速和节气门开度有很大的关系，即节气门开度不同时，升档车速也不同，而且不同车型的自动变速器各档位传动比的大小都不相同，其升档车速也不完全一样。因此，只要升档车速基本保持在上述范围内，而且汽车行驶中加速良好，无明显的换档冲击，都可认为其升档车速基本正常。若汽车行驶中加速无力，升档车速明显低于上述范围，说明升档车速过低（即升档提前）；若汽车行驶中有明显的换档冲击，升档车速明显高于上述范围，说明升档车速过高（即升档滞后）。

3）换档质量的检查。换档质量的检查内容主要是检查有无换档冲击。正常的自动变速器只能有不太明显的换档冲击，特别是电控自动变速器的换档冲击应十分微弱。若换档冲击太大，说明自动变速器的控制系统或换档执行元件有故障，其原因可能是主油压高或换档执行元件打滑，应做进一步的检查。

4）锁止离合器工作状况的检查。自动变速器液力变矩器中锁止离合器的工作是否正常也可以采用道路试验的方法进行检查。试验中，让汽车加速至超速档，以高于80km/h的车速行驶，并让节气门开度保持在低于50%的位置，使变矩器进入锁止状态。此时，快速将加速踏板踩下使节气门开度超过85%，同时检查发动机转速的变化情况。若发动机转速没有太大的变化，说明锁止离合器处于接合状态；反之，若发动机转速升高很多，则表明锁止离合器没有接合，其原因通常是锁止控制系统有故障。

5）发动机制动作用的检查。检查自动变速器有无发动机制动作用时，应将变速杆置于2位或L位。在汽车以2档或1档行驶时，突然松开加速踏板，检查是否有发动机制动作用。若松开加速踏板后车速立即随之下降，说明有发动机制动作用；否则说明控制系统或换档执行元件有故障。

6）强制降档功能的检查。检查自动变速器强制降档功能时，应将变速杆置于D位，保持节气门开度为30%左右，在以2档、3档或超速档行驶时突然将加速踏板完全踩到底，检查自动变速器是否被强制降低一个档位。在强制降档时，发动机转速会突然升至4000r/min左右，并随着加速升档，转速逐渐下降。若踩下加速踏板后没有出现强制降档，说明强制降档功能失效。若在强制降档时发动机转速升高反常，达5000r/min，并在升档时出现换档冲击，则说明换档执行元件打滑，应拆修自动变速器。

2. 手动换档试验

手动换档试验用于判断自动变速器故障来自电控系统还是机械系统。手动换档试验是将电控自动变速器所有换档电磁阀的线束插接器全部脱开，此时ECU不能控制换档，自动变速器的档位取决于变速杆位置。不同车型电控自动变速器在脱开换档电磁阀插接器后的档位的变速杆的关系不同。丰田轿车的各种电子控制自动变速器在脱开换档电磁阀线束插接器后的档位和变速杆关系见表3-13。

表3-13 手动换档试验

变速杆位置	D	2	L	R	P
档 位	4档	3档	1档	倒档	锁定棘轮

试验步骤：

1）脱开电控自动变速器所有换档电磁阀的线束插接器。

2）起动发动机，将变速杆拨至不同位置，然后上路进行试车。

3）观察发动机转速和车速的对应关系，以判断自动变速器所处的档位。不同档位时发动机转速与车速的关系可参照表3-14。

表3-14 不同档位时发动机转速与车速的关系

档 位	发动机转速/（r/min）	车 速/（km/h）
1档	2000	18~22
2档	2000	34~38
3档	2000	50~55
OD档	2000	70~75

4）不同档位的发动机转速与车速与标准值相比较，如果出现异常，说明故障在机械系统。

5）试验结束后插上换档电磁阀插接器，清除故障码。

3. 失速试验

在前进档或倒档中，踩住制动踏板并完全踩下加速踏板时，发动机处于最大转矩工况，而此时自动变速器的输出轴及输入轴均静止不动，变矩器的涡轮不动，只有变矩器壳及泵轮随发动机一同转动，此工况称为失速工况，此时发动机的转速称为失速转速。失速试验用于检查发动机输出功率、变矩器及自动变速器中制动器和离合器等换档执行元件的工作是否正常。

（1）准备工作

1）让汽车行驶至发动机和自动变速器均达到正常工作温度。

2）检查汽车的脚制动和驻车制动，确认其性能良好。

3）检查自动变速器液压油高度，应正常。

（2）试验步骤　自动变速器失速试验的试验一般流程如图3-35所示。

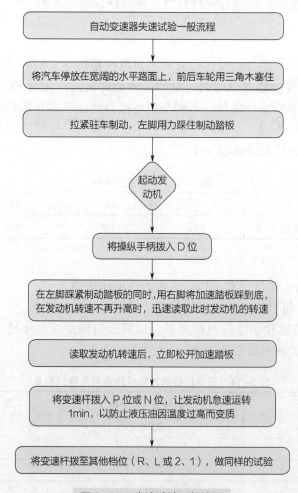

图3-35　失速试验一般流程

（3）注意事项

1）在正常工作温度下进行该试验（50～80℃）。

2）该试验连续进行不得超过5s。

3）在每一个档位试验完成后，不要立即进行下一个档位的试验，要等油温下降后再进行。

4）试验后不要立即熄火，让发动机怠速运转几分钟，以便使液压油温度降至正常。

5）为保证安全，请在宽阔水平地面上进行。这种地面可提供附着力。

6）失速试验应两人共同完成。一人应观察车轮情况，同时另一人应进行试验。

7）如果在发动机转速未达到规定失速转速之前，后轮开始转动，应放松加速踏板停止试验。

（4）试验结果分析　不同档位失速转速不正常的原因见表3-15。

表 3-15　失速转速不正常的原因

变速杆位置	失速转速	故障原因
所有位置	过高	①主油路油压过低 ②前进档和倒档的转换执行元件打滑 ③低档及倒档制动器打滑
	过低	①发动机动力不足 ②变矩器导轮的单向离合器打滑
D 位	过高	①前进档油路油压过低 ②前进离合器打滑
R 位	过高	①倒档油路油压过低 ②倒档及高档离合器打滑

4. 换档迟滞试验

在发动机怠速运转时将变速杆从空档拨至前进档或倒档后，需要一段时间的迟滞或延时才能使自动变速器完成换档工作，这一时间称为自动变速器换档迟滞时间。根据迟滞时间的长短可判断主油路油压及换档执行元件的工作是否正常。迟滞时间的大小取决于ATF的油路油压、油路密封情况以及离合器和制动器的磨损情况。

1）试验步骤。自动变速器换档迟滞试验的试验一般流程如图3-36所示。

2）试验结果分析。大部分自动变速器的N-D延时时间小于1.0～1.2s，N-R延时时间小于1.2～1.5s。若N-D延时时间过长，说明油路油压过低，前进离合器摩擦片磨损过多或前进档单向离合器工作不良；若N-R延时时间过长，说明倒档主油路油压过低、倒档离合器或倒档制动器磨损过大或工作不良。

5. 油压试验

油压试验是在自动变速器工作时，通过测量液压控制系统各油路的压力来判断各元件

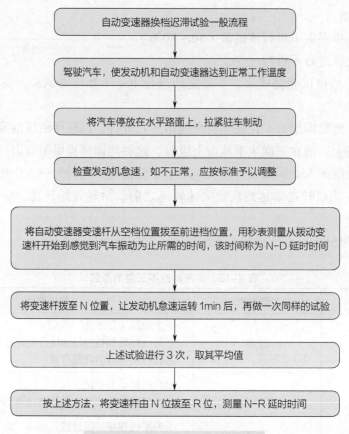

图 3-36　换档迟滞试验一般流程

的功能是否正常，目的是检查液压控制系统各管路及元件是否漏油及各元件是否工作正常，判别故障是在自动变速器机械系统还是在液压系统。在分解修理自动变速器之前和自动变速器修复后，都要对自动变速器进行油压试验。

（1）试验准备

1）行驶汽车，使发动机及自动变速器达到正常工作温度。

2）将汽车停放在水平路面上，检查发动机怠速和自动变速器液压油的油面高度。如不正常，应进行调整。

3）准备一个量程为 2MPa 的压力表。

4）找出自动变速器各个油路测压孔的位置。

（2）试验步骤

1）前进档主油路油压的测试。前进档主油路油压的测试一般流程如图 3-37 所示。

2）倒档主油路油压测试。倒档主油路油压的测试一般流程图 3-38 所示。

丰田 A341E 自动变速器的主油压值见表 3-16。

如果测得的油压未达到规定值，重新检查节气门拉索的调整情况并重复做油压测试。

3）试验结果分析。不同车型自动变速器的主油路油压不完全相同。若主油路油压不正常，说明油泵或控制系统有故障，可能的故障原因见表 3-17。

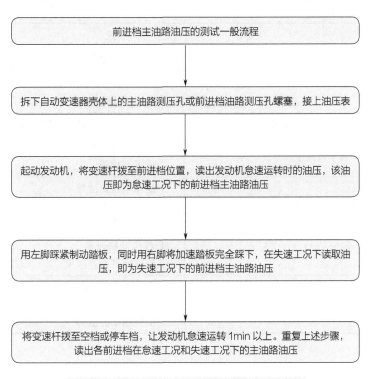

图 3-37 前进档主油路油压的测试一般流程

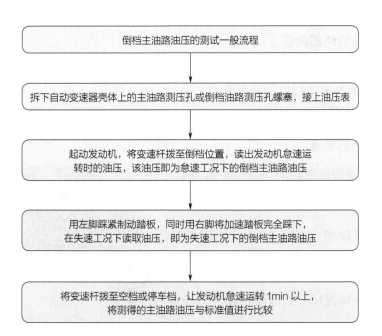

图 3-38 倒档主油路油压的测试一般流程

表 3-16　丰田 A341E 自动变速器的主油压值　　　　　　（单位：kPa）

D 位		R 位	
怠速	失速	怠速	失速
363~422	902~1147	500~598	1236~1589

表 3-17　主油路油压不正常可能的故障原因

主油路油压试验结果	可能的故障原因
在任何范围油压均高于规定值	①换档电磁阀故障 ②调压阀故障
在任何范围油压均低于规定值	①换档电磁阀故障 ②调压阀故障 ③油泵故障
只在 D 位油压低	①D 位油路泄漏 ②前进档离合器故障
只在 R 位油压低	①R 位油路泄漏 ②直接档离合器故障 ③倒档制动器故障

相关技能

一、液力变矩器的检修

1. 液力变矩器的外部检查

1）目视检查液力变矩器的外部有无损坏和裂纹。

2）目视检查油泵驱动毂外径有无磨损、缺口，有无损伤。

若有异常，应更换液力变矩器。

2. 单向离合器的检查

1）单向离合器的检查如图 3-39 所示，用专用工具插入油泵驱动毂和单向离合器外座圈的槽口中。

2）用手指压住单向离合器的内座圈并转动它，检查是否顺时针转动平稳、逆时针方向锁止。

如果单向离合器损坏，则需要更换液力变矩器总成。

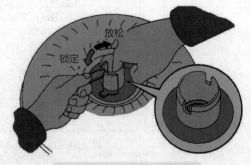

图 3-39　检查单向离合器

3. 导轮和涡轮之间的干涉的检查

导轮和涡轮之间的干涉检查如图 3-40 所示。液力变矩器内部干涉主要指导轮和涡轮、导轮和泵轮之间的干涉。如果有干涉，液力变矩器运转时会有噪声。

1）将液力变矩器与飞轮连接侧朝下放在台架上。

2）装入油泵总成，确保液力变矩器油泵驱动毂与油泵主动部分接合好。

3）把变速器输入轴（涡轮轴）插入涡轮轮毂中，使油泵和液力变矩器保持不动。

4）顺时针、逆时针反复转动涡轮轴，如果转动不顺畅或有噪声，则更换液力变矩器。

4. 导轮和泵轮之间的干涉检查

导轮和泵轮之间的干涉检查如图 3-41 所示。

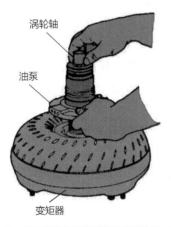

图 3-40 导轮和涡轮之间的干涉检查　　　图 3-41 导轮和泵轮之间的干涉检查

1）将油泵放在台架上，并把液力变矩器安装在油泵上。

2）旋转液力变矩器使液力变矩器的油泵驱动毂与油泵主动部分接合好。

3）固定住油泵并逆时针转动液力变矩器。

4）如果转动不顺畅或有噪声，则更换液力变矩器。

二、齿轮变速机构的检修

1. 离合器摩擦片使用极限的检查

如图 3-42 所示，离合器摩擦片上的沟槽是存 ATF 用的，沟槽磨平后，ATF 就无法进入摩擦片与钢片之间。失去了 ATF 的保护之后，磨损速度会急剧加快，沟槽磨平后必须更换。

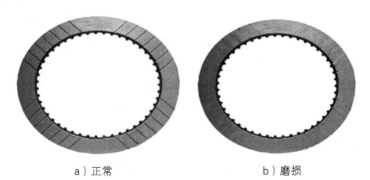

a）正常　　　　　　　　　　b）磨损

图 3-42 离合器摩擦片

1）将新拆下来的摩擦片用无毛布将表面擦干，用手轻按摩擦表面时应有较多的 ATF 流出（摩擦表面上有一层保持 ATF 的含油层）。

2）轻按时若不出油，说明含油层（隔离层）已被抛光，无法保持 ATF，必须更换。

→ 小提示：
- 摩擦片上如有数字记号，数字记号磨掉后必须更换。
- 摩擦片出现翘曲变形必须更换。
- 摩擦片表面发黑（烧蚀）必须更换。
- 摩擦片表面出现剥落、有裂纹、内花键不光滑等现象都必须更换。

2. 离合器摩擦片的装配

1）摩擦片还可继续使用的，须单独进行清洗。用清洗剂做彻底清洗后，要用清洁的水反复冲洗零件表面，使其表面不含残存的清洗剂，然后用干燥清洁的压缩空气将所有的零件吹干，再在表面上涂一层 ATF，等待装配。

2）装配前，摩擦片要在洁净的 ATF 中浸泡。新摩擦片要浸泡 2h，旧摩擦片要浸泡 15~30min。

3）旧片要换位。装配时若使用旧摩擦片，最里边和最外边的摩擦片最好换一次位。

4）缺口要对正。部分离合器摩擦片花键上有一个缺口，是动平衡标记，装配时注意将各片的缺口对正。

3. 离合器其他元件的检查

1）离合器活塞复位弹簧工作行程和油压较小，很少损坏。拆卸离合器时，外观上看复位弹簧没有折断、散乱就不必拆复位弹簧的卡环。复位弹簧主要检查其自由长度。凡变形、过短、折断的弹簧必须更换。

2）压盘和钢片上的齿要完好，不能拉毛，拉毛容易造成卡滞。压盘和钢片表面若有蓝色过热的斑迹，则应在平台上用高度尺测量其高度，或将两片叠在一起，检查其是否变形。出现变形或表面有裂纹的必须更换。

3）离合器间隙的检查。离合器重新装配后要检查离合器的间隙。间隙过大会使换档滞后、离合器打滑；间隙过小会使得离合器分离不彻底。检查离合器间隙一般用塞尺进行，如图 3-43 所示。

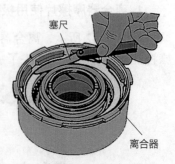

图 3-43　检查离合器间隙

→ 小提示：检查离合器间隙时，可用空气压缩机、压缩空气枪、百分表和磁力表架。压缩空气应保持在 0.4MPa 的压力，把压缩空气枪对准进油孔，固定好离合器，把百分表抵住外侧压盘，开动压缩空气枪，从百分表摆差得到离合器间隙。

4. 带式制动器的检修

1）外观检查。检查制动带是否有破裂、过热、不均匀磨损、表面剥落等缺陷，检查制动带磨损是否均匀，检查摩擦材料上印制的数字是否磨掉，如果有任何一种，制动带都应更换。

2）检查制动带摩擦片表面的含油能力。擦净制动带摩擦片上的油，然后用手指轻压制动带摩擦片，应有油溢出，若轻压后无油溢出，说明制动带摩擦片表面含油能力下降，应更换。

3）制动鼓的检查。检查制动鼓表面是否磨损严重，是否有烧蚀，如果磨损严重或有烧蚀，应更换制动鼓。

4）带式制动器组装后检查。可用 400~800kPa 的气压向伺服缸内施压，此时制动带应抱紧制动鼓，说明伺服液压缸正常。继续加压到伺服液压缸工作通道的同时，用另一把压缩空气枪加压到伺服装置的释放通道，此时伺服装置应松开制动带。

➜ **小提示：** 在检查制动带能否箍紧时，可用塞尺在加压前先测一下制动带的开口间隙，加压箍紧后再测一下制动带的开口间隙，便可推算出伺服推杆实际的工作行程。

5）制动器装配后工作间隙的调整。间隙过小会造成换档冲击以及摩擦片和制动鼓之间分离不彻底，间隙过大易造成制动带打滑。调整时可将调整螺钉松开，先使制动带完全抱死，然后将调整螺钉退回 1.5~2.5 圈后锁死。

➜ **小提示：** 对于倒档制动带，因油压较高，制动带与制动鼓的间隙应稍大一些，一般是扭紧后将调整螺钉退回 5 圈后锁死。

5. 行星排的检查

1）目视检查太阳轮、行星轮和齿圈的齿面，若有磨损或疲劳剥落，应更换整个行星排。

2）检查行星齿轮与行星架之间的间隙，如图 3-44 所示，其标准间隙为 0.2 ~ 0.6mm，最大不得超过 1.0mm，否则应更换止推垫片或行星架和行星齿轮组件。

3）检查太阳轮、齿圈、行星架等零件的轴径或滑动轴承处有无磨损，若有异常应更换新件。

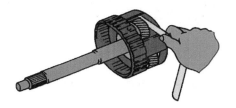

图 3-44　行星轮与行星架间隙检查

6. 单向离合器的检查

1）检查单向离合器是否存在滚柱破裂、保持架断裂或内外圈滚道磨损起槽等情况，如果发现应及时更换新件。

2）检查单向离合器的锁止情况，要求能在前后两个箭头所示的方向自由转动，而反方向锁止。

7. 油泵的检修

1）检查从动齿轮与泵体之间的间隙。如图 3-45 所示，用塞尺测量从动齿轮与泵体之间的间隙。

2）检查从动齿轮齿顶与月牙板之间的间隙。如图 3-46 所示，用塞尺测量从动齿轮齿顶与月牙板之间的间隙。

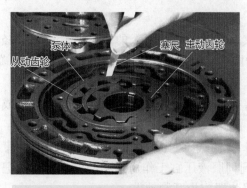

图 3-45　用塞尺测量从动齿轮与泵体之间
的间隙

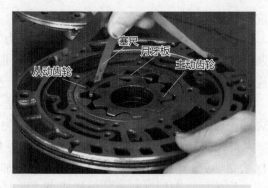

图 3-46　用塞尺测量从动齿轮齿顶与月牙板
之间的间隙

3）检查主动齿轮齿顶与月牙板之间的间隙。如图 3-47 所示，用塞尺测量主动齿轮齿顶与月牙板之间的间隙。

4）检查主动齿轮与从动齿轮的侧隙。如图 3-48 所示，用钢直尺和塞尺测量主动齿轮与从动齿轮的侧隙。

如果以上工作间隙超过规定值，应更换油泵。

图 3-47　用塞尺测量主动齿轮齿顶与月牙板
之间的间隙

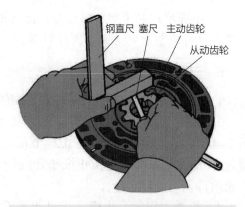

图 3-48　用钢直尺和塞尺测量主动齿轮与
从动齿轮的侧隙

三、自动变速器控制系统的检修

检修要求及注意事项：

1）电控单元（ECU）对过电压、静电非常敏感，因此，在点火开关接通时，不要插拔系统的插接器，插拔 ECU 上的插接器应做好防静电措施，以免损坏 ECU。

2）检修时需要将检修车辆停在水平路面上，并拉紧驻车制动，可靠驻车。

3）检修时要使用厂家要求的检测工具和检测仪器，并按要求使用。

4）使用压缩空气时，要做好防护工作，以免造成人员伤害。

5）在更换元器件时，要按厂家要求更换原厂指定的配件，确认更换时再打开包装。

1. 系统自诊断

自动变速器电子控制系统的电子控制单元中装有故障存储器，具有自诊断功能，如果被监测的部件发生了故障，故障的类型会以故障码的形式存储在故障存储器内。可以利用故障诊断仪读取故障码，帮助确定故障部位。

1）先连接故障诊断仪。关闭点火开关，将故障诊断仪连接到故障车的诊断插头上，按照故障诊断仪显示屏的提示，进行相应的操作。

➜ 小提示：

● 在连接故障诊断仪之前，应将变速杆置于 P 位，并且拉起驻车制动器。

● 蓄电池电压正常。

2）读取故障码，读取数据流。

3）清除故障码。在排除故障后，应清除故障码。

2. 节气门位置传感器检测

1）检查传感器电阻。点火开关关闭，拔下传感器插接器插头，用万用表的欧姆档测量各端子之间的电阻值。如果电阻值不符合标准值，应更换节气门位置传感器。

2）检查传感器电压。打开点火开关，但不起动发动机。用万用表的电压档测量各端子之间的电压。如果电压值不符合标准值，应更换节气门位置传感器。

3. 电磁式车速传感器的检测

1）外观检查。检查转子是否有断齿、脏污等情况。

2）检查转子齿顶与传感器之间的间隙。方法是用标准间隙厚度的塞尺插入转子齿顶与传感器之间，如果感觉阻力合适，表明间隙符合标准；如果阻力大，说明间隙过小；如果没有阻力，说明间隙大。

3）检查电磁线圈电阻。方法是关闭点火开关，拔下传感器插头，用万用表测量电磁线圈电阻，与标准电阻值进行比较。

4）模拟检查。举升车辆，用万用表交流电压表 2V 档测量输出电压，运转时应为 0.4~0.8V；也可用示波器检测输出信号波形是否完整、连续、光滑等。如果检查结果不符合要求，则应更换车速传感器。

4. 冷却液（油）温度传感器检测

1）将冷却液（油）温度传感器放在水杯中进行加热。

2）加热过程中，测量不同温度下的电阻值，电阻值应随着温度的升高而降低，并对照维修手册的标准值来判断其好坏。

5. 空档起动开关的检测

1）检查开关导通情况。点火开关关闭，拔下传感器插接器插头，用万用表的欧姆档测量各端子之间的导通情况。如果不正常，应更换开关。

2）检查空档起动开关各端子电压。打开点火开关，但不起动发动机。用万用表的电压档测量空档起动开关各端子之间的电压。如果电压值不正常，应更换节气门位置传感器。

6. 开关式电磁阀的检测

1）检查电磁阀电阻。脱开电磁阀插接器，测量电磁阀端子与车身搭铁之间的电阻，开关式电磁阀应为 11~15Ω，占空比式电磁阀应为 3.6~4.0Ω。

2）检查电磁阀的工作。给电磁阀通电，检查是否有工作响声。由于占空比式电磁阀线圈的电阻很小，不可与 12V 蓄电池直接相连，否则容易烧毁电磁阀线圈。检测时将蓄电池串联一个低电阻，如一个 8~10W 的灯泡，然后再与电磁线圈相连，电磁阀应当动作，否则应更换电磁阀。

3）检查电磁阀的漏气。拆下电磁阀，施加 0.5MPa 的压缩空气，检查电磁阀是否漏气。

四、自动变速器的基本检查与性能试验

1. 电控自动变速器故障诊断与检测一般流程

电控自动变速器故障诊断与检测一般流程如图 3-49 所示。

图 3-49　电控自动变速器故障诊断与检测一般流程

1）先进行常规检查，如 ATF 是否缺少等。

2）用故障诊断仪读取故障码，找到故障码所提示的具体零件。

3）手动换档试验，根据故障现象分析，进行故障现象确认。

4）进行失速试验，查找相关部件的机械技术状况。

5）进行油压试验，检查油泵、调压阀、调速器油压和油路压力的检测。

6）进行换档迟滞试验，检查离合器、制动器等零部件摩擦磨损程度。

7）进行道路试验，检查自动换档点有无异常噪声、振动、打滑以及发动机的制动作用等。

8）对电控系统组件及线路进行检查。

9）结合各项测试结果，推断故障原因和故障部位，直至排除故障。

2. 自动变速器的基本检查

自动变速器的很多常见故障是由于 ATF 液面高度不正确、油质不良、变速杆位置不准确等原因造成的，对这些方面的检查就是自动变速器的基本检查。

（1）ATF 液面高度的检查　ATF 液面高度过高会导致主油压过高，从而出现换档冲击振动、换档提前等故障；ATF 液面高度过高还会导致空气进入 ATF。如果 ATF 液面高度过低则又会导致主油压过低，从而出现换档滞后、离合器和制动器打滑等故障。

ATF 液面高度检查的具体方法、步骤如下：

1）起动发动机，预热车辆，使发动机冷却液温度和自动变速器 ATF 温度达到正常工作温度。

2）将车辆停在水平地面，并可靠驻车。

3）发动机怠速运转，将变速杆由 P 切换至各档位，再退回 P 位。

4）拉出变速器油尺，并将其擦拭干净。

5）将油尺全部插回套管。

6）再将油尺拉出，检查液面是否在 HOT 范围，如图 3-50 所示；如果不在此范围，应加油。

（2）ATF 油质的检查　从油质中可以了解自动变速器具体的损坏情况。油质的好坏主要从以下几个方面进行识别：

1）颜色。正常颜色为鲜亮、透明的红色，如果发黑则说明已经变质或有杂质，如果呈粉红色或白色则说明油冷却器进水。

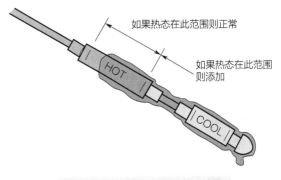

图 3-50　ATF 液面高度的检查

2）气味。正常的 ATF 没有气味，如果有焦煳味，说明 ATF 过热，有摩擦材料烧蚀。

3）杂质。如果 ATF 中有金属屑，说明有零件严重磨损或损伤；如果 ATF 中有胶质状油，说明 ATF 因油温过高或使用时间过长而变质。

小提示：检查 ATF 油质时，从油尺上闻一闻油液的气味，在手指上点少许油液，用手指互相摩擦看是否有颗粒，或将油尺上的油液滴在干净的白纸上，检查油液的颜色及气味。

（3）ATF 的更换　ATF 要按维修要求进行定期更换，更换的周期因车型而异，一般为 6 万 ~ 8 万 km 进行更换。具体方法、步骤如下：

1）拆下放油塞，将 ATF 排放到容器中。

2）再将放油塞紧固上。

3）发动机熄火，通过加油管加入新油。

4）起动发动机，将变速杆由 P 位换至 L 位，再退回 P 位。

5）检查油位，应在"COOL"范围内。

6）在正常温度（70~80℃）时检查油位，必要时加油。

小提示：ATF 油的选择要按照厂家的推荐。

（4）空档起动开关检查与调整　检查发动机是否仅能在变速杆位于 N 位或 P 位时起动，在其他档位不能起动。如果不符合要求，则应进行如下的调整，如图 3-51 所示。

1）松开空档起动开关螺栓，将变速杆置于 N 位。

2）将槽口对准空档基准线。

3）定位位置并按规定力矩拧紧螺栓。

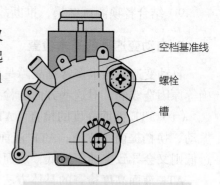

图 3-51　空档起动开关的调整

维修实例

自动变速器不跳档，车速提升不起来

（1）故障现象　一汽大众奥迪 A6L 2016 款 TFSI 技术型轿车，行驶里程为 3.2 万 km，自动变速器不跳档，车速提升不起来。

（2）故障诊断与排除

1）先将故障诊断仪与该车的故障诊断插口连接上，故障诊断仪显示的故障为自动变速器转速传感器 G38 信号不良。换用新的 G38 传感器装车路试，故障依旧。说明 G38 传感器正常。

2）推断是否相关控制线路有问题，用万用表分别测量自动变速器控制单元 J217 的端子 21 及端子 66 与 G38 传感器插头的电阻值，其中一个电阻值为无穷大，说明 G38 传感器控制线路有断路的地方。

3）经过仔细检查 G38 传感器控制线路，发现控制线路与自动变速器控制单元（ECU）相连插接器的插孔与端子接触不良，从而导致该线路时而断路。

4）插好 G38 传感器插接器后，重新读取故障码，传感器 G38 变为"SP"偶发故障，将该故障码清除后，ECU 无故障记忆。

路试车辆，自动变速器工作一切正常，故障排除。

任务二　无级变速器的检修

岗位核心能力

◎知识目标

1）熟悉无级变速器的基本组成与工作原理。

2）熟悉无级变速器主要部件的结构及工作过程。

◎技能目标

1）能够对无级变速器进行正确检查。

2）能够对无级变速器进行正确维护。

案例导入

一辆一汽大众奥迪 A6L 2015 款 30 FSI 百万纪念舒享型轿车，2.5L 发动机，装备模拟 8 档 CVT 变速器，行驶里程为 7.2 万 km。该车在加速时车辆颤抖，同时出现异响。根据以往的维修经验，分析该车产生故障的主要原因可能是变速器油压不足或者过高导致链条损坏或者链条打滑。

该车故障现象为典型的无级变速器故障。为了正确地判断无级变速器的故障，查明故障原因，作为汽车维修人员必须全面认识和了解无级变速器、熟悉无级变速器的结构与工作原理、掌握无级变速器的故障检查与诊断方法。

相关知识

一、无级变速器的组成与基本工作原理

无级变速器（CVT）能实现传动比的连续变化，并且比其他两种变速器体积小，结构简单，因此被多种车型采用，成为变速器发展的主流品种。如图 3-52 所示为奥迪 A6L 轿车 CVT 实物。

3-4 CVT 无级变速器结构与工作原理

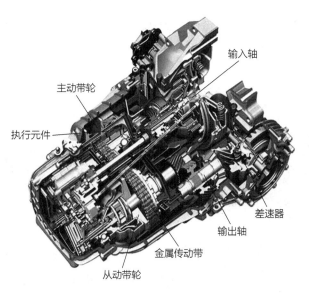

输入轴

主动带轮

执行元件

差速器

输出轴

金属传动带

从动带轮

图 3-52 奥迪 A6L 轿车 CVT 实物

3-5 CVT 的结构

3-6 CVT 概述

无级变速器（Continuously Variable Transmission，CVT）是传动比可以在一定范围内连续变化的变速器。它最主要的结构特点是采用传动带和可变工作直径的主、从动轮相配

合来传递动力，可以实现传动比的连续改变，从而得到传动系与发动机工况的最佳匹配，最大限度地利用发动机的特性，提高汽车的动力性和燃油经济性，如今在汽车上的应用越来越多。目前常见的是金属带式和传动链式无级变速器。

1. 无级变速器的特点

（1）优点

1）结构简单、体积小，大批量生产后的成本低于液力自动变速器。

2）理论上档位可以无限多、档位设定更为自由、工作速比范围宽、容易与发动机形成理想的匹配，从而改善燃烧过程，降低油耗和排放。

3）具有较高的传动效率、功率损失少、经济性高。

4）由于没有了一般自动档变速器的传动齿轮，也就没有了自动档变速器的换档过程，由此带来的换档顿挫感也随之消失，因此 CVT 的动力输出是线性的，在实际驾驶中非常平顺。

（2）缺点

1）由于金属带所能承受的力量有限，应用范围受限制，故 CVT 一般只能应用在排量 2.8L 以下或额定输出转矩 300N·m 以下的发动机上。目前金属带的问题正在逐步得到改善。

2）相比于传统自动变速器而言，其成本要高，而且若使用操作不当，出现故障的概率更高。

2. 无级变速器的组成

金属带式无级变速器的基本结构如图 3-53 所示，主要由主动带轮、从动带轮和金属传动带（或传动链）组成。

金属传动带是将动力从主动带轮传送到从动带轮。一般车型 CVT（如长城汽车）使用的是宽为 24mm 的推式金属传动带，由钢带和钢片组成，如图 3-54 所示。

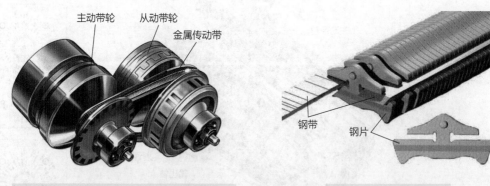

图 3-53　金属带式无级变速器的基本结构　　图 3-54　金属传动带

传动带由 450 片钢片和 24 根钢带固定到一起，每边 12 根钢带。钢带上一般有箭头标记，箭头为转动方向。

3. 无级变速器的基本工作原理

金属带式无级变速器的变速原理如图 3-55 所示。

输入轴

液压驱动机构

主动带轮

金属传动带

从动带轮

金属传动带

输出轴

a）低速传动比　　　　　　　　　b）高速传动比

图3-55　金属带式无级变速器的变速原理

3-7 CVT 工作原理

➡ 要点：

- 变速部分的主动带轮和从动带轮都是由两个带有锥面结构的半个带轮组成，其中一个半轮是固定的，称为固定盘，而另一个半轮则可以通过液压控制系统控制其轴向移动，称为可动盘，它们的锥面所形成的 V 形槽与 V 形金属带啮合。

- 由于两个带轮之间的中心距是固定的，因此可通过调节主动带轮的可动盘与从动带轮的可动盘的轴向移动（即当其中一个带轮的 V 形槽变窄时，另一个带轮的 V 形槽就会变宽），来改变主动带轮、从动带轮与 V 形传动带啮合的工作半径，从而改变传动比，使之按低速或高速传动比输出动力。

- 由于两个带轮的直径可以连续无级变化，形成的传动比也是连续无级变化的。

二、典型车型无级变速器的结构与工作原理

下面以奥迪 Multitronic CVT（该无级变速器的内部编号为 01J）为例对无级变速器的结构和工作过程进行介绍。

1. 无级变速器总体结构

奥迪 01J CVT 主要由缓冲减振装置（飞轮减振装置）、动力连接装置（制动器、离合器、行星齿轮机构等）、速比变换器、传动带、液压控制系统和电控系统等组成，如图 3-56 所示。

发动机输出转矩通过飞轮减振装置传递给变速器输入轴，前进档和倒档是通过动力连接装置中的前进档离合器、倒档制动器和行星齿轮机构实现的。变速器的动力通过动力连接装置中的辅助减速齿轮组传到速比变换系统，并由此传到主减速器、差速器。速比变换系统是变速器的关键部件，它可以实现变速比在允许范围内无级调节，能提供一个合适的传动比，使发动机总是工作在最佳转速范围内，实现汽车动力性和经济性的最优化。液压控制系统和电子控制系统集成一体，位于变速器内部，主要用来控制液压系统压力和变速器的速比变化。

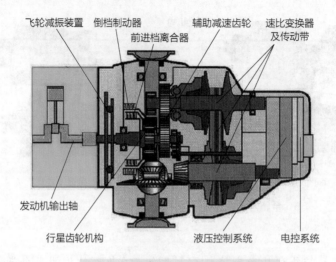

飞轮减振装置　倒档制动器　辅助减速齿轮　速比变换器
前进档离合器　　　　　　　　　　及传动带

发动机输出轴

行星齿轮机构　　　　液压控制系统　　电控系统

图 3-56　奥迪 01J CVT 的总体结构

2. 缓冲减振装置

01J 型无级变速器取消了变矩器，因此在 CVT 上需要一个缓冲减振装置来缓冲飞轮转动的不均匀对变速器所形成的扭转振动。奥迪 V6 2.8L 发动机采用飞轮减振装置，奥迪 A4 1.8L 四缸发动机采用双质量飞轮作为缓冲减振装置。

3. 动力连接装置

动力连接装置包括前进档离合器、倒档制动器、行星齿轮机构和辅助减速齿轮，其传动简图如图 3-57 所示。

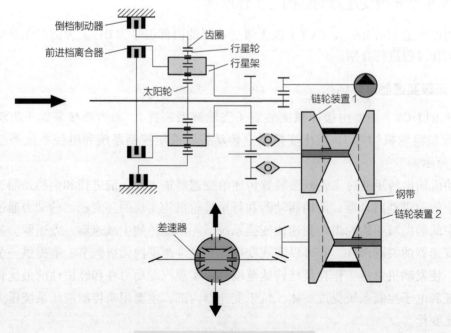

倒档制动器

前进档离合器

齿圈
行星轮
行星架

太阳轮

链轮装置 1

钢带
链轮装置 2

差速器

图 3-57　动力连接装置传动简图

（1）前进档离合器和倒档制动器   是该变速器的起动装置，并与行星齿轮机构一起实现前进档和倒档。前进档离合器用于连接输入轴和行星齿轮机构的行星架，倒档制动器用于固定行星齿轮机构的齿圈，两者均采用湿式多片式结构，这与前述的自动变速器中的离合器和制动器的结构是相同的。

（2）行星齿轮机构   由齿圈、两个行星轮、行星架、太阳轮组成。当太阳轮顺时针转动时，驱动行星轮 1 逆时针转动，再驱动行星轮 2 顺时针转动，最后驱动齿圈也顺时针转动。

要点：作为输入元件的太阳轮与输入轴和前进档离合器钢片相连接，作为输出元件的行星架与辅助减速齿轮的主动齿轮和前进档离合器的摩擦片相连接，齿圈和倒档制动器摩擦片相连接，倒档制动器钢片和变速器壳体相连接。

行星齿轮机构的简图如图 3-58 所示。

（3）动力传递路线

1）P/N 位的动力传动路线。变速杆处于 P 位或 N 位时，前进档离合器和倒档制动器都不工作。发动机的转矩通过输入轴相连接的太阳轮传到行星齿轮机构并驱动行星轮 1，行星轮 1 再驱动行星轮 2，行星轮 2 与齿圈相啮合。车辆尚未行驶时，作为辅助减速齿轮输入部分的行星架（行星齿轮机构的输出部分）的阻力很大，处于静止状态，齿圈以发动机转速一半的速度怠速运转，旋转方向与发动机相同。

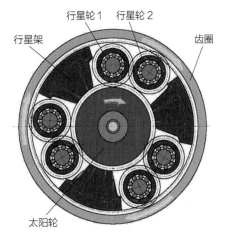

图 3-58   行星齿轮机构简图

2）前进档的动力传动路线。变速杆处于 D 位时，前进档离合器工作。由于前进档离合器钢片与太阳轮连接，摩擦片与行星架相连接，此时，太阳轮（变速器输入轴）与行星架（输出部分）连接，行星齿轮机构被锁死成为一体，并与发动机运转方向相同，传动比为 1:1。

3）倒档的动力传动路线。变速杆处于 R 位时，倒档制动器工作。由于倒档制动器摩擦片与齿圈相连接，钢片与变速器壳体相连接，此时，齿圈被固定，太阳轮（输入轴）主动，转矩传递到行星架，由于是双行星轮（其中一个为惰轮），行星架就会以与发动机旋转方向相反的方向运转，车辆向后行驶。

4. 速比变换器

速比变换器是 CVT 最重要的装置，其功用是实现无级变速传动。

速比变换器由主动链轮装置、从动链轮装置和传动链条等组成，如图 3-59 所示。

→ 要点：

● 主动链轮由发动机通过辅助减速齿轮驱动，发动机转矩由传动链传递到从动链轮装置，并由此传给主减速器。

● 每组链轮装置中的其中一个链轮可沿轴向移动，来调整传动链的跨度尺寸，从而连续地改变传动比。

● 两组链轮装置必须同步进行，这样才能保证传动链始终处于张紧状态，以保证传动链和链轮之间有足够的接触压力。

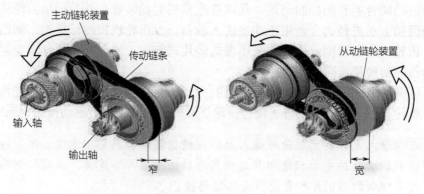

a）低速（传动比大）　　　　　　　b）高速（传动比小）

图 3-59　速比变换器的组成

　　1）传动链轮。速比变换器传动链轮的工作模式是基于双活塞工作原理，如图 3-60 所示。其特点是利用少量的压力油就可以很快地进行换档，这可以保证在相对低压时，锥面链轮与传动链之间有足够的接触压力。在链轮装置 1 和链轮装置 2 上各有一个保证传动链轮和传动链之间正常接触压力的压力缸和用于调整变速比的分离缸。为了有效地传递发动机转矩，锥面链轮和传动链之间需要很高的接触压力，接触压力通过调节压力缸内的油压产生。压力缸表面积很大，能够在低压时提供所需的接触压力。液压系统泄压时，主动链轮膜片弹簧和从动链轮的螺旋弹簧产生一个额定的传动链条基础张紧力（接触压力）。在卸压状态下，速比变换器起动，传动比由从动链轮的螺旋弹簧弹力调整。

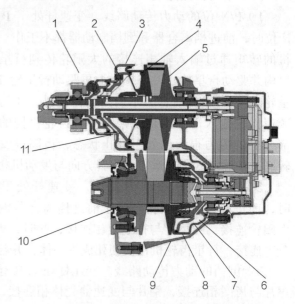

图 3-60　速比变换器传动链轮的工作原理

1—扭矩传感器　2、8—压力缸　3—膜片弹簧
4—锥面链轮 1　5—链轮装置 1　6、11—分离缸
7—螺旋弹簧　9—锥面链轮 2　10—链轮装置 2

　　2）传动链。01J 自动变速器的传动链采用了不等长度的链节，可以有效防止共振，并减小运动噪声。与传统的滑动带或 V 带相比，01J 自动变速器的传动链传递转矩大、传动效率高，很小的跨度半径就可以产生很大范围的传动比变化。

5. 液压控制系统

　　CVT 的液压控制系统也像自动变速器的液压控制系统一样，担负着系统油压的控制、油路的转换控制、用油元件的供油以及冷却、润滑控制等。

　　（1）供油装置　供油系统的主要部件是油泵，油泵是变速器中消耗动力的主要部件。奥迪 01J CVT 的供油装置采用的是带月牙形密封的内啮合齿轮泵，直接装在液压控制单元上，形成一个整体，并直接由输入轴通过直齿轮驱动泵轴转动，减少了压力损失。

（2）液压控制单元　液压控制单元与油泵和变速器控制单元集成为一个小型的不可分单元。液压控制单元和变速器控制单元直接插接在一起。液压控制单元由手动换档阀、9个液压阀和 3 个电磁控制阀组成，主要完成以下功能：控制前进档离合器 / 倒档制动器的工作状态、调节离合器压力、冷却离合器、为接触压力控制提供压力油、传动控制及为飞溅润滑油罩盖供油。

（3）液压控制油路　液压控制系统的油路图如图 3-61 所示。为防止系统工作压力过高，限压阀将油泵产生的最高压力限制在 0.82MPa，并通过输导控制阀向 3 个压力调节电磁阀提供一个恒定的 0.5MPa 的输导控制压力。压力阀防止起动时油泵吸入空气，当油泵输出功率高时，压力阀打开，允许 ATF 从回油管流到油泵吸入侧，提高油泵效率。施压阀控制系统压力，在各种工况下都始终能够提供足够的油压。电磁阀 N88、N215 和 N216 是压力控制阀，它们将控制电流转变为相应的液压控制压力。

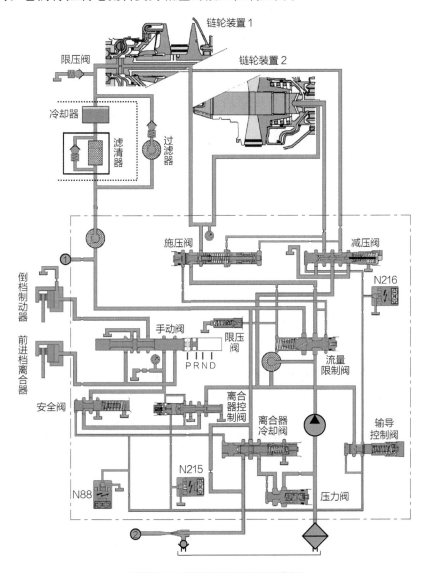

图 3-61　液压控制系统的油路图

6. 电子控制系统

奥迪 01JCVT 的电子控制系统的组成如图 3-62 所示，主要由电子控制单元、输入装置（传感器、开关）和输出装置（电磁阀）3 部分组成。其特点是电子控制单元集成在速比变换器内，控制单元直接用螺栓紧固在液压控制单元上。3 个压力调节阀与控制单元间直接通过坚固的插头连接（S 形接头），没有连接线。控制单元用一个 25 针脚的小型插头与汽车线束相连。电控系统更具特点的是集成在控制单元内的传感器技术，壳体容纳全部的传感器，因此不再需要线束和插头，这种结构大大提高了工作效率和可靠性。另外将发动机转速传感器和多功能开关设计成霍尔传感器，霍尔传感器没有机械磨损，信号不受电磁干扰，可使其可靠性进一步提高。

➜ **小提示:** 传感器为控制单元的集成部件，若某个传感器损坏，必须更换电子控制单元。

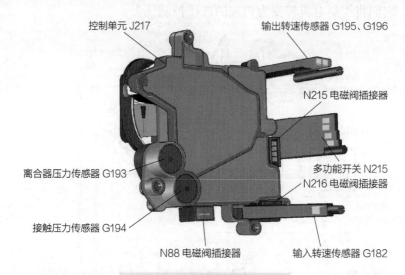

图 3-62　电子控制系统的组成

（1）电子控制单元　电子控制单元 J217 集成在变速器内，主要包括以下功能：微量打滑控制、动态换档控制程序、离合器与制动器的控制、离合器匹配控制、过载保护控制、强制降档功能、故障自诊断功能等。

（2）输入装置　输入装置由各种传感器和开关信号组成，主要有变速器输入转速传感器 G182、变速器输出转速传感器 G195 和 G196、ATF 油压传感器 G193、ATF 油压传感器 G194、变速器油温度传感器 G93、强制降档信号、多功能开关 F125 和 Tiptronic 开关 F189 等。

（3）执行机构　01J 自动变速器的执行机构主要是电磁阀 N88、N215 和 N216。

相关技能

维修注意事项:

① 发动机运转时，对车辆进行维修工作前务必将变速杆挂入 P 位，并拉紧驻车制动器，谨防发生事故。

② 不允许用超声波清洗装置来清洁液压控制单元和电子控制单元。

一、ATF 油位的检查

ATF 油位检查的前提条件：

3-8 CVT 的初步检查

3-9 CVT 的故障判断与排除

- 车辆处于水平位置。
- 连接故障诊断仪，然后按照显示屏提示选择车辆自诊断和车辆系统中的自动变速器。
- 发动机处于怠速运转。
- 关掉空调制冷系统和暖风系统。
- 开始检查前，ATF 的温度不允许超过 30℃，必要时先冷却变速器。

1）在故障诊断仪上读取 ATF 温度，变速器温度在 30~35℃时进行操作。

2）发动机处于怠速运转，踩下制动器，在所有档位（P、R、N、D）上停留一遍，并且在每一个位置上发动机怠速运转约 2s，最后将变速杆置于 P 位。

3）举升车辆，拧下变速器壳体上的检查螺塞，检查有无 ATF 从检查孔溢出，如果没有，则需加注 ATF，直到 ATF 从检查孔溢出为止。

二、更换 ATF

1）打开变速器底部放油螺塞，将旧的 ATF 排出。然后再拧紧放油螺塞。

2）将变速器底部的 ATF 加注螺塞拆下来，用专用 ATF 加注器将新的 ATF 加入变速器内部。

3）检查 ATF 油面高度，直到符合标准为止。

三、无级变速器的检修流程

1）问诊。通过询问车主，可以帮助诊断故障信息的来源、确认故障发生时间及故障症状等，是故障维修的第一步。

2）基本检查。主要是一些外围的检查，包括发动机怠速检查、ATF 液面高度检查、油质检查、换档操纵机构的检查等。

3）自诊断检查。无级变速器电子控制系统具有故障自诊断功能，可通过故障指示灯的闪烁来指示故障，并将故障存储在控制单元内。可通过故障指示灯的情况进行初步诊断，如果有故障存储，然后用故障诊断仪读取故障码，并按维修提示进行维修。

4）电子液压控制系统的检修。有些 CVT 的液压控制系统可以直接通过油压试验来检查故障原因。大多数 CVT 的液压系统是通过油压传感器来反应变速器内部工作油压的，因此必须使用专用检测仪器通过读取汽车运行状态下的动态数据来进一步确认故障信息。对于液压控制元件（阀体）和液压执行元件（离合器或制动器）可进行液压测试和解体检查。

对于 CVT 电子控制系统的故障检修与其他电子控制自动变速器的故障检修几乎是一样的，可通过专用检测仪器的故障引导功能对故障码的分析、动态数据流的分析、波形分析、ECU 电路以及对网络数据通信的分析及对电子元件（传感器、开关、电磁阀）进行元件测试和更换等进行故障排除。

5）机械元件的检修。对于 CVT 机械元件的检修，只能作解体检查，对故障部位进行修理或更换新件。

维修实例

奥迪 A6L 轿车行驶过程中车身抖动

（1）故障现象　一辆奥迪 A6L 轿车，装配 01J 型无级变速器，行驶 8 万 km，该车在行驶过程中，车身有抖动的感觉。

（2）故障诊断与排除　通过路试，发现该车在不同的车速行驶时，都不同程度地出现车身抖动的现象，尤其是车速在 20km/h 和 40km/h 时，车辆抖动尤为明显。

1）首先利用故障诊断仪 VAS 5051 对变速器控制系统进行检测，但没有发现故障码，读取变速器相关的数据流也未发现异常。

2）根据该车的故障现象，怀疑液压控制系统故障的可能性较大，于是对变速器进行了解体检查。

3）在检查的过程中，发现从动锥轮的两个锥面和链条有不同程度的磨损，且磨损的部位主要是从动锥轮的下锥面，因此判定故障是由于锥面和链条间的压力不够，变速器在工作中打滑所致。

4）经过分解变速器进行检查，最终发现油泵磨损严重。更换油泵后故障排除。

任务三　双离合器自动变速器的检修

岗位核心能力

◎知识目标

1）熟悉双离合器自动变速器的基本组成与工作原理。

2）熟悉双离合器自动变速器主要部件的结构及工作过程。

◎技能目标

1）能够掌握双离合器自动变速器的检查方法。

2）能够掌握双离合器自动变速器的维护方法。

案例导入

一辆大众迈腾 2017 款 330 TSI DSG 双离合器自动变速器舒适型轿车，行驶里程为 4.6 万 km，该车在起步时偶尔会出现踩加速踏板发动机空转，车辆无法行驶的故障现象。根据以往的维修经验，分析该车产生此类故障的主要原因可能是变速器的电控系统有故障。

该车的故障现象是典型的双离合器自动变速器故障。为了查明故障原因，正确地判断双离合器自动变速器的故障，作为汽车维修人员必须全面认识和了解双离合器自动变速器、熟悉双离合器自动变速器的结构与工作原理、掌握双离合器自动变速器的故障检查与诊断方法。

相关知识

一、双离合器自动变速器基本知识

双离合器自动变速器（Dual Clutch Transmission，DCT）也叫直接换档变速器（Direct Shift Gearbox，DSG）。双离合器自动变速器是基于手动变速器发展而来的，并且综合了手动变速器与自动变速器的优点。

3-10 DSG 的定义与结构

1. DSG 的结构特点

1）有两根输入轴，档位按奇偶数分开布置在两根输入轴上。
2）换档方式与换档齿轮基本结构与手动变速器一样。
3）有两个离合器进行换档控制。
4）离合器的切换和档位变换由控制单元和执行机构进行自动控制。

3-11 DSG 的工作原理

2. DSG 的优点

1）传动效率高，油耗低。
2）换档时没有动力中断，换档平稳。
3）具有良好的驾驶舒适性、动力性和操控性。

3-12 DSG 概述

3. DSG 的类型

（1）湿式双离合自动变速器　湿式双离合自动变速器的多片式双离合器是在冷却油槽中采用"湿式"方式运行，通过浸泡在油中的湿式离合器摩擦片提供转矩的传递，以液压的形式来驱动齿轮。

（2）干式双离合自动变速器　干式双离合自动变速器通过离合器从动盘上的摩擦片来传递转矩。由于节省了相关液力系统以及干式离合器本身所具有的传递转矩的高效性，干式系统很大程度上提高了燃油经济性。

➜ 要点：
● 由于干式变速器有摩擦片易发硬打滑、活塞密封圈易老化、散热不足等问题，容易出现变速器保护，同时也会导致阀体油路出现问题，从而出现变速器换档异常、换档冲击等现象。

4. DSG 的总体结构

双离合器自动变速器有两组离合器和两组齿轮组，分别由电控系统和液压系统控制。DSG 主要由两个离合器（K1、K2）、两个输入轴等零件组成，剖视图如图 3-63 所示，结构图如图 3-64 所示。

5. DSG 的基本工作原理

双离合器自动变速器的基本工作原理（以大众 DQ380 7 档湿式双离合变速器为例）如图 3-65 所示。它通过将变速器档位按奇、偶数分开布置，形成两个彼此独立的分变速器（传动单元）。

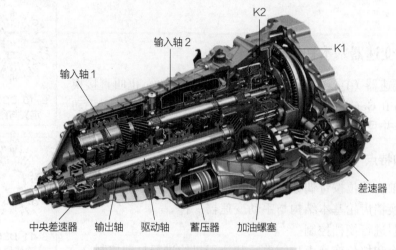

图 3-63　双离合器自动变速器剖视图
K1、K2—离合器

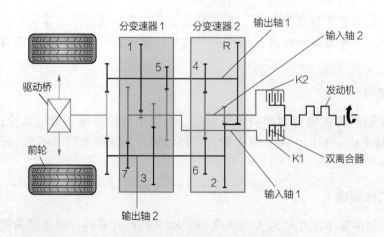

图 3-64　双离合器自动变速器结构图

图 3-65　DSG 的基本工作原理

1~7—档位　R—倒档　K1—湿式多片离合器 1　K2—湿式多片离合器 2

→ **要点：**

● 每个分变速器的结构都与一个手动变速器相同，每个分变速器都配有一个湿式多片离合器，分变速器 1 通过湿式多片离合器 K1 来选择 1 档、3 档、5 档和 7 档，分变速器 2 通过湿式多片离合器 K2 来选择 2 档、4 档、6 档和倒档，因此，只需通过切换两个离合器的工作状态就可以完成换档操作。

二、双离合器自动变速器的结构与工作原理

一汽大众公司型号为 DQ380 7 速湿式自动变速器主要由机械传动机构、液压系统、控制系统等几部分组成，主要零部件透视图如图 3-66 所示。

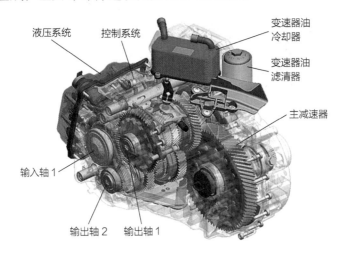

图 3-66 DQ380 7 速湿式自动变速器主要零部件透视图

3-15 双离合器的结构

1．机械传动机构

机械传动机构的组成如图 3-67 所示，主要由双离合器、双质量飞轮、输入轴及齿轮、输出轴及齿轮等组成。

（1）双离合器 双离合器的内部结构如图 3-68 所示。图中外圈是 K1 离合器，内圈

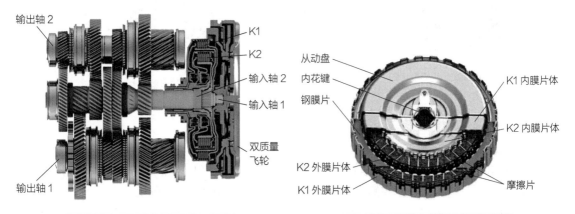

图 3-67 机械传动机构的组成   图 3-68 双离合器的内部结构

是 K2 离合器，都是通过多片摩擦片实现动力的切换，并分别通过两个输入轴实现动力的输入，用 K1 来选择 1 档、3 档、5 档和 7 档，用 K2 来选择 2 档、4 档、6 档和倒档。

（2）双质量飞轮　因为在 DSG 中没有使用液力变矩器等可以吸收系统振动的元件，所以需要采用扭转减振器来吸收系统的扭转振动，采用这种带有双质量飞轮式的扭转减振器，可以非常有效地控制汽车动力传动系的扭转振动及噪声，提高整车的舒适性。

（3）输入轴及齿轮

1）安装位置。输入轴有两根，即输入轴 1 和输入轴 2，它们是套在一起的，输入轴 1 在后，输入轴 2 在前，输入轴的连接关系如图 3-69 所示。

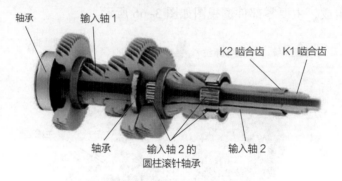

图 3-69　输入轴的连接关系

3-16 双离合器
自动变速器的输
入轴及齿轮

2）输入轴 1。输入轴 1 穿过空心的输入轴 2 后，通过啮合齿连接到离合器 K1，上有 1 档、3 档、5 档、7 档固定齿轮，如图 3-70 所示。

3）输入轴 2。空心的输入轴 2 安装在输入轴 1 上的圆柱形滚针轴承中，通过啮合齿连接到离合器 K2，上有 2 档和倒档、4 档和 6 档固定齿轮，如图 3-71 所示。

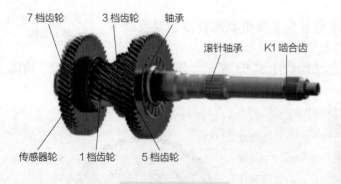

图 3-70　输入轴 1

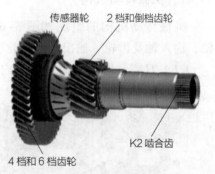

图 3-71　输入轴 2

（4）输出轴及齿轮

1）输出轴 1。输出轴 1 上有 1 档、4 档、5 档和倒档，1 档和 5 档共用一个同步器，4 档和倒档共用一个同步器，一侧有驻车锁止齿轮，结构如图 3-72 所示。

2）输出轴 2。输出轴 2 上有 2 档、3 档、6 档、7 档，2 档和 6 档共用一个同步器，3 档和 7 档共用一个同步器，结构如图 3-73 所示。

图 3-72　输出轴 1

3-17　双离合器自动变速器的输出轴及齿轮

1 档和 5 档同步器　4 档和倒档同步器

驻车锁止齿轮　　输出齿轮

轴承

轴承

1 档　　5 档　　4 档　　倒档

3 档和 7 档同步器　2 档和 6 档同步器　输出齿轮

轴承

7 档　　3 档　　6 档　　2 档　　轴承

图 3-73　输出轴 2

（5）换档拨叉　换档拨叉如图 3-74 所示。在每一个换档拨叉上有一块永久磁铁，它在盖罩下方，可防止来自变速器的铁屑的干扰。通过永久磁铁，机械电子控制单元内的行程传感器可以获取各个换档拨叉的准确位置。

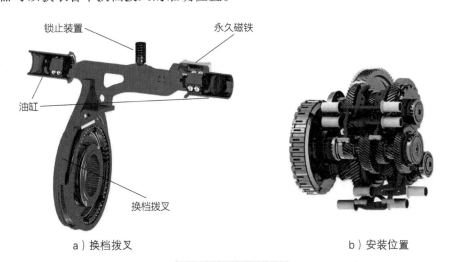

锁止装置　　　　　　　永久磁铁

油缸

换档拨叉

a）换档拨叉　　　　　　　b）安装位置

图 3-74　换档拨叉

如果换档成功，则换档拨叉切换到无压状态。通过换档啮合齿的后销和换档拨叉上的固定装置保持住档位。如果未操纵换档拨叉，那么它会通过布置在变速器壳体内的一个固定装置固定在空档位置。

2. 液压系统

（1）液压系统主要部件　液压系统主要部件如图 3-75 所示。

液压系统的动力源为油泵。由于液压油滤清器有足够的表面积，所以在车辆的整个寿命阶段它可以一直使用，不需要更换。

变速器机油的任务是给双离合器、齿轮、轴、轴承、同步器润滑并冷却双离合器以及操控档位调节器活塞。

（2）油泵（液压泵）　如图 3-76 所示为油泵的安装位置，它由双离合器轴上的传动齿轮直接驱动。

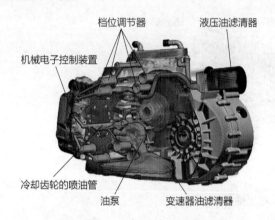

图 3-75　液压系统主要部件

图 3-76　油泵安装位置

油泵的转速与发动机转速大致相同，结构为新月形齿轮泵，ATF 的工作压力控制为 500~2000kPa。

油泵吸入 ATF，产生起动液压部件所需的油压。它产生的油压用于液压部件的操作，最大供给量为 100L/min。

机电系统中的主要压力控制装置根据发动机转矩和齿轮油温度，调整油压和油泵的功率消耗。

油泵作用于离合器 K1 和 K2、离合器冷却装置、换档液压系统、齿轮和轴的润滑装置等。

➔ **小提示：** 双离合器 ATF 油初始加注油量为 7.5L，更换油量为 6.0L。在更换 ATF 油时，由于双离合器内有一部分油放不出来，所以采用重力换油时，基本上可以换掉 6.0L 左右的 ATF 油。如果使用自动变速器换油机换油，可以将双离合器内的油更换成新油，但是费用会大幅增加。

（3）液压系统控制油路　液压系统控制油路如图 3-77 所示。

液压系统控制油路中主要零部件的作用如下：

1）离合器阀：离合器阀 K1（N435）控制离合器 K1 油路；离合器阀 K2（N439）控制离合器 K2 油路。

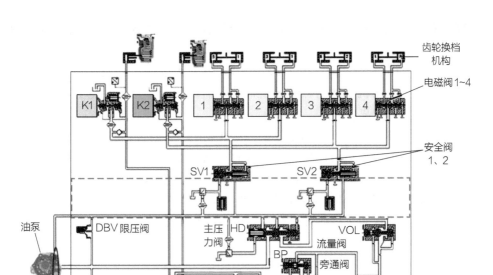

图 3-77　液压系统控制油路

K1—离合器阀 1（N435）　K2—离合器阀 2（N439）　1~4—电磁阀　SV1、SV2—安全阀 1、2
HD—主压力阀 N472（调节机电装置中的主要压力）　DBV—主要压力（最高 3200kPa）的限压阀
VOL—容积流量阀　BP—旁通阀　RD—余压阀（为冷却、润滑保持 300kPa 的残留压力）
KÜV—冷却液阀 N471（用于冷却离合器的阀）　WW—换向阀（控制轴润滑）

2）电磁阀 1~4：电磁阀 1（N433）为 1-5 档电磁阀；电磁阀 2（N437）为 3-7 档电磁阀；电磁阀 3（N437）为 2-6 档电磁阀；电磁阀 4（N438）为 4-R 档电磁阀。

3）油泵：油泵从油底壳中吸取机油，然后在压力的作用下将它输送至主压力阀。它的最大工作压力为 2000kPa，最高累计压力 3200kPa（受到泄压阀 DBV 的限制）。

4）限压阀 DBV：为了保证系统工作安全，在油泵和主压力阀之间设有限压阀。当压力为 3200kPa 时，此阀开启，进行泄压，将机油导回油泵。

5）主压力阀 N472：主压力阀调节机械电子控制单元内的主要压力。安全阀 1 和安全阀 2 的油压由它控制，并且负责为流量阀提供用于离合器冷却的机油。

6）安全阀 SV1、SV2：安全阀用于调节两个分变速器内的油压。每一个安全阀控制一个分变速器。安全阀 1 调节分变速器 1 的工作压力。它还负责为离合器 K1 的离合器阀和第 1-5 档的档位调节器阀以及第 3-7 档的档位调节器阀供油。这些离合器阀另外还可交替控制用于变速器轴润滑的换向阀。

7）换向阀 WW：换向阀内的滑阀会根据被操纵的离合器而滑动，在换向阀内相应打开的孔用于向分变速器 1 或者分变速器 2 供应用以润滑齿轮的机油。

8）容积流量阀 VOL：流量阀用于调整和限定冷却油油量。为了冷却离合器，根据离合器温度会有最高 35L/min 的机油进入到油冷却器中。这些被冷却的机油通过机油滤清器进入冷却油阀中。

9）余压阀 RD：余压阀将余压控制在 300kPa，为冷却、润滑保持 300kPa 的残留压力，以冷却离合器。当机油滤清器或者机油冷却器堵塞时，为了避免变速器损坏，通过旁通阀可以润滑轴和冷却离合器。

10）冷却液阀 KÜV：当车外温度低于 −20℃时，双离合器变速器机油的低黏度会导致在发动机起动后的暖机运行阶段，机油会首先通过旁通阀进入到冷却油阀。流过双离合器的机油冷却油通过主轮毂内的孔流入到双离合器内，在离心力的作用下通过油道（供油槽）和排油口向外挤压。轴和滑动齿轮的润滑根据负载情况通过一个独立的喷油管来实现，始终只润滑在离合器接合时并且有动力传递的分变速器。

3. 控制系统

（1）控制系统组成　双离合变速器的控制系统组成如图 3-78 所示。控制系统由 10 个传感器、执行器和控制单元组成。

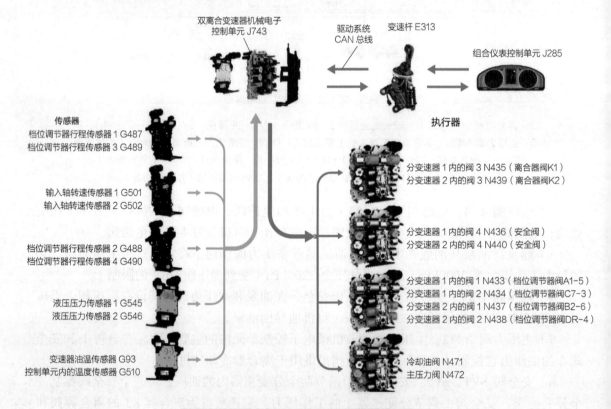

图 3-78　DQ380 双离合变速器的控制系统组成

（2）控制单元 J743　控制单元 J743 位于变速器的控制装置上，浸在 ATF 油中，即机电装置完全在油浴中运转，这样能够确保完全脱离空气，使机电装置始终在恒定的物理条件下运转。

（3）传感器　传感器的位置如图 3-79、图 3-80 所示。

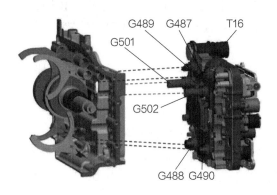

图 3-79　传感器 1

G487—档位调节器（齿轮执行器，齿轮位置 A 1-5 档）行程传感器 1

G488—档位调节器（齿轮执行器，齿轮位置 C 3-7 档）行程传感器 2

G489—档位调节器（齿轮执行器，齿轮位置 D 4-R 档）行程传感器 3

G490—档位调节器（齿轮执行器，齿轮位置 B 2-6 档）行程传感器 4　G501—输入轴转速传感器 1

G502—输入轴转速传感器 2　T16—16 向接头

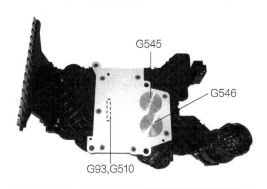

图 3-80　传感器 2（控制单元内部的传感器）

G93—齿轮油温度传感器（控制装置内）　G510—控制装置中的温度传感器

G545—液压压力传感器 1　G546—液压压力传感器 2

1）输入轴 1 转速传感器 G501 和输入轴 2 转速传感器 G502。

◆安装位置。两个传感器位于变速器控制单元上。转速传感器 G501 用于检测输入轴 1 的转速，转速传感器 G502 用于检测输入轴 2 的转速。它们都是霍尔传感器。

◆信号作用。通过变速器输入转速信号，控制单元可计算出离合器 K1 和 K2 的输出转速，从而得出离合器的打滑量。借助该打滑量，控制单元可以识别出双离合器的分离和接合状态。此外，该信号也被用于检查所切换到的档位。

◆信号失效影响。如果信号出现故障，那么相应的分变速器会停止工作。

2）档位调节器的行程传感器 G487、G488、G489、G490。

◆安装位置。这些行程传感器位于变速器控制单元上。它们是霍尔传感器。它们与位于换档拨叉上的磁铁共同作用产生信号，控制单元根据这个信号识别出档位调节器 / 换档拨叉的位置。

G487 用于 1-5 档，G488 用于 3-7 档，G489 用于 4-R 档，G490 用于 2-6 档。

◆信号作用。识别换档拨叉的位置，根据准确的位置，变速器控制单元会给用于换档的档位调节器施加油压。

◆信号失效影响。如果行程传感器不能提供任何信号，那么相应的分变速器就会停止工作。

3）液压压力传感器 G545 和液压压力传感器 G546。

◆安装位置。这两个压力传感器位于变速器控制单元内。

◆信号作用。G545 监测离合器 K1 油压，G546 监测离合器 K2 油压。根据这些信号，变速器控制单元识别出作用于每个双离合器的液压压力。控制单元需要准确的液压压力，以调整双离合器。

◆信号失效影响。如果压力信号出现故障，或者没有压力产生，那么相应的分变速器就会停止工作。

4）变速器油温传感器 G93 和控制单元内温度传感器 G510。

◆安装位置。两个传感器安放于变速器控制单元内的印制电路板上。机油通过油道流过变速器控制单元的铝板。这两个变速器油温传感器 G93 和 G510 获取铝板的温度，并以此得出变速器的油温。通过测量可以尽早使用降低油温的措施，并且避免机械电子控制单元过热。

◆信号作用。两个传感器的信号用于检测机械电子控制单元的温度。除此以外，可根据温度传感器信号来启动暖机运行的换档程序。两个传感器互相检测。

◆信号失效影响。当 G93 出现故障时，变速器控制单元采用 G510 的信号作为替代信号。当 G510 出现故障时，变速器控制单元采用 G93 的信号作为替代信号；当变速器油温高于 138℃时，机械电子控制单元会降低发动机的转矩，以保护控制单元；当油温过高时双离合器依旧保持接合状态。

5）主压力阀 N472。

◆安装位置。主压力阀在电动液压控制单元内。它是一个调节阀。

◆信号作用。该电磁阀是特性曲线下降的调节阀。此阀可以调节机械电子控制单元液压系统内的主压力。

离合器压力与发动机转矩有关，使用机械电子控制单元的温度和发动机转速作为主压力的修正量。变速器控制单元不断地调整主压力，使其与当前工作条件和转矩要求相匹配。

◆信号失效影响。如果主压力阀出现故障，那么就会一直以最大主压力工作。因此油耗增加并且换档时产生噪声。

6）分变速器 1 内的阀 N435（K1）、分变速器 2 内的阀 N439（K2）（离合器阀）。

◆安装位置。离合器阀 N435 和 N439 装在机械电子控制单元的电动液压控制单元内。

◆信号作用。该调节阀主要用于膜片式离合器的控制压力调节，计算离合器压力的基础是发动机当前转矩。

变速器控制单元调节离合器压力，使其与膜片式离合器的当前摩擦力相匹配。

◆信号失效影响。如果离合器阀出现故障，那么相应的分变速器停止工作，故障会显示在仪表板中。

7）冷却阀 N471。

◆安装位置。冷却油阀 N471 位于电动液压控制单元内。

◆信号作用。它是一个调节阀，通过液压滑阀控制离合器冷却油油量。

◆信号失效影响。如果冷却油的阀不再受控，则以最大的冷却油油量流经膜片式离合器。在外界温度较低的情况下，会在换档时产生问题并导致油耗增加。

8）分变速器 1 和分变速器 2 内的档位调节器阀 N433、N434、N437 和 N438。

◆安装位置。4 个电磁阀都在机械电子控制单元的电动液压控制单元内。

◆信号作用。电磁阀 N433 控制用于第 1 档和第 5 档换档的油压；电磁阀 N434 控制用于第 3 档和第 7 档换档的油压；电磁阀 N437 控制用于第 2 档和第 6 档换档的油压；电磁阀 N438 控制用于第 4 档和 R 档换档的油压。

◆信号失效影响。如果电磁阀出现故障，那么档位调节器位于其中的相应分变速器会停止工作。

9）分变速器 1 和 2 内的安全阀 N436 和阀 N440。

◆安装位置。安全阀 N436 和 N440 安装在机械电子控制单元的电子控制单元内。

◆信号作用。安全阀采用的是正比例阀。它们根据发动机转矩在相应的分变速器内调节必要的液压。当分变速器内存在与安全相关的故障时，它们会将相应的分变速器切换到无压状态。安全阀 N436 和 N440 用于各个分变速器的安全运转，由于它们是正比例调节阀，在需要时安全阀不再控制各个分变速器的主压力。因此当阀出现故障时或者遇到与安全相关的故障时，分变速器内没有压力。

◆信号失效影响。如果安全阀 N436 和 N440 出现故障，那么相应的分变速器就会停止工作。

（4）电磁阀　电磁阀的布置与在阀体上的位置如图 3-81 所示。

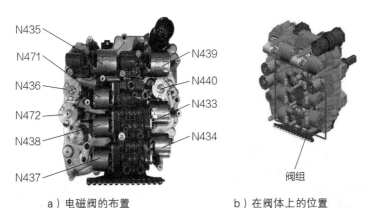

a）电磁阀的布置　　　　　b）在阀体上的位置

图 3-81　电磁阀

N435—分变速器 1 中的阀 3（离合阀 K1）　N471—用于冷却机油的阀　N436—分变速器 1 中的阀 4（安全阀）
N472—主压力阀　N438—电磁阀 4（齿轮执行器 D R-4 档）　N437—电磁阀 3（齿轮执行器 B 2-6 档）
N439—分变速器 2 中的阀 3（离合阀 K2）　N440—分变速器 2 中的阀 4（安全阀）
N433—分变速器 1 中的阀 1（齿轮执行器 A 1-5 档）　N434—分变速器 1 中的阀 2（齿轮执行器 C 3-7 档）

（5）变速器变速杆的紧急解锁　如果发生故障尤其是电源故障，变速器的变速杆将固定在 P 位置。紧急解锁机械装置是为了让车辆在这种情况下能够移动。

变速器变速杆紧急解锁的操作顺序如下：

1）从变速杆上取下控制盖。

2）在变速杆的把手上按下紧急解锁按钮，把变速器变速杆的拉杆向上推。

3）同时，拉回变速杆，即可对变速器变速杆进行紧急解锁。

3-18 双离合器自动变速器动力传递路线

4. 动力传递路线

（1）1 档动力传递路线（图 3-82） 分变速器 1 工作：K1 →输入轴 1 →输入轴 1 的 1 档齿轮→输出轴 1 的 1 档齿轮→ 1-5 档同步器→输出轴 1 →主减速器。

（2）2 档动力传递路线（图 3-83） 分变速器 2 工作：K2 →输入轴 2 →输入轴 2 的 2、倒档齿轮→输出轴 2 的 2 档齿轮→ 2-6 档同步器→输出轴 2 →主减速器。

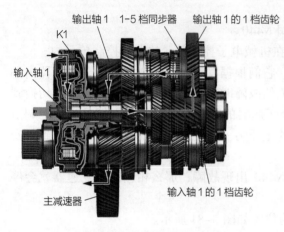

图 3-82　1 档动力传递路线

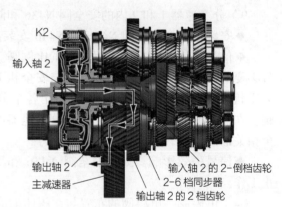

图 3-83　2 档动力传递路线

（3）3 档动力传递路线（图 3-84） 分变速器 1 工作：K1 →输入轴 1 →输入轴 1 的 3 档齿轮→输出轴 2 的 3 档齿轮→ 3-7 档同步器→输出轴 2 →主减速器。

（4）4 档动力传递路线（图 3-85） 分变速器 2 工作：K2 →输入轴 2 →输入轴 2 的 4、6 档齿轮→输出轴 1 的 4 档齿轮→ 4-倒档同步器→输出轴 1 →主减速器。

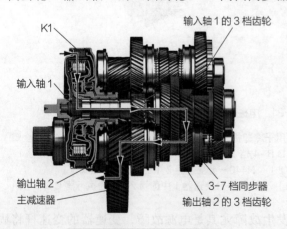

图 3-84　3 档动力传递路线

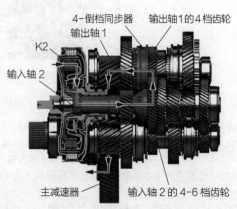

图 3-85　4 档动力传递路线

（5）5档动力传递路线（图3-86） 分变速器1工作：K1→输入轴1→输入轴1的5档齿轮→输出轴1的5档齿轮→1-5档同步器→输出轴1→主减速器。

（6）6档动力传递路线（图3-87） 分变速器2工作：K2→输入轴2→输入轴2的4、6档齿轮→输出轴2的6档齿轮→2-6档同步器→输出轴2→主减速器。

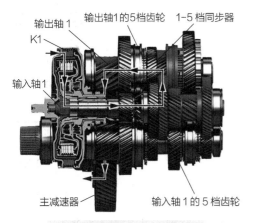

图3-86　5档动力传递路线

图3-87　6档动力传递路线

（7）7档动力传递路线（图3-88） 分变速器1工作：K1→输入轴1→输入轴1的7档齿轮→输出轴2的7档齿轮→3-7档同步器→输出轴2→主减速器。

（8）倒档动力传递路线（图3-89） 分变速器2工作：K2→输入轴2→输入轴2的2、倒档齿轮→输出轴2的2档齿轮→输出轴1的倒档齿轮→4-倒档同步器→输出轴1→主减速器。

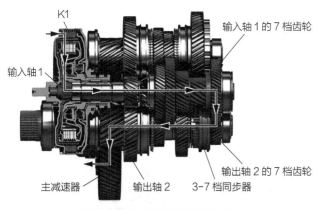

图3-88　7档动力传递路线

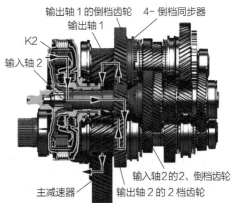

图3-89　倒档动力传递路线

➡ **小提示**：在大众汽车变速器中，首次不再使用倒档轴。

相关技能

维修注意事项：

1）发动机运转时，应将变速杆挂入P位，并拉紧驻车制动器后，方可对车辆进行维修，以防发生事故。

2）当需要对装有电控双离合器自动变速器的车辆进行牵引时，应将驱动轮支起离开地面，以免损坏变速器。

3）不允许用超声波清洗装置来清洁液压控制单元和电子控制单元。

4）需要对自动变速器进行解体修复时，一定要注意零件的装配标记，并注意保护零件及管路的清洁，否则会影响自动变速器的性能。

3-19 DSG 常
见故障

一、ATF 的检查

检查的前提条件：

- 变速器不允许处于运转状态。
- 车辆必须处于水平位置。
- 连接故障诊断仪 VAS 5051。
- 发动机必须处于怠速运转，必须关掉空调和暖风。
- 开始检查前，ATF 的温度不允许超过 30℃。

3-20 DSG 的
正确使用

1）用故障诊断仪 VAS 5051 读取 ATF 温度，注意使变速器油温在 30~35℃时进行操作。

2）起动发动机，使发动机处于怠速运转。

3）踩下制动器，在所有档位（P、R、N、D）上停留一遍，并且在每一个位置上发动机怠速运转约 2s，最后将变速杆置于 P 位。

4）举升车辆，通过油面高度检查孔检查 ATF 是否有油溢出，如果没有，应添加 ATF。

二、更换 ATF

1）将发动机熄火，将接油盘放到变速器下面。

2）拧下滤清器壳体，取下前轻轻敲击壳体，以使壳体内的油流回变速器，更换滤清器后拧紧壳体。

3）拧下放油螺塞及放油孔内的溢流管，排放掉旧的 ATF，并拧回溢流管。

4）将 ATF 专用加注器连接到加注口，加注 ATF，并接上 VAS 5051，读出变速器油温。

5）起动发动机，踩下制动踏板，试挂所有档位，每个档位停留 2s，最后将变速杆置入 P 位。

6）当变速器油温达到 35~45℃时，检查是否有 ATF 从检查孔流出，当变速器油开始滴出时，拧上放油螺塞，加注完成。

三、双离合器端盖的拆装

双离合器及端盖的安装位置如图 3-90 所示。

双离合器端盖

卡环   离合器

图 3-90 双离合器及端盖的安装位置

（1）双离合器端盖的拆卸

1）排放变速器齿轮油。

2）拆卸变速器。

3）将变速器固定到装配台上。

4）用旋具撬出双离合器端盖卡环。

5）拆卸双离合器端盖。

（2）双离合器端盖的安装　双离合器端盖的安装按与拆卸的相反顺序进行。

小提示：在安装离合器端盖时不要用锤子敲击，不要用齿轮油润滑其中心的密封圈，更不要用手去触摸密封圈，因为这样做有漏油的风险。

四、双离合器的拆装

（1）双离合器的拆卸

→ 小提示：

● 要拆卸和安装离合器，必须以变速器垂直向上的方式将变速器固定在装配架上。

● 在安装过程中需确定所需调整垫片的厚度。

1）拆卸离合器端盖。

2）确定驱动盘的安装位置：检查驱动盘上的标记是否对准外板支架上的标记（如图 3-91 中箭头所示）。如果没有标记，使用永久性记号笔在驱动盘相对于外板支架的边缘的安装位置做标记。安装时，必须将驱动盘与外板支架的边缘记号互相对齐。

3）如图 3-92 所示，使用螺钉旋具沿箭头方向撬出驱动盘上的卡环。

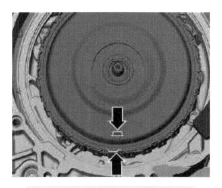

图 3-91　检查驱动盘上的标记

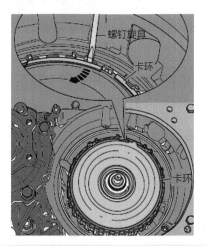

图 3-92　用螺钉旋具撬出驱动盘上的卡环

4）如图 3-93 所示，将拉拔器 T10055 与 T10525 或 FT10525T 安装到驱动盘上的花键上，并沿箭头方向拉出驱动盘。

5）如图 3-94 所示，使用开口弹簧钳 VW 161A 拆下卡环（图中箭头），并将其保存好。

➔ 小提示：先不要扔掉卡环，因为后续在测量并确定调整垫片厚度时需要再次用到。

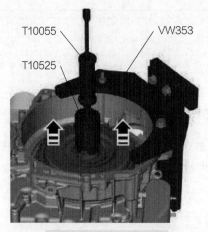

图 3-93　拉出驱动盘

图 3-94　拆下卡环

6）如图 3-95 所示，取下图中箭头指向的垫片。

7）将 2 个钩子 3438 安装在离合器的两个相对位置处（图 3-96 中的箭头）。

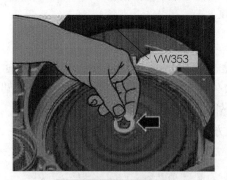

图 3-95　取下垫片

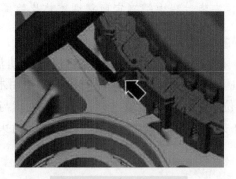

图 3-96　安装 2 个钩子

8）使用钩子 3438 沿图 3-97 箭头所示的方向拉出离合器。

（2）双离合器的安装与调整

➔ 小提示：

● 不要向上提升或拆卸摩擦片支架，即使很小的力度也会引起摩擦片转动。

● 在双离合器中必须将大摩擦片支架插入所有摩擦片中，不允许它从最低位置的摩擦片中滑出。

1）将双离合变速器与图 3-98 所示的垂直位置固定到装配台上，其中，VW309 为固定板，VW355 为支撑板。

2）取出双离合器，用手转动双离合器轴上的四个活塞环，它们必须能够灵活转动。

3）如图 3-99 所示，确保 4 个卡环正确就位。其中，卡环 2 和 4 的对接处（图中箭头）应当对准，并且相对卡环 1 和卡环 3 的对接处偏移 180°。

4）检查离合器是否有标记，如果没有标记，用永久性记号笔在驱动盘和外板支架上做彩色标记。

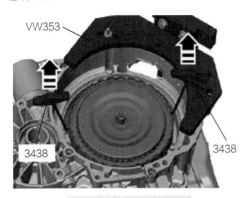

图 3-97 拉出离合器

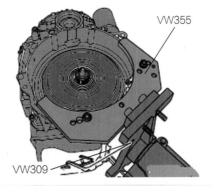

图 3-98 将双离合变速器固定到装配台上

5）安装离合器盘定位工具 T10524B 或 FT10524T 至凹槽处（图 3-100 箭头）。在安装离合器时，离合器盘定位工具 T10524B 或 FT10524T 应当固定住。

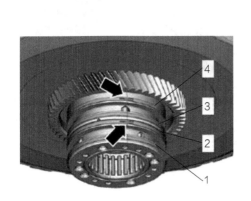

图 3-99 确保 4 个卡环正确就位

1~4—卡环

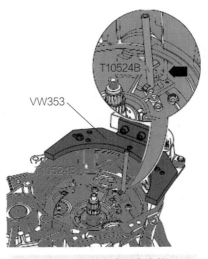

图 3-100 安装离合器盘定位工具

6）如图 3-101 所示，沿箭头反方向小心地安装离合器。不要让其掉落进去。如果离合器盘定位工具 T10524B 或 FT10524T 与双离合器之间几乎无任何间隙，则表明双离合器安装正确。

→ 小提示：

- 离合器盘定位工具一直保持安装状态直至安装离合器端盖。
- 双离合器现在不得进行任何转动，因为转动会改变离合器盘定位工具 T10524B 或 FT10524T 的位置。

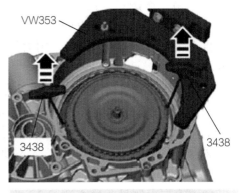

图 3-101 沿箭头反方向小心地安装离合器

7）如图 3-92 所示，使用旋具沿箭头方向撬出驱动盘的卡环。卡环可再次使用，不要丢弃。

8）如图 3-93 所示，将拉拔器 T10055 与 T10525 或 FT10525T 安装到驱动盘上的花键上，并沿箭头方向拉出驱动盘。在驱动盘被拉出时，离合器盘定位工具 T10524B 或 FT10524T 必须固定住。小心地从离合器上拆卸驱动盘，并将其置于一侧。

➡ 小提示：不要向上提升（即使轻微动作也不行）或者拆卸摩擦片支架！因为会引起内部摩擦片的转动并无法进行人为调整。

9）暂时安装图 3-75 中的"旧"卡环。在最终处理卡环之前，必须进行 3 次测量。

10）第一次测量（轴的轴向间隙）：如图 3-102 所示，将通用千分表 VW387 安装至变速器法兰上。将千分表的表针置于输入轴上。将千分表预紧并调整为 0。

使用两个钩子 3438 用力沿图 3-103 中箭头方向将离合器提升至止点，并记下测量值，将其记为数值 A。

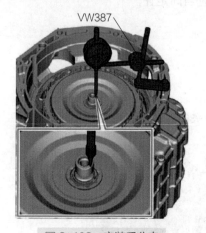

图 3-102　安装千分表

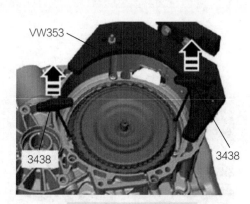

图 3-103　提升离合器

➡ 小提示：随后进行检查测量时需要此测量值，因此记录此测量值 A 直至执行最后一次测量。

11）第二次测量：离合器盘定位工具 T10524B 或 FT10524T 仍保持安装状态。如图 3-104 所示，将千分表的表针置于大的摩擦支架轮毂上，千分表的表针不得置于卡环上。将千分表预紧并调整为 0。用力将双离合器提升至止点，并记下测量值，将其记为数值 B。

①计算所需安装的调整垫片：所需调整垫片的厚度 = $(B-A-0.11)$ mm，记下计算结果。垫片的尺寸以 0.05mm 为增量。测量垫片并确定哪一个最接近计算结果。采用比计算所需垫片厚度最接近且稍微比之大点的垫片。

②拆下图 3-94 中的旧卡环。先不要丢弃卡环，它将被再次使用。

③安装所选择的垫片。

12）第三次测量（检查测量）：为确保垫片厚度正确，还需进行一次检查测量。按以下步骤进行。

①离合器盘定位工具 T10524B 或 FT10524T 仍保持安装状态。再次安装图 3-94 中的旧卡环。

②如图 3-105 所示，将千分表表针置于大的摩擦片轮毂支架的调整垫片上。

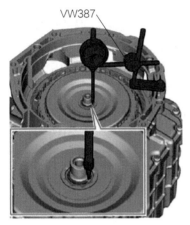

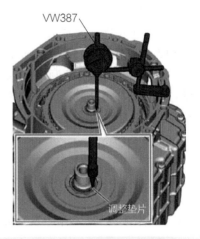

图 3-104　将千分表的表针置于大的摩擦支架轮毂上　　　　图 3-105　将千分表表针置于调整垫片上

③将千分表预紧并调整为 0。用力将双离合器提升至止点，并记下测量值，将其记为数值 C。使用如下公式进行检查：D=C−A。

④计算得出的数值 D 必须在 0.05 和 0.12mm 之间；如果计算结果不在此范围，则需要安装一个更厚或更薄的垫片，并再次进行测量和检查。

⑤如图 3-94 所示，安装新卡环。

⑥将驱动盘安装至双离合器上。安装时，确保驱动盘上的标记对准外板支架上的标记（图 3-90）。如果标记是后来标记的，应将它们对准。需要将离合器盘定位工具 T10524B 或 FT10524T 固定住，并轻轻朝外压。使用压块 T10526 或 FT10526T 和塑料锤小心地推动驱动盘至其安装位置。

⑦安装驱动盘卡环。从开口处开始，将卡环以顺时针方向逐步压入其安装位置，卡环必须完全就位。

⑧使用旋具检查卡环是否正确就位。从离合器和壳体之间拆卸离合器盘定位工具 T10524B 或 FT10524T。

⑨安装双离合器端盖。

3-21 DSG 故障解决方案

维修实例

迈腾轿车起步时加油发动机空转不走车

（1）故障现象

一辆一汽大众迈腾 2016 款 1.8L TSI 智享豪华型轿车，装备 7 档 DSG 双离合器自动变速器，行驶里程为 6.8 万 km。车主反映，该车起步时偶尔会出现加油发动机空转不走车的现象（比如在等待交通信号灯之后起步时），有时在正常行驶中加速时出现，故障出现得没有规律，出现故障时仪表上的档位指示灯全部变红且闪烁报警。

3-22 干式双离合常见故障　　3-23 湿式双离合器常见故障

（2）故障诊断与排除

1）首先使用故障诊断仪 VAS 5051 进行自诊断，无故障码存储。

2）结合该车的故障现象，判断可能的原因有变速器离合器进行了保护性切断，或离合器本身有机械故障。

3）通过读取数据流"02–08–64组"1区提供的对离合器切断数据的监控，发现离合器切断动力传递次数为 52 次，而正常值应为 0，这显然说明离合器进行了保护性切断。

4）根据离合器保护切断的原因，分析为离合器油温传感器 G509 有故障，通过读取离合器油温传感器 G509 数据，发现离合器油温传感器 G509 信号有异常。

5）更换离合器油温传感器 G509 后，反复路试，故障现象消失，故障排除。

📖 **课程育人**

案例 3：在工作中发扬吃苦耐劳的精神

吃苦耐劳、艰苦奋斗精神是中华民族的光荣传统，是中华民族的传统美德。我国古人一直倡导做人要做吃苦耐劳的人，把一个人是否具有吃苦耐劳精神作为衡量做人的标准。吃苦耐劳是一个人重要的优秀的个性品质，是每一位渴望走向成功的人应该具备的基本素质和基本条件。无论在哪个领域，从事哪个行业，想要取得好的成绩，吃苦耐劳都是必不可少的，一分耕耘一分收获，只有付出艰辛的努力，成功才会垂青于你。吃苦耐劳是获取成功的秘诀。

通过吃苦耐劳精神的培养，树立起敢于面对挫折，敢于战胜困难，敢于夺取胜利的勇气，不断提升在工作中解决问题的能力。

行驶系统

→ 项目描述

行驶系统是保证汽车安全行驶的一个重要系统，包括使汽车滚动行驶的车轮、连接车轮的车桥、支撑车身的悬架、承受各种载荷的车架等。汽车行驶系统接受汽车传动系统输出的转矩，通过驱动车轮与路面的接触，转化为路面对汽车的驱动力，以保证汽车正常行驶，在汽车行驶过程中承受并传递路面对汽车产生的各种反力及由此形成的力矩。

本项目主要介绍汽车行驶系统的结构、工作原理与检修方法。本项目包括以下4个任务：

任务一　车桥的检修
任务二　车架与悬架的检修
任务三　电控悬架的检修
任务四　车轮与轮胎的检修

通过以上4个任务的学习，你将能够描述汽车行驶系统的基本组成、总体构造和工作原理，熟悉汽车行驶系统的检修方法，学会车轮定位的检查与调整、独立悬架的调整、电控悬架的功能检查及轮胎的检查等知识。

→ 素养目标：

培养一丝不苟的职业精神。
培养安全意识和责任心。

任务一 车桥的检修

岗位核心能力

◎知识目标

1）熟悉车桥的功用和类型。
2）熟悉转向桥、转向驱动桥及支持桥的基本结构及工作原理。
3）熟悉车轮定位四个参数的功用。

◎ 技能目标

1）能够对车轮定位进行检查调整。

2）能够正确地对前轴和转向节进行检修。

3）能够正确地对车桥的故障进行分析诊断。

案例导入

一辆一汽大众迈腾 2016 款 1.8L TSI 智享豪华型轿车，行驶里程为 5.2 万 km。驾驶人说，车辆在行驶过程中，转向盘上有一个向一面扭动的力，须用力把住转向盘，轿车才不致跑偏，如松开转向盘，轿车会自动向左跑偏。

相关知识

一、车桥的功用与类型

1. 车桥的功用

车桥位于悬架与车轮之间，其两端安装车轮，通过悬架与车架（或车身）相连，其功用是传递车架（或车身）与车轮之间的各种载荷。

2. 车桥的分类

1）按悬架结构不同，车桥分为整体式和断开式两种。整体式车桥的中部是刚性实心或空心梁，与非独立悬架配用；断开式车桥为活动关节式结构，与独立悬架配用。

2）根据在车上位置的不同，车桥可分为前桥、中桥（半挂车）和后桥。

3）按车桥上车轮的作用不同，车桥分为转向桥、驱动桥、转向驱动桥和支持桥 4 种类型。

在后轮驱动的汽车中，前桥不仅用于承载，而且兼起转向作用，称为转向桥；后桥不仅用于承载，而且兼起驱动的作用，称为驱动桥；越野汽车和前轮驱动汽车的前桥，除了承载和转向的作用外，还兼起驱动作用，因此称为转向驱动桥。只起支撑作用的车桥称为支持桥。有些 6×2 的三轴汽车的中桥或后桥为支持桥，如挂车的车桥。支持桥除不能转向外，其他功能和结构与转向桥基本相同。

二、车桥的结构

1. 转向桥

转向桥结构基本相同，汽车整体式转向桥结构如图 4-1 所示，主要由前轴、转向节、主销、轮毂等 4 部分组成。转向桥

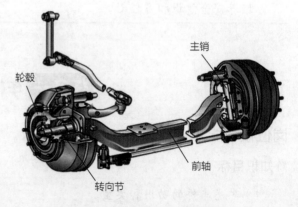

图 4-1　汽车整体式转向桥结构

通常位于汽车前部，故也称作前桥。转向桥的作用是支撑部分重量，安装前轮及制动器（前），连接车架，承受车架与车轮之间的作用力及其产生的弯矩和转矩，同时还要使前轮偏转以实现转向。

转向桥主要零件的特点见表 4-1。

表 4-1　转向桥主要零件的特点

零件	特　点
前轴	前轴是转向桥的主体，根据断面形状分工字梁式和管式两种，一般由中碳钢模锻而成
转向节	转向节与前轴通过主销采用铰接方式连接，因形似羊角，故又称为羊角 ①转向节是一个叉形件，由上、下两耳和支撑轮毂轴承的轴颈构成。上、下两耳各制有安装主销的同轴孔，通过主销与前轴相连 ②转向节轴上有两道轴颈，内大外小，用来安装内外轮毂轴承 ③为使转向灵活轻便，在转向节下耳轴孔的上平面装有滚子推力轴承
主销	主销的作用是铰接前轴与转向节，使转向节能绕着主销摆动，使车轮偏转实现转向
轮毂	轮毂的作用是将车身或半轴传来的各种作用力或转矩传递到整个车轮，以及在车辆行驶过程中随车轮一起旋转的旋转件（如制动鼓或制动盘、轮速传感器的齿圈等）

2. 转向驱动桥

越野汽车、前轮驱动汽车和全轮驱动（4WD）汽车的前桥，既起转向桥的作用，又兼起驱动桥的作用，故称为转向驱动桥。

图 4-2 所示为轿车常用的转向驱动桥（前桥）总成，它采用的是断开式、独立悬架转向驱动桥。车桥上端通过左、右悬架与承载式车身相连接，下端通过左、右下摆臂与固定在车身上的副车架相连接。

3. 支持桥

支持桥的结构如图 4-3 所示。轿车的支持桥一般都是后桥，是纵向摆臂式非驱动桥，后悬架为非独立悬架。

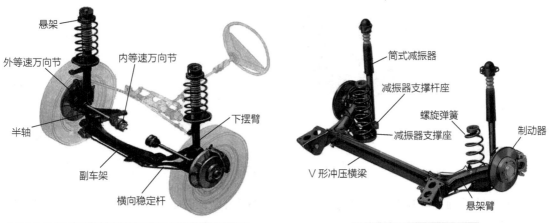

图 4-2　轿车常用的转向驱动桥（前桥）总成　　　　图 4-3　支持桥的结构

该车桥轮毂、制动器以及车轮与车桥的连接方式与转向桥一样，通过轴承支撑，轴向定位。车桥只向其传递横、纵向推力或拉力，不传递转矩，这一点是驱动桥和非驱动桥上车轮与车桥连接方式所不同的地方。

三、车轮定位

为了保证汽车直线行驶的稳定性和操纵的轻便性，减少轮胎和其他机件的磨损，转向轮、转向节和前轴三者与车架的安装应保持一定的相对位置关系，这种安装位置关系称为转向车轮定位，也称前轮定位、车轮定位。

车轮定位包括车轮外倾、主销后倾、主销内倾及前束4个参数。

→ **小提示**：对于两端装有主销的转向桥，汽车转向时，转向车轮会围绕主销轴线偏转，如图4-4a所示。但在大多数断开式转向桥中没有主销，而采用上、下球头销代替主销，上、下球头销球头中心的连心线相当于主销轴线，如图4-4b所示。

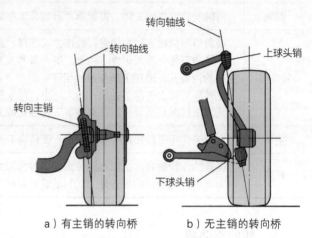

a）有主销的转向桥　　b）无主销的转向桥

图4-4　主销的不同形式

1. 主销后倾

主销安装在前轴上，其上端略向后倾斜，这种现象称为主销后倾。在垂直于汽车支撑平面的纵向平面内，主销轴线与汽车支撑平面垂线之间的夹角 γ 叫主销后倾角，如图4-5所示。

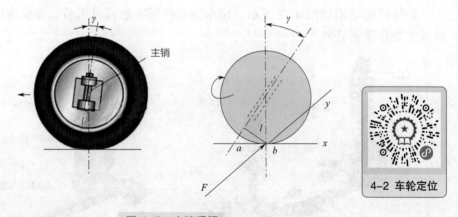

4-2 车轮定位

图4-5　主销后倾

1）主销后倾的作用是形成回正力矩，保证汽车直线行驶的稳定性，并使汽车转向后回正操纵轻便。

2）主销后倾角一般是在将前轴连同悬架安装在车架上时，前轴向后倾斜而形成的。

3）主销后倾使车轮具有了回复到原来中间位置的能力，从而保证了汽车直线行驶的稳定性。同理，在汽车转向后的回正过程中，此力矩具有帮助驾驶人使转向车轮回正的作用，使汽车转向后回正操纵轻便。

4）主销后倾角越大、车速越高，回正力矩越大，转向轮偏转后自动回正的能力也愈强。但主销后倾角也不宜过大，一般不超过 2°～3°，否则在转向时为了克服此力矩，驾驶人需在转向盘上施加较大的力，使转向沉重。

2. 主销内倾

1）主销安装在前轴上，其上端略向内侧倾斜，这种现象称为主销内倾。在垂直于汽车支撑平面的横向平面内，主销轴线与汽车支撑平面垂线之间的夹角 β 称为主销内倾角，如图 4-6 所示。

2）主销内倾的功用是使转向轮自动回正，并使转向操纵轻便。整体式转向桥的主销内倾角是在制造前轴时将销孔轴线上端向内倾斜而获得的。

3）主销内倾具有使转向轮自动回正的作用。主销内倾角越大、转向轮偏转角越大，汽车前部就抬起得越高，转向轮自动回正的作用就越大。

4）主销内倾角既不宜过大，也不宜太小。主销内倾角过大（偏置减小），转向时车轮在滚动的同时将与路面产生较大的滑动，增加轮胎与路面的摩擦阻力，这不仅使转向沉重，而且加速了轮胎的磨损。主销内倾角过小（偏置增大），汽车行驶的稳定性和制动稳定性将变差。主销内倾角一般不大于 8°，偏置一般为 40~60mm。

3. 车轮外倾

转向轮安装在转向节上时，其旋转平面上端向外倾斜，这种现象称为转向车轮外倾。车轮旋转平面与垂直于车辆支撑面的纵向平面之间的夹角 α 称为车轮外倾角，如图 4-7 所示。车轮外倾角的功用是提高车轮工作的安全性和转向操纵的轻便性。

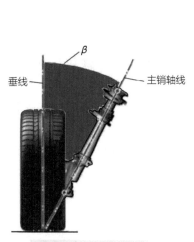

图 4-6　主销内倾角

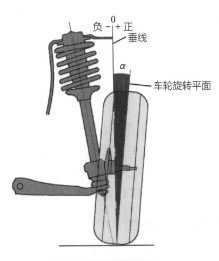

图 4-7　车轮外倾

车轮外倾与主销内倾相配合可进一步缩短距离，使汽车转向轻便。此外，车轮有一定的外倾角也可以与拱形路面相适应。但车轮外倾角不宜过大，否则会使轮胎产生偏磨损。一般前轮外倾角为1°左右。

4. 前轮前束

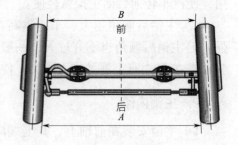

图4-8 前轮前束

车轮安装在车桥上，两前车轮的中心平面不平行，其前端略向内收，这种现象称为前轮前束。两前轮后端距离 A 大于前端距离 B，其差值 $A-B$ 称为前轮前束值，如图4-8所示。

前轮前束的功用是消除因车轮外倾所造成的不良后果，保证车轮不向外滚动，防止车轮侧滑，减轻轮胎的磨损。

前轮前束值可以通过改变转向横拉杆的长度来调整，一般前束值为0~12mm。

5. 非转向轮定位

后轮与后轴之间的相对安装位置关系称为后轮定位。随着车速的不断提高，为了提高汽车高速行驶的稳定性，在结构设计上应确保汽车具有不足转向特性。为此，转向轮定位的内容已扩展到非转向轮（后轮）。后轮定位内容主要包括后轮外倾角和后轮前束。

（1）后轮外倾角　为了对载荷进行补偿，采用独立后悬架的大多数车辆常带有一个较小的正后轮外倾角。

（2）后轮前束　后轮前束的作用与前轮前束基本相同。一般前驱汽车，前驱动轮宜采用正前束，后从动轮宜采用负前束；对于后驱汽车，前从动轮宜采用负前束，后驱动轮宜采用正前束。

相关技能

| 4-3 四轮定位仪组件 | 4-4 定位前准备工作 | 4-5 四轮定位仪检测和定位步骤 |

一、车轮定位的检查和调整

1. 工作准备

1）在车内安装好座椅套、转向盘套，垫上脚垫，然后将车辆开上四轮定位仪专用举升机。

2）检查轮胎，测量轮胎气压是否在标准值范围内，如图3-15所示，保证4个轮胎的气压完全一致。查看4个轮胎胎面的磨损情况，应符合规定。

3）检查车身悬架、减振器、车轮及轮胎是否有松旷或变形等情况；检查底盘各个活动连接部件的球头、橡胶套、防尘套是否有老化或脱落的现象。

2. 车轮定位的检测

1）打开四轮定位检测设备，按照检测设备上的提示，将4个传感器安装到相应的车轮上，如图4-9所示，注意不可安装错误。

2）升起车辆，操作四轮定位仪，启动四轮定位系统进入设备使用界面，按照设备的提示进入四轮定位界面，如图4-10所示。

图4-9 安装传感器

图4-10 进入四轮定位界面

3）填写车辆相关的信息，选择车型。

4）选择车轮偏心补偿界面的操作，先使转向盘摆正，然后使用专用工具固定制动踏板，如图4-11所示。

5）根据设备界面的提示，少量移动车辆位置，进行车轮偏心补偿调整。

6）调整车轮偏心补偿后，如图4-12所示，设备会自动出现检测结果。

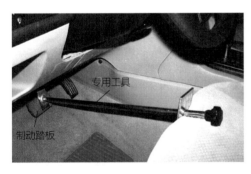

图4-11 固定制动踏板

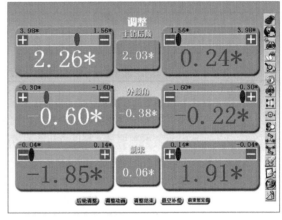

图4-12 显示检测结果

3. 车轮调整

如果显示的检测结果不符合标准值，应进行车轮的调整。

1）点击"车轮调整"界面，选择"前轮调整"，进入调整界面。

2）调整前，将四轮定位仪移动圆盘上的锁销拔下。

3）按照标准数值，在车辆上调整前轮、后轮相关部位，直到符合各参数的规定值。

4）降下车辆，拆下4个传感器和夹具，放回到原来的指定位置。

5）最后对车辆进行路试检查。

二、车桥的故障诊断

车桥的常见故障有转向沉重、低速摆头、高速摆振、行驶跑偏等。

（1）转向沉重　故障诊断与排除见表4-2。

表4-2　转向沉重的故障诊断与排除

项目	内　　容
故障现象	车桥转向沉重的故障现象为汽车转向时，转动转向盘感到沉重费力，并且没有回正感
故障原因	①转向节臂变形 ②转向节推力轴承缺油或损坏 ③转向节主销与衬套间隙过小或缺油 ④前轴或车架变形引起前轮定位失准 ⑤轮胎气压不足
故障诊断与排除	①诊断时先支起前桥，用手转动转向盘，若感到转向很容易，不再有转动困难的感觉，则说明故障部位在前桥与车轮。因为支起前桥后，转向时已不存在车轮与路面的摩擦阻力，转动只取决于转向器等的工作状况 ②仔细检查前轮胎气压是否过低，前轴有无变形 ③检查前钢板弹簧是否良好 ④检查车架有无变形 ⑤检查车轮定位角度是否正确

（2）低速摆头　故障诊断与排除见表4-3。

表4-3　低速摆头的故障诊断与排除

项目	内　　容
故障现象	车桥低速摆头的故障现象为汽车低速直线行驶时前轮摇摆，驾驶人会感到方向不稳，转弯时需大幅度转动转向盘才能控制汽车的行驶方向
故障原因	①转向节臂装置松动 ②转向节主销与衬套磨损松旷 ③轮毂轴承间隙过大 ④前束过大 ⑤轮毂螺栓松动或数量不全 ⑥主销后倾角过大 ⑦前减振器失效
故障诊断与排除	若前轮低速摆头和转向盘自由行程大，一般是各部分间隙过大或有连接松动现象，诊断时应采用分段区分的方法进行检查。可支起前桥，并用手沿转向节轴轴向推拉前轮，凭感觉判断是否松旷。若松旷，说明转向节主销与衬套的配合间隙过大或前轴主销孔与主销配合间隙过大。若此处不松旷，说明前轮轮毂轴承松旷，应重新调整轴承的预紧度。若非上述原因，应检查前轮定位是否正确，检查前轴是否变形。如果前轮轮胎异常磨损，则应检查前束是否正确

（3）高速摆振　故障诊断与排除见表4-4。

表 4-4 高速摆振的故障诊断与排除

项目	内 容
故障现象	车桥高速摆振的故障现象为随着车速的提高，摆振逐渐增大；在某一较高车速范围内出现摆振，行驶不稳，甚至还会有转向盘抖动
故障原因	①轮毂轴承松旷，使车轮歪斜，在运行时摇摆 ②轮盘不正或制动鼓磨损过度失圆，歪斜失正 ③使用翻新轮胎 ④转向节主销或推力轴承磨损松旷 ⑤横、直拉杆弯曲 ⑥前轮定位值调整不当；前束失调，两前轮主销后倾角或内倾角不一致等，汽车向前行驶时，前轮摇摆晃动 ⑦车轮不平衡 ⑧转向节弯曲 ⑨前钢板弹簧刚度不一致
故障诊断与排除	①在进行高速摆振故障的诊断时，应先检查前桥、转向器以及转向传动机构连接是否松动，悬架弹簧是否固定可靠 ②支起驱动桥，用楔块固定非驱动轮，起动发动机并逐步换入高速档，使驱动轮达到产生摆振的转速。若这时转向盘出现抖动，则说明故障是传动轴不平衡引起的，应拆下传动轴进行检查；若此时不出现明显抖动，则说明摆振原因在汽车转向桥部分 ③怀疑摆振的原因在前桥部分时，应架起前桥试转车轮，检查车轮是否晃动，车轮静平衡是否良好，以及车轮轮辋是否偏摆过大 ④检查车架是否变形，铆钉有无松动以及前轴是否变形；另外还需检查前钢板弹簧的刚度 ⑤检查前轮定位是否正确 ⑥检查高速摆振故障，有时还需借助一定的测试仪具。当缺少必要的测试仪具时，也可以采用替换法。例如在怀疑某车轮有动不平衡时，可以换另一车轮试验，或者将可能引起高速摆振的车轮拆装到不发生摆振的车辆上进行对比试验

（4）行驶跑偏 故障诊断与排除见表 4-5。

表 4-5 行驶跑偏的故障诊断与排除

项目	内 容
故障现象	行驶跑偏的故障现象为汽车在直线行驶时，驾驶人必须紧握转向盘才能保持直线行驶，若稍放松转向盘，汽车会自动偏向一边行驶
故障原因	①前轮定位值不正确，前束调整不当（过大或过小） ②左、右前轮主销后倾角或车轮外倾角不相等 ③制动鼓与制动蹄摩擦片间隙调整不均匀，一边过紧，一边过松 ④钢板弹簧一边折断，造成两边弹力不等 ⑤转向节或转向节臂弯曲变形 ⑥前轴或车架弯曲或扭转 ⑦左、右两边轮胎气压不相等 ⑧前轮毂轴承调整不当，左、右轮毂轴承松紧度不一致 ⑨两侧车轮线速度不等

（续）

项目	内　容
故障诊断与排除	①检查左、右前轮轮胎气压是否一致；如果是在换上新轮胎后出现跑偏现象，则应检查左、右轮胎规格以及轮胎花纹是否一致 ②用手触摸一下跑偏一侧的制动鼓和轮毂轴承部位是否发热。若发热，说明制动拖滞或是车轮轮毂轴承调整过紧，造成一边紧一边松的现象 ③测量左、右轴距是否相等 ④检查前钢板弹簧有无折断，前轴是否变形 ⑤若以上均属正常，应对前轮定位进行检查调整

维修实例

一汽大众迈腾轿车松开转向盘，轿车会自动向左跑偏

（1）故障现象　一辆一汽大众迈腾 2016 款 1.8L TSI 智享豪华型轿车，行驶里程为 5.2 万 km。驾驶人说，车辆在行驶过程中，转向盘上有一个向一面扭动的力，需用力把住转向盘，轿车才不致跑偏，若松开转向盘，轿车会自动向左跑偏。

（2）故障原因　横向稳定杆橡胶圈老化破损，衬套破损，下横臂衬套破损。

（3）故障诊断

1）故障原因分析。轿车方向自动跑偏既有设计制造因素，又有使用维修因素，仅从使用维修角度分析，有以下原因：

①轮胎方面：两侧轮胎充气气压不一致，一侧轮胎偏磨，新旧轮胎规格不一，轮胎混装。

②制动系统：两侧制动器制动力矩差值超标。

③悬架系统有故障。

④车身方面：因事故原因造成两侧轴距或两侧前轮下摆臂球销中心到后轴距离相差超过 5mm，主销后倾角、内倾角、轮胎外倾角不一致，前束调整不正确等。

⑤转向系统：转向器卡滞或损坏，连接球销磨损松动。

2）故障诊断。该车未发生过碰撞事故，车身平整，无歪斜和左右高低不一的现象，可暂免检查车身。

①试车，制动时无跑偏，用手触摸各制动器，无明显发烫感觉，据此排除制动系统因素。

②转动转向盘，无卡滞感。检查连接万向节，无松旷，据此排除转向器故障。

③将轿车在举升架上升起，检查悬架系统。悬架系统造成行驶跑偏的原因有横向稳定杆衬套损坏、下摆臂衬套损坏、下摆臂球节损坏、螺栓弹簧发软及左右减振器性能不一等。目测后用撬棒检查各连接销及连接螺栓部位，发现横向稳定杆左侧连接螺栓松动，稳定支架锈蚀裂损，左下横臂连接处松动。

④拆卸横向稳定杆、左下横臂，经检查发现稳定杆橡胶圈老化破损，衬套破损，下横臂衬套破损。这些零件损坏，破坏了轿车横向稳定性，也造成左前定位角的变化，在路面有变化时，轿车即向悬架已松动的左侧偏转，造成跑偏。

⑤更换损坏件，焊修稳定杆支架，装复后试车，该车自动跑偏故障排除。

小结：该车故障是驾驶人长期忽视前悬架维护造成的。

任务二 车架与悬架的检修

岗位核心能力

◎知识目标

1）熟悉车架的功用、结构和类型。

2）熟悉悬架的组成、功用及分类。

3）正确描述常见悬架的结构及工作原理。

◎技能目标

1）能够正确检修悬架主要零部件。

2）能够正确描述弹性元件、减振器的结构及工作原理。

3）能够正确描述常见独立悬架与非独立悬架的种类及结构。

4）能够对减振器进行拆卸与安装。

5）能够正确分析并排除常见悬架的常见故障。

案例导入

一辆奥迪 A6L 2016 款 TFSI 运动型轿车，行驶里程为 7.6 万 km。驾驶人说，行驶中轻踩制动踏板，转向盘有轻微抖动现象，而紧急制动时则无此感觉。

相关知识

一、车架的功用与类型

1. 车架的功用

1）车架俗称"大梁"，它是跨接在前、后车轮上的桥梁式结构，是构成整个汽车的骨架，是整个汽车的装配基体。汽车上绝大多数的零部件、总成（如发动机、变速器、传动机构、操纵机构、车桥、车身等）都要安装在车架上。

2）车架除承受静载荷外，还要承受汽车行驶时来自路面各种复杂载荷的作用，如汽车加速、制动时的纵向力，汽车转弯、侧坡行驶时的侧向力，不良路面传来的冲击等。

2. 车架必须满足的要求

1）具有足够的强度、刚度。

2）结构上应使零件安装方便，受力均匀，不造成应力集中。

3）在保证强度、刚度的条件下重量应尽可能小。

4）满足汽车总布置的要求，各运动件不发生运动干涉，能获得较低的汽车重心（保证离地间隙）和较大的前轮转向角，保证汽车行驶稳定性和转向灵活性。

4-6 前悬架概述　　4-7 后悬架概述

3. 车架的类型

汽车上采用的车架有 4 种类型：边梁式车架、无梁式车架、中梁式车架和综合式车架。目前，汽车上多采用边梁式车架和无梁式车架。

（1）边梁式车架　边梁式车架由两根位于两边的纵梁和若干横梁组成，并用铆接法或焊接法将纵梁与横梁连接成坚固的刚性构架。轿车边梁式车架如图 4-13 所示。

（2）无梁式车架　为减轻自身质量，多数轿车和客车以车身代替车架，这种车身又称为承载式车身或无梁式车架。图 4-14 所示为轿车的车身组成件。

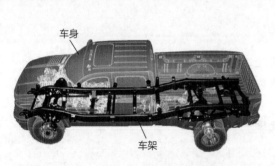

图 4-13　轿车边梁式车架

图 4-14　无梁式车架（承载式车身）

（3）中梁式车架　中梁式车架又称脊梁式车架，由一根贯穿汽车纵向的中央纵梁和若干根横向悬伸托架所组成。中梁式车架制造工艺复杂，精度要求高，总成安装比较困难，故目前应用不多。

（4）综合式车架　综合式车架是由边梁式和中梁式车架结合而成的。车架前段或后段近似边梁式结构，便于分别安装发动机或驱动桥。传动轴从中梁中间穿过。这种结构制造工艺复杂，目前应用也不多。

二、悬架的组成与类型

1. 悬架的组成

悬架是车架（或车身）与车桥（或车轮）之间一切传力连接装置的总称。现代汽车的悬架虽有不同的结构形式，但一般都由弹性元件、减振器、导向机构等组成，轿车一般还有横向稳定杆（器）等。悬架的组成如图 4-15 所示。

图 4-15　悬架的组成

2. 悬架的功用

1）连接车架（或车身）和车轮，把路 面作用到车轮的各种力传给车架（或车身）。

2）缓和冲击、衰减振动，使乘坐舒适，具有良好的平顺性。

3）保证汽车具有良好的操纵稳定性。

3. 悬架的分类

如图 4-16 所示，汽车悬架有非独立悬架和独立悬架两种类型。

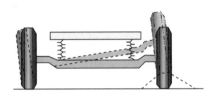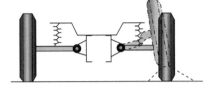

a）非独立悬架   b）独立悬架

图 4-16 非独立悬架与独立悬架的示意图

4. 悬架的结构特点

1）非独立悬架的结构特点是两侧车轮安装在一根整体式车桥上，车轮和车桥一起通过弹性悬架悬挂在车架（或车身）下面，因此一侧车轮发生位置变化后会导致另一侧车轮的位置也发生变化。

2）独立悬架的结构特点是两侧车轮分别独立地与车架（或车身）弹性相连，与其配用的车桥为断开式车桥，因此两侧车轮的运动是相对独立、互不影响的。

5. 非独立悬架的类型

非独立悬架广泛应用于货车的前、后悬架和轿车的后悬架。按照弹性元件的不同，非独立悬架可以分为钢板弹簧式非独立悬架和螺旋弹簧式非独立悬架。

（1）钢板弹簧式 如图 4-17 所示，钢板弹簧式非独立悬架的钢板弹簧一般纵向布置，因此也称为纵置板簧式非独立悬架。

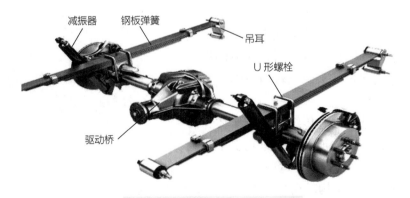

图 4-17 钢板弹簧式非独立悬架

（2）螺旋弹簧非独立悬架　螺旋弹簧非独立悬架一般只用于轿车的后悬架，常与减振器配合使用。螺旋弹簧的上端（弹簧上座）装在车身底部弹簧支座中，下端（弹簧下座）则支撑在车架弹簧支座上，它只承受垂直力。

6. 独立悬架

（1）独立悬架优点

1）由于左右车轮的运动相对独立、互不影响，可以减少行驶时车架或车身的振动，同时可以减弱转向轮的偏摆。

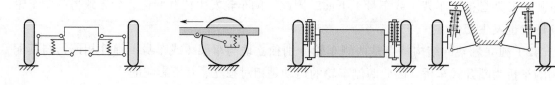

4-8　麦弗逊式
前悬架

2）独立悬架的非簧载质量小，可以减小来自路面的冲击和振动。

3）独立悬架是与断开式车桥配用的，可以降低汽车的重心，有很好的行驶平顺性。

（2）独立悬架的类型　现代汽车特别是轿车上广泛采用独立悬架。独立悬架的结构类型很多，按车轮的运动方式一般分为3类，如图4-18所示。

1）横臂式独立悬架：车轮在汽车横向平面内摆动的悬架，如图4-18a所示。

2）纵臂式独立悬架：车轮在汽车纵向平面内摆动的悬架，如图4-18b所示。

3）车轮沿主销移动的独立悬架，包括烛式悬架和麦弗逊式悬架，分别如图4-18c、d所示。

另外，除了以上几种类型，现代轿车中也有采用多连杆式独立悬架。

a）横臂式独立悬架　　b）纵臂式独立悬架　　c）烛式悬架　　　d）麦弗逊式悬架

图4-18　独立悬架的类型示意图

（3）麦弗逊式独立悬架　麦弗逊式独立悬架目前在轿车中应用很广泛，其结构如图4-19所示，由减振器、螺旋弹簧、横摆臂、横向稳定杆（图中未画出）等组成。减振器与套在它外面的螺旋弹簧合为一体，构成悬架的弹性支柱，支柱上端与车身挠性连接，支柱的下端与转向节刚性连接。横摆臂的外端通过球头销与转向节的下部连接，内端与车身铰接。

螺旋弹簧

减振器

左前轮

横摆臂

转向节

图4-19　麦弗逊式独立悬架

麦弗逊式独立悬架没有传统的主销实体，转向轴线为上下铰接中心的连线。当车轮上下跳动时，车轮沿着摆动的主销轴线而运动。

麦弗逊式独立悬架结构较简单，布置紧凑，用于前悬架时能增大两前轮内侧的空间，故多用于发动机前置前轮驱动的轿车上。

7. 减振器

目前汽车上应用最广泛的是双向作用筒式减振器，在部分轿车上有的采用充气式减振器。

（1）双向作用筒式减振器的结构　双向作用筒式减振器的结构如图 4-20 所示。

（2）双向作用筒式减振器的工作原理　双向作用筒式减振器的工作原理可用压缩和伸张两个行程加以说明。

1）压缩行程。当车桥移近车架（或车身）时，减振器受压缩，活塞下移，使其下方腔室容积减小，油压升高，具有一定压力的油液顶开流通阀，进入活塞上方腔室。活塞杆占去上腔室的部分容积，使上腔室增加的容积小于下腔室减小的容积，因此还有一部分油液不能进入上腔室而只能压开压缩阀，流回储油缸筒。油液流经上述阀孔时，受到一定的节流阻力，为克服这种阻力而消耗了振动能量，使振动衰减。

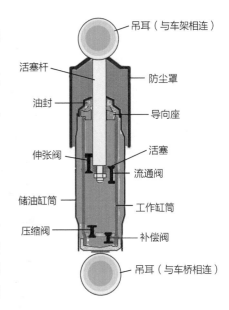

图 4-20　双向作用筒式减振器的结构

2）伸张行程。当车桥远离车架（或车身）时，减振器受拉伸，活塞上移，使其上腔室油压升高，上腔室的油液便推开伸张阀流入下腔室。同样由于活塞杆的存在，上腔室减小的容积小于下腔室增加的容积，因而从上腔室流出来的油液不足以充满下腔室所增加的容积，使下腔室产生一定的真空度，这时储油缸筒中的油液在真空度作用下推开补偿阀，流进下腔室进行补充。

从上面的原理可以得知，这种减振器在压缩、伸张两个行程都能起减振作用，因此称为双向作用减振器。

相关技能

一、前悬架的检修

1. 前悬架的拆装

前悬架总成的零件分解图如图 4-21 所示。

（1）拆卸

1）拆下车轮。旋下制动钳紧固螺栓，取下制动盘。

2）取下制动软管支架，并用铁丝将制动钳固定在车身上。

3）拆下球头销紧固螺栓。压下转向横拉杆接头。拆下横向稳定杆的紧固螺栓。

4）拆下传动轴与轮毂的固定螺母。

5）向下撬压前悬架下摇臂，从车轮轴承壳内拉出传动轴；或利用两个固定车轮凸缘上的螺孔，将压力装置固定在轮毂上，用压力装置从轮毂中拉出传动轴，然后卸下压力装置。

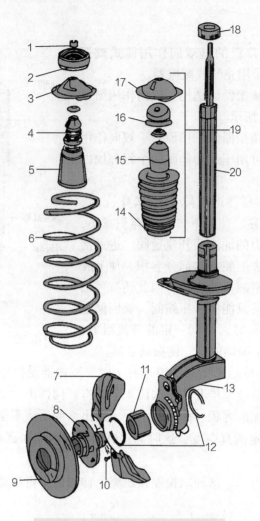

图 4-21　前悬架总成的零件分解图

1—开槽螺母　2—悬架支撑轴轴承　3、17—弹簧护圈　4、15—限位缓冲器　5—护套　6—螺旋弹簧
7—挡泥板　8—轮毂　9—制动盘　10—紧固螺栓　11—车轮轴承　12—卡簧　13—车轮轴承壳
14—辅助橡胶弹簧　16—波纹管盖　18—螺母盖　19—选装件　20—减振器

6）取下前悬架支座上的防尘罩，沿反方向固定减振器，阻止活塞杆的转动。拆下前悬架支座与车身的固定螺母，旋下减振器活塞杆螺母，如图 4-22 所示。

7）取下前悬架总成。

（2）安装　安装顺序与拆卸顺序相反，但在安装时要注意以下事项：

➡ 小提示：

◆不允许对前悬架总成进行焊接或整形处理，不合格的零部件应更换。

活塞杆螺母

固定螺母

图 4-22　旋下减振器活塞杆螺母

◆所有螺栓和螺母应按规定力矩拧紧。

◆所有自锁螺母必须更换新件。

2. 前悬架的检修

（1）减振器的检查和更换　在车辆行驶过程中，若减振器发出异常的响声，则说明该减振器已损坏，必须更换。一般减振器是不进行修理的，若有很小的渗油现象不必调换，若漏油较多可通过拉伸和压缩减振器来检查渗油现象。漏出的减振器油不能再加入减振器内重新使用，漏油的减振器不能再使用。

（2）前悬架支柱总成的检修　在零件全部解体后，应进行清洗、检查，必要时测量。若有下列情况，必须更换新件：

1）制动盘工作面严重磨损，超出规定，或表面出现裂纹。

2）挡泥板严重扭曲变形。

3）轮毂花键松旷，磨损严重。

4）弹簧挡圈失效。

5）车轮轴承损坏。

→ 注意：需要更换整套轴承。

6）前悬架支柱件任何一条焊缝出现裂纹或严重变形。

二、独立悬架车轮外倾角的调整

1. 改变转向节与横摆臂外端的位置

如图4-23a所示，松开转向节球头销与横摆臂的连接螺栓，左右横向移动球头销及转向节，可以改变车轮外倾角。一汽大众速腾轿车即采用这种结构形式。

2. 改变弹性支柱上支座的位置

如图4-23a所示，悬架的弹性支柱上支座用螺栓固定在车身上，松开螺栓，左右横向移动上支座，可以调整车轮外倾角。一汽大众奥迪轿车即采用这种结构形式。

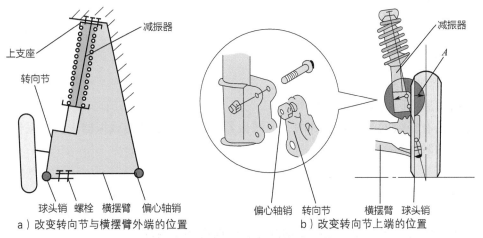

a）改变转向节与横摆臂外端的位置　　b）改变转向节上端的位置

图4-23　麦弗逊式独立悬架前轮定位调整示意图

3. 改变转向节上端的位置

如图 4-23b 所示，由减振器和螺旋弹簧组成的弹性支柱下端通过上、下两个螺栓与转向节上端固定，其中上螺栓经偏心凸轮将两者连接在一起。转动上螺栓可使偏心凸轮转动，从而带动转向节上端左右横向（A 向）移动，进而改变车轮外倾角。丰田卡罗拉轿车即采用这种结构形式。

三、车架与悬架的故障诊断

1. 非独立悬架的常见故障

1）钢板弹簧折断。钢板弹簧折断，会因弹力不足等原因，使车身歪斜。前钢板弹簧一侧主片折断时，车身在横向平面内倾斜；后钢板弹簧一侧主片折断时，车身在纵向平面内倾斜。

2）钢板弹簧弹力过小或刚度不一致。当某一侧的钢板弹簧由于疲劳导致弹力下降，或者更换的钢板弹簧与原弹簧刚度不一致时，会使车身倾斜。

3）钢板弹簧销、衬套和吊耳磨损过量。此时，会出现以下故障现象：车身倾斜（不严重）、行驶跑偏、汽车行驶摆振、异响等。

4）U 形螺栓松动或折断。此时，会由于车辆移位倾斜，导致汽车跑偏。

2. 独立悬架和减振器的常见故障

（1）独立悬架总成常见故障

1）异响，尤其在不平路面上转弯时。

2）车身倾斜，汽车在转弯时车身过度倾斜等。

3）前轮定位参数改变。

4）轮胎异常磨损。

5）车辆摆振及行驶不稳。

当汽车产生上述故障时，应对悬架系统进行仔细检查，即可发现故障部位及原因。产生故障的原因有：①螺旋弹簧弹力不足；②稳定杆变形；③上、下摆臂变形；④各铰接点磨损、松旷。

（2）减振器的常见故障

1）减振器衬套磨损。

2）减振器油泄漏。

衬套磨损后，因松旷易产生响声。

减振器油有轻微的泄漏是允许的，但减振器油泄漏过多会使减振器失去减振作用，此时应更换新的减振器。

维修实例

一汽大众奥迪轿车行驶中轻踩制动踏板，转向盘轻微抖动

（1）故障现象　一辆奥迪 A6L 2016 款 TFSI 运动型轿车，行驶里程为 7.6 万 km。驾驶

人说，行驶中轻踩制动踏板，转向盘有轻微抖动现象，而紧急制动时则无此感觉。

（2）故障原因　前悬架臂梁有裂纹。

（3）故障诊断　转向盘在制动时出现抖动现象，故障区域大致在悬架、转向器及轮胎部位。

1）外观检查轮胎，无异常磨损，左右轮胎花纹和规格均符合要求，可排除此因素。

2）将汽车停置在举升架上，检查转向盘自由间隙，基本符合要求。

3）左右转动转向盘，也符合要求。

4）再检查横拉杆球头销，不松旷，也无卡滞。但却发现前悬架固定螺栓有一个松脱，仔细观察前悬架臂梁，已产生裂纹。

5）更换前悬架臂梁，并固定好自锁螺栓，故障排除。

汽车轻微制动时，由于制动速度较慢，悬架臂梁裂纹在制动力下颤动能够传到转向盘上；而紧急制动时，车轮停止较快，悬架臂梁裂纹来不及出现颤动感，汽车已经停驶，因此转向盘感觉不到抖动。

悬架臂梁裂纹是由于自锁螺栓脱落造成的，估计是由于原拆装时未及时更换导致，按厂家规定自锁螺栓一经拆卸，必须更换。

任务三　电控悬架的检修

岗位核心能力

◎知识目标

1）熟悉电控悬架的基本组成与工作原理。

2）熟悉电控悬架的结构、工作过程和检修方法。

◎技能目标

1）能够掌握电控悬架的检查方法、电控悬架的正确使用与维护方法。

2）能够熟悉电控悬架常见故障的检修方法，对电控悬架系统的故障进行快速有效的诊断与检修。

案例导入

一辆 2011 款宝马 X5 xDrive35i 领先型 SUV，行驶里程为 12.1 万 km。该车的车身倾斜，左后车身明显比右后车身偏低，在电控悬架启动工作模式下，左右两侧悬架均可工作，但停止电控悬架工作模式后，左后侧总是比右后侧车身低大约 13cm，不能恢复正常状态。维修技师检查后确认，该车的电控悬架系统出现故障，需对电控悬架进行检修。

相关知识

一、电控悬架的类型与控制功能

1. 电控悬架的功用

电控悬架系统能够通过控制和调节悬架的刚度和阻尼力，使汽车的悬架特性与道路状况和行驶状态相适应，从而使汽车的乘坐舒适性和操纵稳定性都得到满足。

2. 电控悬架的分类

（1）按有源和无源进行分类　电控悬架系统按有源和无源可分为半主动悬架和主动悬架。

1）半主动式悬架。半主动式悬架为无源控制，悬架元件中的弹簧刚度和减振器阻尼力之一可以根据需要进行调节。为减少执行元件所需的功率，主要采用调节减振器阻尼系数的方法。

➡ 小提示：半主动式悬架不能对悬架的刚度和阻尼进行有效的控制，但可以根据汽车运行时的振动及行驶工况变化情况，对悬架阻尼参数进行自动调整。

图 4-24 所示的半主动悬架系统由弹性元件（螺旋弹簧）和一个阻尼系数能在较大范围内调节的阻尼器（可调阻尼减振器）组成。

2）主动式悬架。主动式悬架又称全主动式悬架，是一种有源控制悬架，需要一个动力源（液压泵或空气压缩机等）为悬架系统提供连续的动力输入，它的附加装置用来提供能量和控制作用力，如图 4-25 所示。

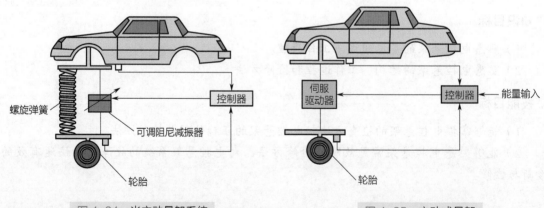

螺旋弹簧　可调阻尼减振器　控制器　轮胎

伺服驱动器　控制器　能量输入　轮胎

图 4-24　半主动悬架系统　　　图 4-25　主动式悬架

➡ 小提示：主动式电控悬架可以在汽车行驶过程中根据行驶状况，自动调整弹簧刚度和减振器阻尼以及前后悬架的匹配，抑制车身姿态变化，防止转弯、制动、加速等工况造成的车身姿态的改变，还可以根据路面起伏、车速高低、载荷大小自动控制车身高度变化，确保汽车行驶平顺性和操纵稳定性。

（2）按悬架介质的不同进行分类　电控悬架系统按悬架介质的不同可分为油气式电控

悬架和空气式电控悬架。

1）油气式电控悬架。油气式电控悬架系统是以油为介质压缩气室中的氮气，实现刚度调节，以液压管路中的小孔节流形成阻尼特性。

2）空气式电控悬架。空气式电控悬架系统是采用空气弹簧，通过改变空气弹簧中的主、副空气室的通气孔的截面积来改变气室压力，以实现悬架刚度控制，并通过对空气弹簧气室的充气或排气实现汽车高度控制。

（3）按悬架调节的方式不同进行分类　电控悬架系统按悬架调节的方式不同可分为有级调节式悬架和无级调节式悬架。

1）有级调节式悬架。有级调节式悬架是指由驾驶人手动选择或 ECU 根据各传感器的信号自动选择，将悬架的阻尼 / 刚度分为 2~3 级进行调节的悬架系统。

2）无级调节式悬架。无级调节式悬架是指可实现连续调节阻尼 / 刚度的悬架系统。

4-9 电控悬架系统的组成与工作原理

3. 电控悬架系统的控制功能

电控悬架系统主要有车身高度、车身姿态和对车速与路面感应 3 方面控制功能。

（1）车身高度控制　不管车辆负载在规定范围内如何变化，都可以保持汽车高度一定，车身保持水平，可大大减少汽车在转向时产生的侧倾。车身高度控制主要有自动高度控制、高速感应控制和点火开关 OFF 控制。

（2）车身姿态控制　电控悬架系统能够通过调节弹簧刚度、减振器阻尼力以对车身在转向时侧倾、制动时点头、加速时后坐等姿态进行控制。

（3）车速与路面感应控制　电控悬架系统能够根据车速和道路的状况对弹簧刚度和减振力进行控制，以抑制汽车在不平道路上行驶时的颠簸或上下跳动，从而改善汽车在不平道路上行驶时的乘坐舒适性。当汽车行驶速度低于 10km/h 时，不能进行调整。

4. 电控悬架系统的组成

电控悬架系统是在传统汽车悬架的基础上加装了电子控制单元（ECU）、传感器及开关、执行机构等元件，如图 4-26 所示。

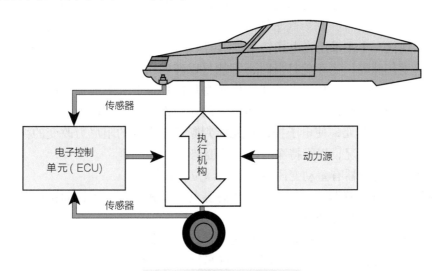

图 4-26　电控悬架系统组成

1）电控悬架系统的传感器主要有车身高度传感器、车速传感器、加速度传感器、转向盘转角传感器、节气门位置传感器等；开关有高度控制 ON/OFF 开关、高度控制开关、平顺性开关（LRC）、制动灯开关和车门开关等。

2）执行机构有可调阻尼的减振器、可调节弹簧高度和弹性大小的弹性元件等。

3）电子控制单元（ECU）一般由微机和信号放大电路组成。

5. 电控悬架系统的工作原理

电控悬架系统的一般工作原理如图 4-27 所示，利用传感器（包括各种开关）检测汽车行驶时路面的状况和车身的状态，将检测信号输入计算机进行处理，计算机通过驱动电路控制悬架系统的执行器动作，完成悬架特性参数的调整。

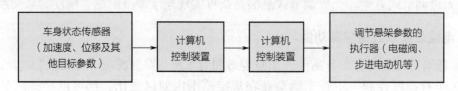

图 4-27 电控悬架系统的工作原理

二、电控悬架系统主要部件结构

1. 传感器及开关的结构和工作原理

（1）车身高度传感器　车身高度传感器的功用是检测汽车行驶时车身高度的变化情况，将车身与车桥之间的相对高度变化（悬架变形量的变化）转换为电信号并送给电子控制单元。车身高度传感器常用的有片簧式开关式、霍尔式和光电式 3 种，现代轿车越来越多地采用了光电式车身高度传感器。

（2）转向盘转角传感器　转向盘转角传感器安装在转向轴上，用于检测转向盘的中间位置、转动方向、转动角度和转动速度。在电控悬架系统中，电子控制单元根据车速传感器信号和转角传感器信号，判断汽车转向时侧向力的大小和方向，以控制车身侧倾，提高操纵稳定性。现代汽车多采用光电式转角传感器。

（3）加速度传感器　当车轮打滑时，不能再以转向角和汽车车速来判断车身侧向力的大小，这时可以利用加速度传感器直接测出车身横向加速度和纵向加速度。横向加速度传感器主要用于检测汽车转向时，汽车因离心力的作用而产生的横向加速度，并将产生的电信号输送给电子控制单元，使电子控制单元能判断悬架系统的阻尼力改变的大小及空气弹簧中空气压力的调节情况，以维持车身的最佳姿势。

常用的加速度传感器有差动变压器式和钢球位移式等。

（4）节气门位置传感器　节气门位置传感器与发动机共用，可以间接检测汽车加速信号，判断汽车是否在进行急加速。

（5）车速传感器　车速传感器与发动机共用，用于检测车轮转速信号。通过对车速的检测，来调节电控悬架的阻尼力，从而改善汽车行驶的安全性。

（6）模式选择开关　模式选择开关位于变速器杆旁。驾驶人根据汽车的行驶状况和路面情况选择悬架的运行模式，即悬架的"软"、"中"或"硬"状态，从而决定减振器的阻尼力大小。

驾驶人通过控制模式选择开关，可使悬架系统工作在 4 种运行模式：自动、正常（Auto、Normal）；自动、运动（Auto、Sport）；手动、正常（Manu、Normal）；手动、运动（Manu、Sport）。

（7）高度控制开关　高度控制开关用来选择汽车高度，一般有 NORM 和 HIGH 两种模式，ECU 检测高度控制开关的状态并相应地使汽车高度上升和下降。有的汽车还有高度控制 ON/OFF 开关，用于停止车身高度控制。

（8）制动灯开关　当踩下制动踏板时，制动灯开关接通，ECU 接收这个信号作为防点头控制的一个起始状态。

2. 电子控制单元（ECU）

悬架电子控制单元（ECU）接收各传感器、开关输入的信号，通过运算处理，发出控制指令，控制执行器工作，保持车辆的平顺性和操纵稳定性。悬架电子控制单元一般由输入电路、微处理器、输出电路和电源电路等组成。悬架电子控制单元具有提供稳压电源、传感器信号放大、输入信号计算、驱动执行机构和故障检测及保护等功能。

3. 执行机构

悬架控制系统的执行机构可以是电磁阀、步进电动机或气泵电动机等，他们根据电脑的控制信号，及时、准确、快速地进行动作，实现对弹簧刚度、减振器阻尼或车身高度的调节。根据所用悬架结构的不同，执行机构可分为空气悬架执行机构和油气弹簧悬架执行机构两种。

（1）空气悬架执行机构　如图 4-28 所示，空气悬架电子控制系统执行元件主要有空气压缩机、调压器、电动机、干燥器、排气阀、高度控制电磁阀和空气弹簧等。空气悬架的结构如图 4-29 所示，主要由悬架执行器、空气弹簧（图中未画出）、主气室、副气室、

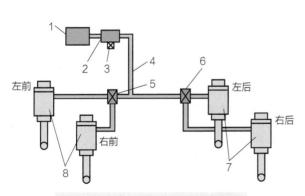

图 4-28　空气悬架执行机构示意图

1—压缩机　2—干燥器　3—排气阀　4—空气管路
5—1 号高度控制电磁阀　6—2 号高度控制电磁阀
7—后空气弹簧　8—前空气弹簧

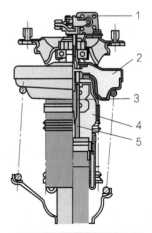

图 4-29　空气悬架结构

1—悬架执行器　2—副气室
3—阻尼调节杆　4—主气室
5—减振器活塞杆

可调阻尼力减振器（图中未画出）、阻尼调节杆、减振器活塞杆等组成。悬架执行器内的电动机根据接收到的电脑控制信号进行工作，当电动机转动时，带动控制杆转动，使弹簧的刚度和减振器的阻尼系数达到理想值。空气弹簧是利用压缩空气做的弹簧，由主、副气室组成，密封的气体具有弹簧的功能，可通过执行器控制主副气室之间的通道大小，实现空气弹簧刚度的调节。可调阻尼力减振器可通过执行器控制阻尼孔的开闭，改变减振器阻尼孔的流通截面积，实现软、中、硬 3 种模式。车身高度的调节是通过向空气弹簧主气室内充放压缩气体来实现的。

（2）油气弹簧悬架执行机构　油气弹簧悬架电子控制系统执行机构主要包括油气弹簧、悬架刚度调节器、电动液压泵、电磁阀等，如图 4-30 所示。

油气弹簧是利用油压来压缩密封氮气的一种弹性元件，一般由气体弹簧和相当于液力减振器的液压缸组成。它通过油液压缩气室中的氮气实现变刚度特性，通过电磁阀控制油液管路中的小孔节流实现变阻尼特性。

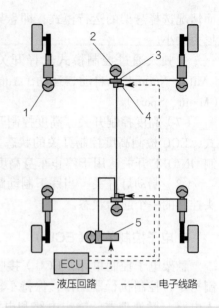

图 4-30　油气弹簧悬架执行机构示意图

1—油气弹簧　2—中间气体弹簧
3—悬架刚度调节器　4—电磁阀
5—电动液压泵

ECU 根据转向传感器、加速度传感器、制动压力传感器、车速传感器、车身高度传感器等数据信息，判断车辆的运行状态，然后根据预设程序向油气弹簧刚度调节器和电磁阀等执行元件发出指令，控制油气弹簧增高或是降低车身，控制油气弹簧液压减振器中的油缸增压或是泄压，以保持合适的车身高度和减振器阻尼。

三、典型车型电控悬架系统简介

下面介绍奥迪 Q7 汽车电控悬架系统。

1. 电控悬架系统的组成

奥迪 Q7 汽车电控悬架系统可根据行车路况自动压缩或伸长空气弹簧，自动调整悬架高度和弹性，降低或升高底盘离地间隙，以提高高速行车时的车身稳定性或复杂路况的通过性。电控悬架系统的组成如图 4-31 所示。

蓄能器的作用是储存一定压力的空气，提高电控悬架系统的随时可用性。蓄能器的容量为 5.8L，压力为 1600kPa。

2. 电控悬架系统图

电控悬架系统图如图 4-32 所示。

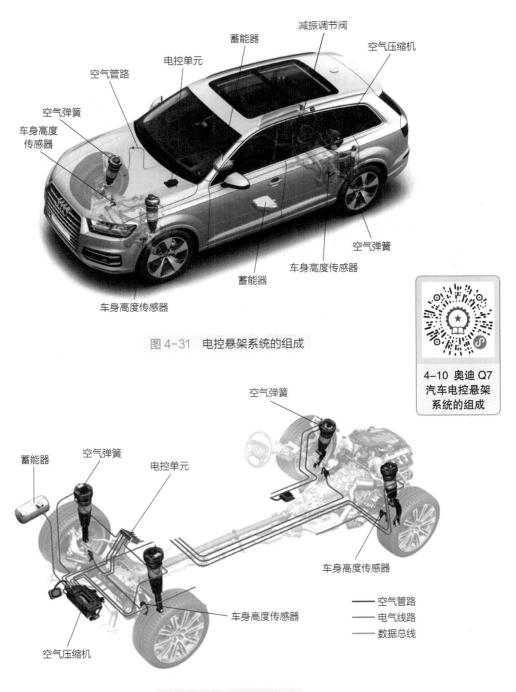

图 4-31 电控悬架系统的组成

4-10 奥迪 Q7 汽车电控悬架系统的组成

图 4-32 电控悬架系统图

3. 空气供给装置

电控悬架系统中的空气供给装置主要由电磁阀体、压缩机和驱动压缩机的电动机等组成，如图 4-33 所示。

4. 空气弹簧

空气弹簧也称空气减振支柱，是无级调节式双筒减振器，主要由开卷活塞、折叠支架、钢板圆筒、活塞杆、空气弹簧膜片等组成，如图 4-34 所示。

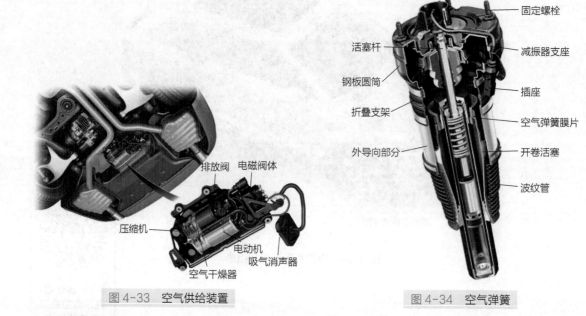

图 4-33　空气供给装置

图 4-34　空气弹簧

相关技能

下面主要以雷克萨斯 LS400 轿车的电控悬架系统为例，介绍电控悬架系统检修的基本方法。

电控悬架系统检修要求及注意事项如下：

1）维修过程中，当点火开关在打开状态下时，不要随意断开蓄电池接线，否则会丢失控制模块中存储的信息，也不要拆卸或安装控制模块及其插接器。

2）当用千斤顶将汽车顶起时，应将高度控制 ON／OFF 开关拨到 OFF 位置。如果在高度控制 ON／OFF 开关拨到 ON 位置的情况下顶起汽车，则 ECU 中会记录一个故障码。如果记录了故障码，务必将其从存储器中清除掉。

3）在放下千斤顶或将汽车从支架上放下之前，应将汽车下面的所有物体挪走。因为在维修过程中，可能进行了空气悬架的放气、空气管路拆检等操作，此时空气悬架中的主气室可能无气或存有少量剩余气体，汽车落地后，车身高度会降低，将下面的物体压住。

4）在开动汽车之前，应起动发动机将汽车的高度调整到正常状态。因为在维修过程中悬架上空气弹簧的空气可能被放掉，车身高度变得很低，如果此时汽车起步，会造成车身与悬架、轮胎等的相互摩擦或碰撞。

5）如果汽车装有安全气囊系统，在维修电控悬架前，应先将安全气囊系统断开。因为一些汽车的前安全气囊碰撞传感器安装在空气压缩机和 1 号车身高度控制阀上面。因此，除非必要时，不要触及这个传感器。若要触及，必须按照安全气囊维修中的说明，在维修前拆下前安全气囊碰撞传感器，避免影响安全气囊系统的正常工作。

6）在控制系统的检测中，必须使用生产厂家在维修手册中要求的检测工具，否则可能损坏控制系统的零部件。

一、电控悬架系统故障自诊断

1. 检查电控悬架系统指示灯

电控悬架系统中的指示灯有两个：一个是高度控制指示灯 NORM，另一个是刚度阻尼指示灯 LRC。还有一个高度控制照明灯 HEIGHT。

1）当点火开关转到 ON 时，LRC 指示灯（SPORT 指示灯）和高度控制指示灯（NORM 和 HI 指示灯）应点亮 2s 后熄灭，2s 后，各指示灯的亮灭则取决于其控制开关的位置。

2）如果 LRC 和高度控制开关分别设定到 SPORT 和 HIGH 位置，则 SPORT 和高度指示灯（HI）将点亮。

3）如果高度指示灯以每 1s 的间隔闪亮时，表明 ECU 中存有故障码，如果出现故障，应检查相应电路。

2. 故障码的读取

电控悬架系统的故障码可用故障诊断仪来读取，按操作提示进行即可。

3. 故障码的清除

电控悬架系统故障排除后要将故障码清除，清除系统故障码也用故障诊断仪来完成，按操作提示进行即可。

二、电控悬架系统的功能检查

1. 车身高度调整功能的检查

1）检查轮胎气压。检查轮胎气压是否正常，如果不正常，应调整到正常值。

2）检查车身高度。将高度控制开关处于 NORM 位置，车辆停放在水平面上，在相应的测量点检查车身高度是否合适，如图 4-35 所示。

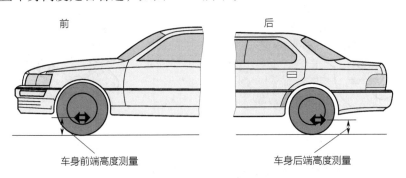

前　　　　　　　　　　　　　　　　后

车身前端高度测量　　　　　　　　　　　　车身后端高度测量

图 4-35　车身高度测量点

3）车身高度调整。如果车身高度不符合标准，必须先将高度调整到标准范围内。可旋松车身高度传感器连杆上的两只锁紧螺母，转动车身高度传感器连接杆的螺栓进行调节车身高度，如图 4-36 所示。

4）车身高度调整功能检查。起动发动机，将高度控制开关由 NORM 转换到 HIGH，如图 4-37 所示，车身高度应升高 10~30mm；将高度调整开关从 HIGH 位置转换到 NORM 位置，车辆高度应降低 10~30mm，每次调整所需时间大约为 20~40s。

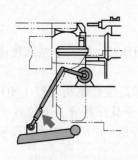
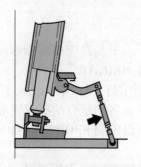
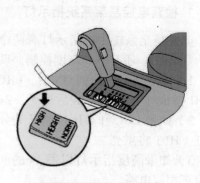

a）前连接杆的调整位置　　b）后连接杆的调整位置

图 4-36　高度传感器连接杆的调整位置　　　　图 4-37　高度控制开关

2. 溢流阀的检查

当压缩机工作时，检查溢流阀是否工作，其检查方法如下。

1）将点火开关置于 ON，将高度控制插接器的端子 1、7 跨接，如图 4-38 所示，使压缩机工作。

小提示：此操作会在电控悬架 ECU 内记录一个故障码。

2）压缩机工作一会后，检查溢流阀是否放气，如图 4-39 所示。如果不放气，说明溢流阀堵塞、压缩机故障或有漏气的部位。

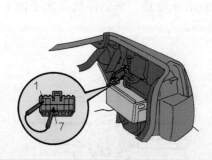
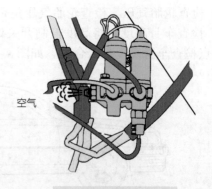

空气

图 4-38　跨接高度控制插接器的 1、7 端子　　　　图 4-39　检查溢流阀

3）检查结束后，将点火开关置于 OFF，清除故障码。

3. 漏气的检查

电控悬架系统漏气主要是检查空气软管和软管接头是否漏气，其具体方法如下。

1）将高度控制开关置于 HIGH 位置，使车辆高度升高。

2）使发动机熄火。

3）在管子的接头处涂抹肥皂水，检查是否漏气，具体检查位置如图 4-40 所示。

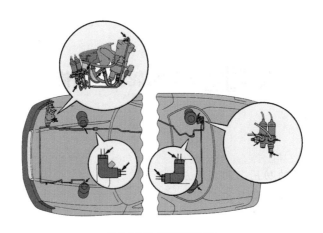

图 4-40 检查漏气

维修实例

宝马 X5 豪华型 SUV 行驶中车身高度故障警告灯点亮

（1）故障现象 一辆 2012 款宝马 X5 xDrive35i 豪华型 SUV，装备单桥自调标高悬架控制系统，行驶里程 14.6 万 km。驾驶人反映，该车更换机油后，在行驶中车身高度故障警告灯突然点亮。

（2）故障检修 根据该车维修资料可知，单桥自调标高悬架控制系统可将后桥上的车辆高度与负载状态保持在某个规定的标准高度，主要由 EHC 控制单元、供气装置、压缩机、空气干燥器、阀体、控制阀和排气阀、2 个空气弹簧、2 个高度传感器等组成。自调标高悬架控制系统通过空气弹簧的进气或排气来实现悬架的高度调整，EHC 控制单元从高度传感器获取车辆左右两侧的高度信息，如果高度超出规定，则悬架系统会通过供气装置调节到标准高度。

1）从外观查看车辆的两侧高度基本一致。

2）连接故障诊断仪，读取故障码为"5 F96-EHC 排气阀；5 F94-EHC 电磁阀左后；5F95-EHC 电磁阀右后"。EHC 含义为电子高度控制系统。

3）在故障诊断仪中选择故障内容，执行检测计划，故障诊断仪提示为"EHC 排气阀、EHC 电磁阀（左）、EHC 电磁阀（右后）线路故障"。故障原因可能是电磁阀线路断路或短路。

4）举升车辆，准备检测 EHC 控制的电磁阀。在拆卸发动机护板时，发现护板左前方有一块破损压痕，观察发现附近正好是安装了悬架系统的压缩机。把护板拆卸后，发现破损的位置有好几根导线被压断了。

5）仔细查看压断的几根导线与压缩机相连。

6）询问车主得知，原来故障出现前该车做过维护保养，更换了机油和机油滤清器。

分析故障原因可能是在举升车辆时，举升位置不正确，造成悬架系统压缩机的线束被压断，导致车辆行驶中 EHC 系统报警。

7）修复断开的导线，清除故障码，起动发动机上路试车，车身高度故障警告灯熄灭，故障现象消失，故障得以排除。

任务四 车轮与轮胎的检修

岗位核心能力

◎知识目标

1）熟悉车轮与轮胎的功用、组成和应用。

2）熟悉车轮与轮胎的结构与工作原理。

◎技能目标

1）熟悉车轮与轮胎的检修内容和方法。

2）能够正确地对车轮与轮胎进行拆卸与安装。

3）能够对车轮动平衡进行检验。

案例导入

一汽大众 2016 款速腾 1.6L 轿车，行驶里程为 8.2 万 km。驾驶人说，该车车速超过 100km／h 时，整车抖振，难以驾驶。

相关知识

一、车轮总成的功用与结构

1. 车轮总成的功用

汽车车轮总成处于车轴和地面之间，具有以下的功用。

1）支撑整车质量。

2）缓和由路面传递来的冲击载荷。

3）通过轮胎和路面之间的附着作用为汽车提供驱动力和制动力。

4）产生平衡汽车转向离心力的侧向力，以便顺利转向，并通过轮胎产生的自动回正力矩，使车轮具有保持直线行驶的能力。

5）具有跨越障碍的能力，保证汽车的通过性。

此外，车轮和轮胎（特别是轿车轮胎）还是汽车重要的安全件。几乎所有的汽车行驶性能都与轮胎有关。车轮和轮胎的使用特点使得它们必须具有足够的强度和刚度，质量轻，散热能力强，轮胎具有良好的弹性特性和摩擦特性，足够的使用寿命。

2.车轮总成的组成

汽车车轮总成如图4-41所示，是由车轮和轮胎两大部分组成，是汽车行驶系统的重要部件之一。

二、车轮的功用与类型

1.车轮的功用

车轮是介于轮胎和车桥之间承受负荷的旋转组件，其功用是安装轮胎，承受轮胎与车桥之间的各种载荷。

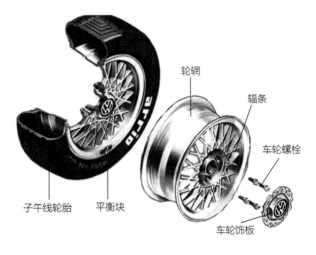

图4-41　车轮总成

2.车轮的组成

车轮一般由轮毂、轮辋和轮辐组成，如图4-42所示。车轮轮毂通过圆锥滚子轴承装在车桥或转向节轴颈上，用于连接车轮与车桥。轮辋用于安装和固定轮胎。轮辐将轮毂和轮辋连接起来，并通过螺栓与轮毂连接起来。

4-11　车轮

3.车轮的类型与结构

（1）轮辐类型与结构　按轮辐结构的不同，车轮可以分为两种形式：辐板式车轮和辐条式车轮。

1）辐板式车轮。目前，普通轿车和轻、中型货车普遍采用辐板式车轮，由挡圈、轮辋、辐板和气门嘴伸出口组成。车轮中用以连接轮毂和轮辋的钢质圆盘称为辐板，辐板大多是冲压制成的，少数和轮毂铸成一体。

轿车辐板式车轮如图4-43所示，辐板所用板料较薄，常冲压成起伏多变的形状，以提高其刚度。目前广泛采用的轿车车轮为铝合金车轮，且多为整体式的，即轮辋和轮辐铸成一体。它质量轻，尺寸精度高，生产工艺好，美观大方，可以明显改善车轮的空气动力学特性，降低汽车油耗。

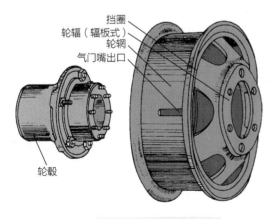

图4-42　车轮的组成

图4-43　轿车辐板式车轮

2）辐条式车轮。按辐条结构的不同，辐条式车轮又分为钢丝辐条式车轮和铸造辐条式车轮。钢丝辐条式车轮的结构与自行车辐条车轮完全一样，其价格高、维修安装不便，仅用于赛车和某些高级轿车上。铸造辐条式车轮的辐条与轮毂铸成一体，轮辋用螺栓和特殊形状的衬块固定在辐条上，常用于重型货车上。

（2）轮辋类型与结构 轮辋用于安装和固定轮胎。轮辋的常见结构形式有深槽轮辋、平底轮辋和对开式轮辋，如图4-44所示。

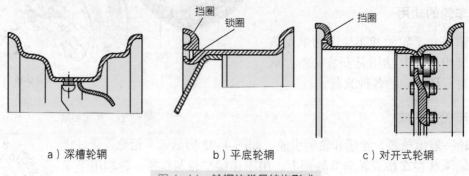

a）深槽轮辋　　　　　　　b）平底轮辋　　　　　　　c）对开式轮辋

图4-44　轮辋的常见结构形式

三、轮胎的功用与类型

1. 轮胎的功用

现代汽车都采用充气式轮胎，轿车上应用的轮胎主要是低压（超低压）、无内胎的子午线轮胎。轮胎安装在轮辋上，直接与路面接触，它的功用如下：

1）支承汽车的质量，承受路面传来的各种载荷的作用。

2）和汽车悬架共同来缓和汽车行驶中所受到的冲击，并衰减由此而产生的振动，以保证汽车有良好的乘坐舒适性和行驶平顺性。

3）保证车轮和路面有良好的附着性，以提高汽车的动力性、制动性和通过性。

2. 轮胎的类型

1）按轮胎内空气压力的大小，轮胎分为高压胎（0.5~0.7MPa）、低压胎（0.2~0.5MPa）和超低压胎（0.2MPa以下）3种。低压胎弹性好，减振性能强，壁薄散热性好，与地面接触面积大附着性好，因而广泛用于轿车。超低压胎在松软路面上具有良好的通过能力，多用于越野汽车及部分高级轿车。

2）按轮胎有无内胎，轮胎分为有内胎轮胎和无内胎轮胎（俗称真空胎）两种。目前轿车上普遍采用无内胎轮胎。

3）按胎体帘布层结构的不同，轮胎分为斜交轮胎和子午线轮胎。目前，子午线轮胎在汽车上广泛应用。

3. 轮胎的结构

（1）无内胎轮胎 无内胎轮胎俗称真空胎，在外观上与普通轮胎相似，但是没有内胎及垫带。它的气门嘴用橡胶垫圈和螺母直接固定在轮辋上，空气直接充入外胎中，其密封性由外胎和轮辋来保证，如图 4-45 所示。

（2）外胎的结构　外胎由胎面、保护层、带束层、帘布层、胎肩、胎侧和胎圈等组成，如图 4-46 所示。

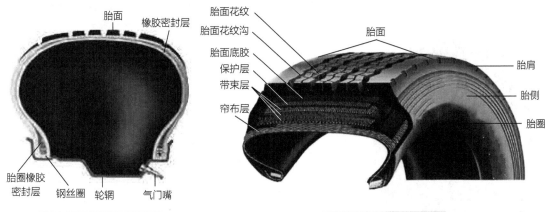

图 4-45　无内胎轮胎　　　　　　　图 4-46　外胎的结构

4. 轮胎规格的表示方法

子午线轮胎的规格如图 4-47 所示，下面以一汽大众速腾轿车轮胎的规格 195/60 R 14 85 H 为例进行说明。

1）"195"表示轮胎宽度 195mm，货车子午线轮胎的宽度一般用英寸（in）为单位，1in=25.4mm。

4-12　轮胎　　4-13　子午线轮胎的规格

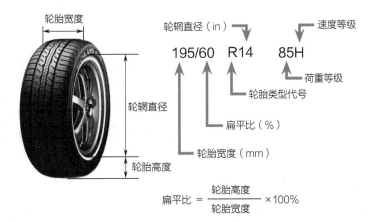

$$扁平比 = \frac{轮胎高度}{轮胎宽度} \times 100\%$$

图 4-47　子午线轮胎的规格

2）"60"表示扁平比为 60%，扁平比为轮胎高度与轮胎宽度之比，有 25、60、65、70、75、80 等 12 个级别。

3）"R"表示子午线轮胎，即"Radial"的第一个字母。

4）"14"表示轮辋直径或轮胎内径为 14in。

5）"85"表示荷重等级，即最大载荷质量。荷重等级为 85 的轮胎的最大载荷质量为 515kg。

6）"H"表示速度等级，表明轮胎能行驶的最高车速。轮胎速度等级对应表见表 4-6。

表 4-6　轮胎速度等级对应表

速度等级	最高时速	适用范围
L	120km/h	
M	130km/h	
N	140km/h	
P	150km/h	
Q	160km/h	
R	170km/h	紧凑级轿车
S	180km/h	
T	190km/h	
U	200km/h	
H	210km/h	中高端轿车
V	240km/h	
W	270km/h	大型豪华轿车、超级跑车等
Y	300km/h	
ZR	超过 240km/h	

5. 轮胎生产日期

轮胎上一般均标有轮胎生产日期。如图 4-48 所示，轮胎生产日期可察看轮胎侧面相应的数据。生产日期的后两位代表生产年份，前两位代表是第几周生产，图中该轮胎为 2013 年第 35 周生产。

图 4-48　轮胎生产日期

相关技能

一、车轮的拆装

1. 车轮总成的拆卸

1）停稳车辆，用三角木、橡胶块等前后掩住一个不拆卸的车轮，防止溜车（如有举升机，则可用举升机升起车辆）。

2）取下车轮上的装饰罩，先弄清汽车左右侧车轮与轮毂固定螺栓的螺旋方向，使用轮胎扳手、扭力扳手等初步拧松车轮固定螺栓。

3）用千斤顶顶在车辆指定的位置，使被拆车轮稍离地面。也可用举升机升起车辆，使车轮稍离开地面。

4）拆下车轮与轮毂连接的全部螺栓，从轮毂上取下车轮总成。

2. 车轮总成的安装

1）先将车轮抵靠在轮毂上，将车轮固定螺栓初步拧在轮毂上，使车轮与轮毂贴靠在一起。

2）落下车辆使车轮与地面稍接触，用扭力扳手按对角线的顺序分 2~3 次拧紧车轮螺栓（图 4-49），最后一次要按规定力矩拧紧。

二、轮毂轴承预紧度的调整

图 4-49　按对角线顺序拧紧车轮螺栓
（图中数字为螺栓拧紧顺序）

轮毂轴承过松或过紧必须立即修理，即调整轮毂轴承的预紧度，方法如下。

1）用千斤顶支起车轮，拧下轮毂盖螺钉，拆下轮毂衬垫。

2）拆下锁止销钉，旋下锁紧螺母，拆下锁止垫片。

3）旋转调整螺母改变轮毂轴承间隙。旋进轴承间隙变小，旋出轴承间隙变大。一般将调整螺母旋紧到底，再退回 1/3 圈即可。

4）调整合适的轮毂轴承预紧度应使车轮能够自由转动，且轴向推动无明显间隙。

三、轮胎的检查

轮胎的检查主要是检查轮胎的磨损程度和轮胎气压，轮胎的磨损程度的检查包括轮胎外观的检查和胎面花纹深度的检查。

（1）轮胎外观的检查　举升车辆，缓慢转动轮胎，检查轮胎是否有胎体变形、鼓包、橡胶开裂、异常磨损及穿刺异物等现象，如图 4-50 所示。检查并清除轮胎花纹中堆积的杂物等。

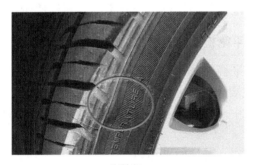

a）鼓包　　　　　　　　　　　b）穿刺异物

图 4-50　检查轮胎外观

（2）胎面花纹深度检查　具体方法：擦净轮胎花纹顶面及纹槽，将深度尺垂直插入轮胎花纹槽中，保持深度尺的测量平面与两侧花纹顶面可靠接触；观察并读取深度尺外壳顶端与标尺对齐的刻度线指示的数值，该数值即为轮胎花纹深度值，如图 4-51 所示。

如果轮胎花纹接近轮胎磨损标记，应更换轮胎。如果经过测量，前轮轮胎比后轮轮胎花纹磨损严重，应进行轮胎换位，这样可保持汽车各个轮胎磨损基本均匀，达到延长轮胎使用寿命的目的。

（3）轮胎气压的检查　轮胎气压可用气压表进行检查。通常胎压推荐值是指轮胎在冷却情况下测得的胎压（轮胎冷却情况是指停车后至少 3h 后或轮胎行驶不超过 2km）。如果只能在热胎时测量胎压，应将所测得胎压数值减去约 0.03MPa 就是轮胎冷却充气压力。

→ **注意：** 不同的车辆，轮胎的气压值也许不同，检查时应参看车辆用户手册或者驾驶室车门（B 柱附近）、油箱盖、储物箱等标有轮胎型号的地方找到车辆的胎压。

图 4-51　胎面花纹深度检查

一汽大众迈腾轿车在空载时，前轮的胎压为 0.22MPa，后轮的胎压为 0.25MPa。

四、车轮动平衡的检验

1. 车轮不平衡的危害及车轮不平衡的原因

（1）车轮不平衡的危害　汽车车轮是旋转构件，如果车轮不平衡，在高速行驶时会引起车轮上下跳动和横向摇摆，不仅影响汽车乘坐舒适性，而且使驾驶人难以控制行驶方向，以及汽车制动性能变差，影响行车安全。车轮不平衡还会大大增加各部件所受的力，加大轮胎的磨损和行驶噪声等。因此，汽车在使用和维修中必须进行车轮平衡试验和校准。

（2）车轮不平衡的原因

1）质量分布不均匀，如轮胎产品质量欠佳，翻新胎、补胎、胎面磨损不均匀及在外胎与内胎之间垫带等。

2）轮辋、制动鼓变形。

3）轮毂与轮辋加工质量不佳，如中心不准、轮胎螺栓孔分布不均、螺栓质量不佳等。

2. 采用离车式车轮动平衡机进行车轮动平衡检验的方法

利用离车式车轮动平衡机对车轮进行动平衡检测时，需将车轮从车上拆下。图 4-52 所示为常见的车轮动平衡机，该动平衡机主要由机箱、转轴与支撑装置、显示与控制装置、驱动装置（图中未画出）、制动装置（图中未画出）及防护罩（图中未画出）等组成。

进行车轮动平衡检测的方法如下：

1）对被测车轮进行清洗，去掉泥土、砂石，拆掉旧平衡块。

2）检查轮胎气压，若不符合规定值，可充气至规定气压值。

3）根据轮辋中心孔的大小选择锥体，将车轮安装于平衡机上，并用锁紧螺母将车轮锁紧，如图 4-53 所示。

4）打开车轮动平衡机电源开关，检查指示装置是否指示正确。

5）如图 4-54 所示，利用车轮动平衡机上的伸缩尺（钢直尺）测出轮辋边缘到机箱之间的距离并输入到显示与控制装置。

6）如图 4-55 所示，用宽度尺测量轮胎的轮辋宽度，将测量的数值输入到显示与控制装置。

图 4-52 离车式车轮动平衡机

图 4-53 锁紧车轮

图 4-54 测量轮辋边缘到机箱之间的距离

图 4-55 用宽度尺测量轮胎的轮辋宽度

7）输入轮辋直径。轮辋直径可在轮胎规格中查找。

8）按下起动键，起动车轮动平衡机，开始测量（若有防护罩，应放下防护罩）。当车轮自动停转后，指示装置会显示出车轮内、外动不平衡量和位置。

9）用手慢慢旋转车轮（有防护罩的，应抬起车轮防护罩），当动平衡机指示装置发出信号（显示面板上的指示灯全亮）时，停止转动车轮，如图 4-56 所示。

10）根据动平衡机显示的动不平衡量，在轮辋内侧或外侧的正上方（时钟 12 点位置）的边缘加装与显示数值相等重量的平衡块，如图 4-57 所示。内、外侧要分别进行，平衡块要装卡或粘贴牢固。

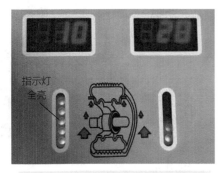

图 4-56 显示面板上的指示灯全亮

图 4-57 加装平衡块

11）重新起动车轮动平衡机，再次进行动平衡试验，直至动不平衡量小于5g，即车轮动平衡机显示面板显示为"00"或"OK"时为止，此时车轮动平衡即为正常。

12）关闭车轮动平衡机电源，从车轮动平衡机上取下车轮，车轮动平衡检测结束。

五、轮胎的换位

1）按时换位可使轮胎磨损均匀，约可延长20％的使用寿命，应结合车辆二级维护定期换位。在路面拱度较大的地区或夏季，轮胎磨损差别较大，可适当增加换位次数。一般推荐10000km应将轮胎换位一次。

2）轮胎换位方法常用的有交叉换位法和单边换位法，如图4-58所示。

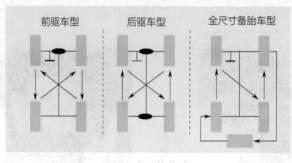
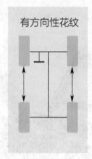

前驱车型　　后驱车型　　全尺寸备胎车型　　有方向性花纹

a）交叉换位法　　　　　　　　　b）单边换位法

图4-58　四轮二桥汽车轮胎换位法

➡ **小提示：** 如果轮胎有方向性花纹，应采用单边换位法。一般情况下，子午线轮胎的旋转方向应始终不变，也宜用单边换位法。若反向旋转，会因钢丝帘线反向变形产生振动，汽车平顺性变差。因此一些轿车使用手册推荐子午线轮胎采用单边换位法。

3）轮胎换位后，应按所换的胎位要求，重新调整气压。

4）轮胎换位后须做好记录，下次换位仍要按上次选定的换位方法换位。

5）对于有胎压监测功能的轮胎，换位后应重新设定轮胎。

六、轮胎的拆装

目前，轿车几乎都采用无内胎的子午线轮胎，最常见的拆装轮胎的专用设备是轮胎拆装机，如图4-59所示。

1. 轮胎的拆卸

1）先将车轮从车辆上拆卸下来。

2）用专用工具拆卸气门芯，将轮胎内的空气放尽，并取下轮辋边缘的平衡块。

3）把车轮竖起放在地面上，操作轮胎拆装机的大铲压迫轮胎，使轮胎与轮辋分离，如图4-60所示。

图4-59　轮胎拆装机

4）将轮胎外侧朝上放在轮胎拆装机的工作台上。

5）如图 4-61 所示，踩下卡爪闭合踏板，将轮胎锁紧在工作台的转盘上，锁紧方式有两种：向外撑或向里夹。对胎口较紧的轮胎而言，建议使用向里夹的锁紧方式。

图 4-60　使轮胎与轮辋分离

图 4-61　将轮胎锁紧在工作台的转盘上

6）如图 4-62 所示，将拆装头靠近轮辋边缘。

7）如图 4-63 所示，在轮胎与轮辋边缘涂润滑剂（肥皂水），用撬棍将轮胎边缘撬到拆装头上，点踩转盘转动踏板，使工作台顺时针旋转，直到胎缘脱落为止。抽出撬棍，即可拆下轮胎。

图 4-62　拆装头靠近轮辋边缘

图 4-63　拆下轮胎

➜ 小提示：若在拆卸过程中受阻，应立即停止操作，点踩踏板，使工作台逆时针转动，消除障碍后再继续拆卸。

如图 4-64 所示，若轮辋上安装有胎压传感器，拆装时应使拆装头避开胎压传感器的位置，防止在拆装时碰坏胎压传感器。

8）有的轮胎在正面拆卸完毕后，还要进行反面拆装，方法可参考正面拆装的方法。

图 4-64　胎压传感器

➜ 小提示：

◆拆卸应时刻注意人身以及轮胎安全，严格按照相关科学合理的步骤实施。

2.轮胎的安装

1）先在轮胎与轮辋边缘涂润滑剂（肥皂水），然后用手将轮胎套在轮辋上，把拆装头压在轮辋边缘，如图4-65所示。

2）操作工作台顺时针旋转，安装轮胎内侧。然后调整轮胎位置，保证轮胎气门嘴位置安装正确，切勿损伤气门嘴。

3）操作轮胎拆装机的压杆，使压杆下压轮胎外侧到轮辋的深槽中。用拆装头压住轮胎边缘，使工作台顺时针旋转，安装轮胎外侧，如图4-66所示。

图4-65 把拆装头压在轮辋边缘

图4-66 安装轮胎外侧

4）轮胎安装好后，将气门芯装回，然后先充入少量的压缩空气，待轮胎的边缘充气伸展后再继续充气至规定值气压。

➡ **小提示：** 充气前应检查气门芯与气门嘴是否配合平整。充气后应检查是否漏气，并将气门帽装紧。

5）最后将车轮安装到车辆上。

七、轮胎磨损的故障诊断

轮胎故障常见的有轮胎的胎肩或胎面中间磨损、轮胎的一侧（内侧或外侧）磨损、轮胎羽状磨损和轮胎的前端和后端磨损等。

1.轮胎的胎肩或胎面中间磨损的故障诊断

（1）故障现象 如图4-67所示，轮胎的胎肩和胎面中间出现了磨损。

a）胎肩磨损　　　　　　　　b）胎面中间磨损

图4-67 胎肩或胎面中间磨损

（2）故障原因　轮胎充气压力过低会造成轮胎的胎肩磨损，轮胎充气压力过高会造成轮胎的胎面中间磨损。

（3）故障诊断

1）检查是否超载。

2）检查充气压力。如果充气过量或充气不足，应调整充气压力达到规定值。

3）调换轮胎位置。

2. 轮胎的一侧（内侧或外侧）磨损的故障诊断

（1）故障现象　如图4-68所示，轮胎出现了内侧或外侧的一侧磨损。

（2）故障原因

1）在过高的车速下转弯会造成转弯磨损。转弯时轮胎滑动，便产生了斜形磨损。

2）悬架部件变形或间隙过大，会影响前轮定位，造成不正常的轮胎磨损。

3）如果轮胎面某一侧的磨损快于另一侧的磨损，其主要原因可能是外倾角不正确。

（3）故障诊断

1）询问驾驶人是否高速转弯，如果是则要避免。

2）检查悬架部件。若松动则将其紧固；若变形和磨损，应修理或更换。

3）检查外倾角。若不正常，应校正。

4）调换轮胎位置。

3. 轮胎羽状磨损的故障诊断

（1）故障现象　如图4-69所示，轮胎出现了羽状磨损。

图4-68　轮胎一侧磨损

图4-69　轮胎出现了羽状磨损

（2）故障原因　胎面的羽状磨损，主要是由于前束调节不当所致，过量的前束，会迫使轮胎向外滑动，并使胎面的接触面在路面上朝内拖动，造成前束磨损，胎面呈明显的羽毛形，用手指从轮胎的内侧至外侧划过胎面，便可加以辨别。另一方面，过量的后束，会将轮胎向内拉动，并使胎面的接触面在路面上朝外拖动，造成后束磨损。

（3）故障诊断

1）检查前束和后束。如果前束过量或后束过量，应该加以调整。

2）调换轮胎位置。

4. 轮胎的前端和后端磨损的故障诊断

（1）故障现象　如图 4-70 所示，轮胎出现了前端和后端磨损。

（2）故障原因

1）前端和后端磨损是一种局部磨损，常常出现在具有横向花纹和区间花纹的轮胎上，胎面上的区间发生斜向磨损（与鞋跟的磨损方式相同），最终变成锯齿状。

2）具有纵向折线花纹的胎面，磨损时会产生波状花纹。

图 4-70　前端和后端磨损

3）非驱动轮的轮胎只受制动力的影响，而不受驱动力的影响，因此往往会有前后端形式的磨损，如反复使用和放开制动器，便会使轮胎每次发生短距离滑动而磨损，前后端磨损的形式便与这种磨损相似。

4）另一方面，如果是驱动轮的轮胎，则驱动力所造成的磨损，会在制动力所造成的磨损的相反的方向上出现，因此驱动轮轮胎极少出现前后端磨损。客车和大货车由于制动时产生了很大的摩擦力，故具有横向花纹的轮胎，便会出现与非驱动轮相似的前后端磨损。

（3）故障诊断

1）检查充气压力。如果充气不足，就将其充至规定值。

2）检查车轮轴承。如果磨损或松动，应更换或调整。

3）检查外倾角和前束。如果不正确，应加以调整。

4）检查轴颈或悬架部件。如果损坏，应修理或更换。

5）调换轮胎位置。

维修实例

后轮内侧胎缘磨损严重

（1）故障现象　一汽大众 2015 款迈腾 2.0L 轿车，行驶里程为 9.5 万 km。驾驶人说，后轮内侧胎缘磨损严重。

（2）故障原因　连接车架的复式（橡胶—金属）衬套的胶块破损。

（3）故障诊断与排除　根据故障现象做如下检查。

1）检查两后轮气压、花纹、均符合要求。

2）检查车架，无变形。

3）检查后减振器，性能良好，没有漏油现象。

4）检查连接车架的复式（橡胶—金属）衬套时，发现橡胶块已破损，这更是造成后轮偏磨的原因。

更换复式衬套，并进行后轮胎换位。使用半年后，后轮胎磨损正常。

小结：后轮胎偏磨主要是后轮定位角不准引起的。后轮定位角（包括后轮前束）是由

后悬架结构保证的，不能调整。一旦后轮定位角不准（外观表现为后轮偏磨），便要检查后悬架各部件有无损坏以及连接位置是否因部件变形发生了变化。

📖 **课程育人**

案例4：在完成复杂工序的时候，要培养一丝不苟的职业精神

汽车现在是人们出行的重要交通工具，在维修车辆的过程中，因一时马虎或为图省事，没有按照规范标准拧紧螺栓或者少装一个零部件的话，就有可能因失误而导致交通事故的发生。所以要把每一次的专业学习尤其是实训教学环节的练兵场当作战场，保证操作规范性和安全性，不仅要有扎实的专业知识，还要有一丝不苟的态度和对工作的责任心。

转向系统

➜ 项目描述

汽车在行驶过程中，经常需要改变行驶方向。转向系统是一套用来改变或恢复汽车行驶方向的专设机构。为使汽车操纵轻便及行驶安全，目前轿车上普遍采用转向助力器。

为了实现在各种行驶条件下转向盘上所需要的力都是最佳值，应采用更先进的电子控制转向系统（Electronic Control Power Steering，缩写为 EPS）。电子控制转向系统也称电控动力转向系统，该系统在低速行驶时可使转向轻便、灵活；当汽车在中高速区域转向时，又能保证提供最优的动力放大倍率和稳定的转向手感，从而提高了高速行驶的操纵稳定性。

本项目主要介绍汽车电控动力转向系统的控制功能、主要部件结构、工作原理以及常见故障分析等知识。

通过本项目的学习，你将能够描述电控动力转向系统的类型、基本组成、总体构造和工作原理，熟悉电控动力转向系统的检修方法，学会对电控动力转向系统常见故障进行诊断与排除。

➜ 素养目标

培养团队协作职业素养。
培养合作和沟通能力。

岗位核心能力

◎知识目标

1）熟悉电控动力转向系统的类型、基本组成。
2）熟悉电控动力转向系统的结构及工作原理。

◎技能目标

1）能够正确检修电控动力转向系统。
2）能够对电控动力转向系统常见故障进行诊断与排除。

案例导入

一辆大众迈腾 2017 款 330 TSI DSG 双离合器自动变速器舒适型轿车,装有电控转向系统,行驶里程约 7.6 万 km。驾驶人反映该车在行驶过程中感觉转动转向盘比以前沉重,助力效果变差,要求进厂维修。经维修技师初步检查,该车的轮胎、悬架、车架及前桥等技术状况都正常,故障可能是由电控转向系统引起,需对电控转向系统进行检查。

相关知识

一、转向系统的基本知识

汽车转向系统是指由驾驶人操纵,能实现转向轮偏转和回位的一套机构。当汽车需要改变行驶方向时,必须使转向轮绕主销轴线偏转一定角度,直到新的行驶方向符合驾驶人的要求时,再将转向轮恢复到直线行驶的位置。

1. 转向系统的功用与类型

（1）转向系统的功用　汽车转向系统的功用是按照驾驶人的意愿改变汽车的行驶方向、保证汽车稳定地沿直线行驶。

（2）转向系统的类型　目前转向系统普遍为动力转向系统。动力转向系统又可以分为液压式、气压式和电动式 3 种。

5-1 转向系统的类型

动力转向系统是兼用驾驶员体力和发动机（或电动机）的动力作为转向能源的转向系统。动力转向系统是在机械转向系统的基础上加设一套转向助力装置而形成的装置。

2. 转向系统的基本组成和工作原理

（1）转向系统的基本组成　汽车转向系统由转向器、转向操纵机构和转向传动机构三大部分组成,其组成部件有转向盘、转向轴、转向万向节、转向器、转向横拉杆等,如图 5-1 所示。

（2）转向系统的工作原理　汽车转向时,驾驶人转动转向盘,通过转向轴、转向万向节,将转向力矩输入转向器。转向器中有 1～2 级啮合传动副,具有降速增矩的作用。转向器输出的转矩经转向横拉杆传递给转向轮,使转向轮随之偏转一定的角度。

（3）转向盘的自由行程　转向盘的自由行程是指转向盘在空转阶段的角行程,这主要是由转向系统各传动件之间的装配间隙和弹性变形所引起的。由于转向系统各传动件之间都存在着装配间隙,而且这些间隙将随零件的磨损而增大,因此在一定的范围内转动转向盘时,转向节并不马上同步转动,而是在消除这些间隙并克服机件的弹性

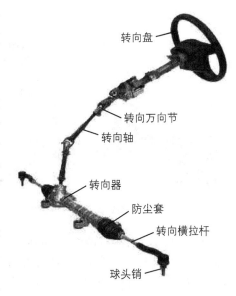

图 5-1　转向系统组成示意图

变形后，才做相应的转动，即转向盘有一空转过程。

转向盘自由行程对于缓和路面冲击及避免驾驶人过于紧张是有利的，但过大的自由行程会影响转向灵敏性。因此汽车维护中应定期检查转向盘自由行程。一般汽车转向盘的自由行程应不超过 10°~15°，否则应进行调整。调整时，可通过调整转向器传动副的啮合间隙来调整转向盘的自由行程。

3. 转向器

（1）功用　转向器是转向系统中的减速增力传动装置，其功用是增大由转向盘传到转向节的力，并改变力的传动方向。

（2）类型　转向器的种类较多，一般按转向器中传动副的结构形式分类。目前应用较广泛的有齿轮齿条式、循环球式和蜗杆曲柄指销式等几种转向器。

（3）转向器的结构

1）齿轮齿条式转向器。图 5-2 所示为齿轮齿条式转向器结构，它主要由转向器壳体、转向齿轮、转向齿条等组成。

齿轮齿条式转向器采用一级传动副，转向齿轮是转向器的主动件，它与相啮合的从动件转向齿条水平布置，齿条压靠在齿轮上，二者是无间隙啮合。

转向齿条的中部（有的是齿条两端）通过拉杆支架与左、右转向横拉杆连接。转动转向盘时，转向齿轮转动，与之相啮合的转向齿条沿轴向移动，从而使左、右转向横拉杆带动转向节转动，使转向轮偏转，实现汽车转向。

齿轮齿条式转向器结构简单，可靠性好，便于独立悬架的布置。由于齿轮齿条直接啮合，转向灵敏、轻便，在各类型汽车上的应用越来越多。

2）循环球式转向器。循环球式转向器主要由转向螺杆、转向螺母、齿条、齿扇、齿扇轴及钢球等组成，结构示意图如图 5-3 所示。

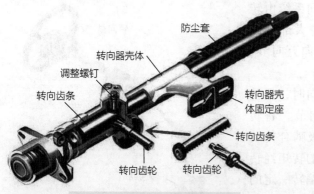

图 5-2　齿轮齿条式转向器结构

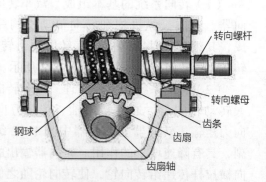

图 5-3　循环球式转向器的结构示意图

循环球式转向器有两级传动副，第一级传动副是转向螺杆和转向螺母，转向螺母的下平面加工成齿条，与齿扇轴内的齿扇相啮合，构成齿条与齿扇第二级传动副。显然，转向螺母即是第一级传动副的从动件，也是第二级传动副的主动件。通过转向盘转动转向螺杆时，转向螺母不能随之转动，而只能沿转向螺杆轴向移动，并驱使齿扇轴（即摇臂轴）转动。

当转动转向螺杆时，由于摩擦力的作用，所有钢球便在转向螺杆与转向螺母之间滚动，形成"球流"。通过钢球将力传给转向螺母，使转向螺母沿转向螺杆轴向移动。随着转向螺母沿转向螺杆做轴向移动，其上的齿条便带动齿扇绕着转向摇臂轴作圆弧运动，从而使转向摇臂轴连同摇臂产生摆动，通过转向传动机构使转向轮偏转，实现汽车转向。

循环球式转向器的最大优点是传动效率高、操纵轻便、工作可靠、使用寿命长。其主要缺点是结构复杂、制造精度要求高。

3）蜗杆曲柄指销式转向器。蜗杆曲柄指销式转向器主要由转向蜗杆、曲柄、指销和摇臂轴等组成，结构示意图如图5-4所示。

转向器壳体固定在车架的转向器支架上。壳体内装有传动副，其主动件是转向蜗杆，从动件是装在摇臂曲柄端部的指销。具有梯形截面螺纹的转向蜗杆支承在转向器壳体两端的两个向心推力球轴承上。

汽车转向时，驾驶人通过转向盘转动转向蜗杆（主动件），与其相啮合的指销（从动件）一边自转，一边以曲柄为半径绕摇臂轴轴线在蜗杆的螺纹槽内作圆弧运动，从而带动曲柄，进而带动转向摇臂摆动，实现汽车转向。

4. 转向操纵机构

（1）转向操纵机构的组成　转向操纵机构一般由转向盘、转向轴、转向柱管（图中未画出）、转向节叉、转向盘高度调节装置、万向节（图中未画出）、转向传动轴（图中未画出）等组成，如图5-5所示。

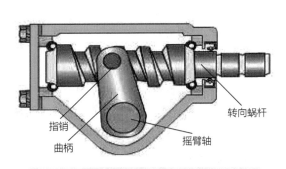

图 5-4　蜗杆曲柄指销式转向器结构示意图

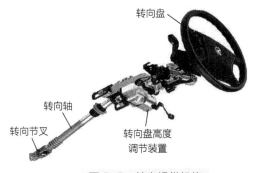

图 5-5　转向操纵机构

（2）转向操纵机构的功用　转向操纵机构的功用是产生转动转向器所必需的操纵力，并将驾驶人操纵转向盘的力传给转向器。

为了驾驶人能舒适驾驶，要求转向操纵机构可以进行调节，以满足不同驾驶人的需求。为了防止车辆撞击后对驾驶人的损伤，要求转向操纵机构具有一定的安全保护装置。

（3）转向柱管的吸能　随着汽车车速的提高，对于轿车除要求装有吸能式转向盘外，还要求转向柱管也必须备有缓和冲击的吸能装置。

如图5-6所示，一些车型采用可溃缩式转向柱管设计，在车辆遭遇剧烈碰撞，当碰撞力度超过一定程度时，可溃缩式转向管柱将自动按照预先设计瞬间溃缩折断，转向盘回缩，为驾驶人预留足够的缓冲空间，避免对驾驶人的腰部、腹部、头部产生直接冲撞，防止给驾驶人带来二次伤害，从而最高限度保护驾驶人的生命安全。

5. 转向传动机构

转向传动机构的作用是将转向器输出的力和运动传给转向轮，使两侧转向轮偏转以实现汽车转向，并保证左、右转向轮的偏转角按一定关系变化，以保证汽车转向时车轮与地面的相对滑动尽可能小。

转向传动机构一般由转向摇臂、转向直拉杆、转向节臂、梯形臂和转向横拉杆等组成。

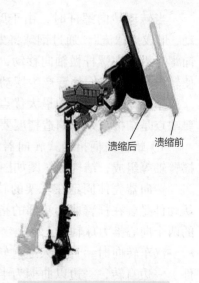

溃缩后　溃缩前

图 5-6　可溃缩式转向柱管

二、电控动力转向系统的类型与优点

1. 电控动力转向系统的类型

根据动力源的不同，电控动力转向系统可分为液压式电控动力转向系统（液压式 EPS）和电动式电控动力转向系统（电动式 EPS）。

（1）液压式 EPS　液压式 EPS 是在传统的液压动力转向系统的基础上增设了控制液体流量的电磁阀、车速传感器和 ECU 等，ECU 可根据检测到的车速信号控制电磁阀，使转向动力放大倍率实现连续可调，从而满足高、低速时的转向助力要求。

（2）电动式 EPS　电动式 EPS 是利用直流电动机作为动力源，ECU 根据各种信号控制电动机转矩的大小和方向。电动机的转矩由电磁离合器通过减速机构减速增加转矩后，加在汽车的转向机构上，使之得到一个与工况相适应的转向作用力。

2. 电控动力转向系统的优点

为满足现代汽车对转向系统的要求，电控动力转向系统应具有以下特点：

1）良好的随动性。即转向盘与转向轮之间具有准确的一一对应关系，同时能保证转向轮可维持在任意转向角位置。

2）高度的转向灵敏度。即转向轮对转向盘应具有灵敏的响应性能。

3）良好的稳定性。即具有很好的直线行使稳定性和转向自动回正能力。

4）助力效果能随车速变化和转向阻力的变化作相应的调整。低速时，有较大的助力效果，以克服路面的转向阻力；高速时，要有适当的路感，以避免因转向过轻而发生事故。

5）效率高。与传统动力转向相比，效率明显提高，特别是电控电动转向系统可达 90% 以上。

三、液压式电控动力转向系统

液压式电控动力转向系统是在传统的液压动力转向系统的基础上增设了电子控制装置而构成的。液压式电控动力转向系统在车上的布置如图 5-7 所示，部件组成如图 5-8 所示，主要包括传感器（车速传感器和转向盘转角传感器，转向盘转角传感器也称转角速度传感器）、电控单元（ECU）、动力转向油泵（转向助力泵）、普通动力转向系统（转向盘、转向柱、转向机及转向横拉杆）等。电控单元（ECU）根据车辆的行驶速度和转向角度等输入信号计算出理想的输出信号，通过控制动力转向油泵的流量（有的车型是控制流量电磁阀）向普通动力转向装置的转向机提供适当的液压助力，使转向动力的放大倍率连续可调。

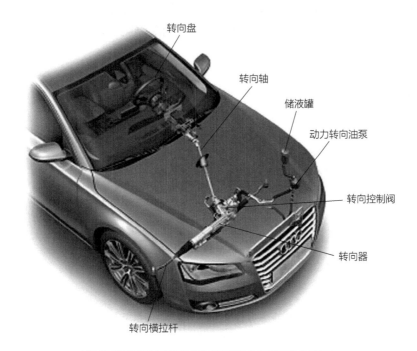

图 5-7　液压式电控动力转向系统在车上的布置

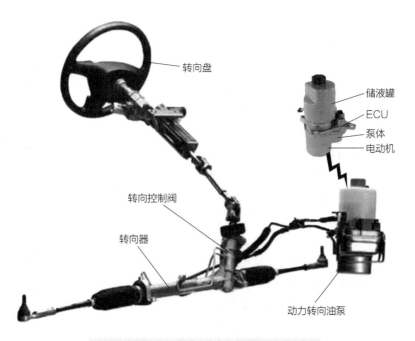

图 5-8　液压式电控动力转向系统部件组成

液压式电控动力转向系统根据控制方式的不同，可分为流量控制式、反力控制式和阀灵敏控制式 3 种形式。

1. 流量控制式 EPS

流量控制式 EPS 是一种根据车速传感器信号调节动力转向装置中油液的输入、输出流量，以控制转向助力大小的控制方法，其系统布置如图 5-9 所示。可分为分流控制式和旁流控制式。

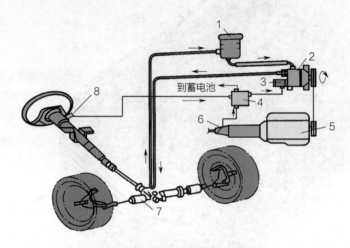

图 5-9　流量控制式动力转向系统

1—储液罐　2—动力转向油泵　3—流量控制电磁阀　4—电控单元（ECU）　5—发动机
6—车速传感器　7—齿轮齿条转向器及液压缸　8—转向盘转角传感器

（1）分流控制式　分流控制式液压电控动力转向系统如图 5-10 所示，主要由车速传感器、电磁阀、整体式动力转向控制阀、动力转向泵和电控单元等组成。

其控制原理如图 5-11 所示，发动机驱动动力转向泵产生的液压油被送到转向控制阀。汽车直线行驶时，转向控制阀处于中间位置，液压油流过转向控制阀进入泄油口并返回储液罐中。此时，动力缸活塞两边的压力相等，活塞不会向某一方移动；而当汽车转向时，转向控制阀随之转动，并关闭一个液压通道，使另一个液压通道开得更大，液压油被送到活塞一侧，在活塞两侧形成压力差，把活塞推向压力小的一侧，起到转向助力的作用。

该系统在转向动力缸两侧的油道上设置了

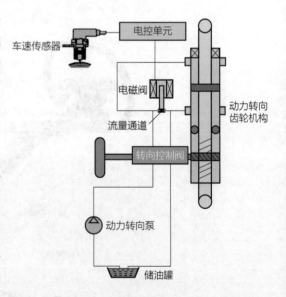

图 5-10　分流控制式液压电控动力转向系统组成

一条连通动力缸两腔的分流油道，流量受分流电磁阀控制，当电磁阀根据汽车行驶车速升高而将分流油道逐渐打开增大时，转向动力缸高压侧的高压油有一部分被分流到动力缸低压油室中去，同时返回到储液罐中，使转向动力缸中的活塞两侧油压差减小，动力转向的助力减弱，相反则助力增大，使转向灵敏性和轻便性得到很好的兼顾，形成良好的路感。

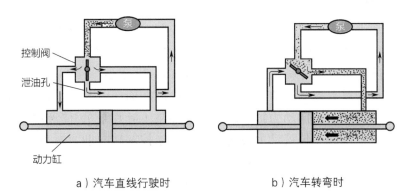

a）汽车直线行驶时　　　　　　　　b）汽车转弯时

图 5-11　分流控制式液电控动力转向系统原理

　　分流控制式液压电控动力转向系统控制电路如图 5-12 所示。动力转向 ECU 是系统的核心控制元件。它根据车速传感器提供的车速信号，通过改变旁通电磁阀驱动信号占空比的方式来控制电磁阀的开启程度，从而控制转向动力缸活塞两侧油室的分流液压油流量，来改变转向盘上的转向力。

　　车速越高，流过电磁阀电磁线圈的平均电流越大，电磁阀的开启程度越大，分流液压油流量越大，液压助力作用越小，使转动转向盘的力也随之增加；相反，则车速较低时，助力作用加大，使转向轻便。

　　（2）旁流控制式　旁流控制式液压电控动力转向系统的组成如图 5-13 所示，它是在一般液压动力转向系统上再增加了旁通流量控制阀、车速传感器、转向盘转角传感器、电控单元和控制开关等。在动力转向泵与转向器之间设有旁通管路，在旁通管路中又设有旁通流量控制阀。

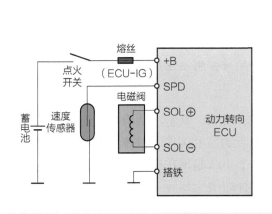

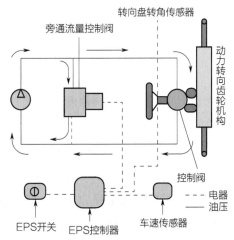

图 5-12　分流控制式液压电控动力转向系统控制电路　　　　图 5-13　旁流控制式 EPS 的组成

　　电控单元根据车速传感器、转向盘转角传感器和控制开关的信号向旁通流量控制阀发出控制信号，控制旁通流量，从而调整向转向器供油的流量。当向转向器供油流量减少时，动力转向控制阀灵敏度下降，转向助力作用降低，转向力增加；相反使转向力减小。

2. 反力控制式 EPS

反力控制式动力转向系统是按照车速的变化控制反力室油压反力，调整动力转向器，从而使汽车在各种条件下转向盘上所需的转向操纵力都达到最佳状态。有时也把这种动力转向系统称为渐进型动力转向系统（Progressive Power Steering，PPS）。

（1）基本组成 反力控制式动力转向系统的组成结构如图 5-14 所示，主要由转向控制阀、电磁阀、分流阀、转向动力缸、动力转向油泵（叶片泵）、储液罐、车速传感器和电控单元组成。该系统除了传统动力转向装置中用来控制转向助力大小的主控制阀之外，又增设了反力油压控制阀和油压反力室，经反力油压控制阀调整后的油压加到油压反力室内。扭杆与转向轴相连，通过调节油压反力室内油压反力的大小以改变转向扭杆的扭曲量，这样就可以控制转向时所需转向力的大小。

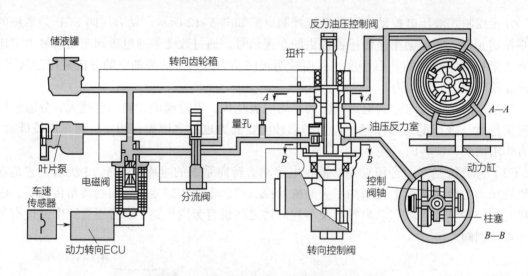

图 5-14 反力控制式电控动力转向系统结构

小提示：动力转向 ECU 根据车速传感器的信号控制装在反力控制阀上的电磁阀的输入电流，以控制电磁阀的开度，通过电磁阀的开度来控制油压反力室内液压油的压力，从而可以控制动力转向时助力的大小。

1）转向控制阀。转向控制阀的结构如图 5-15 所示，其基本结构是在传统的整体式动力转向控制阀的基础上，在内部增加了一个油压反力室和 4 个小柱塞，4 个小柱塞位于控制阀阀体下端的油压反力室内。输入轴部分有 2 个小凸起顶在柱塞上。当油压反力室受到高压作用时，柱塞将推动控制阀阀杆。此时，扭杆即使受到转矩作用，由于柱塞推力的影响，也会抑制控制阀阀杆与阀体的相对回转。

2）分流阀。分流阀的基本结构如图 5-16 所示，主要由阀门、弹簧及进出油口等构成。分流阀的主要功用是将来自转向油泵的液流送到转阀、油压反力室和电磁阀。送到电磁阀和 油压反力室中的液流流量是由转阀中的油压来调整的。

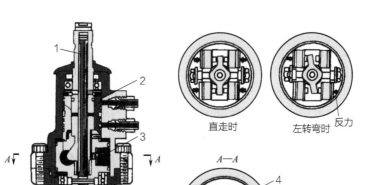

图 5-15　反力控制式动力转向控制阀结构

1—扭杆　2—回转阀　3—油压反力室　4—柱塞　5—控制阀轴

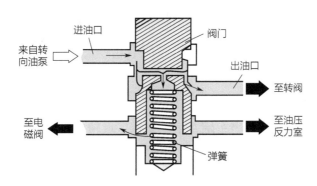

图 5-16　分流阀的基本结构

➔ 小提示：

◆ 转动转向盘时，转向控制阀中的油压增大，此时，分配到电磁阀和油压反力室中的液流量随着转向控制阀中的油压的增大而增加。

◆ 当转向控制阀中的油压达到一定值后，转向控制阀中油压便不再升高，而分配给电磁阀和油压反力室的液流量也将保持不变。

3）车速传感器。车速传感器的主要功用是检测汽车行驶速度，通常安装在变速器输出轴上。动力转向 EPS 所用的车速传感器多为磁阻元件传感器，主要由磁阻元件和磁性转子等组成。

4）电磁阀。电磁阀一般安装在转向齿轮箱体上，主要由电磁线圈、铁心及滑阀等组成。电磁阀的开度由 ECU 的输出电流控制，而该输出电流又取决于车速的高低。电磁阀油路的阻尼面积，可随电磁线圈通电电流占空比（通断比）变化。车速低时，通电电流大，滑阀被吸引，油路的阻尼增大，流向油箱的回流量增加。随着车速的升高，电流减小，油液回流量也减少。

（2）工作过程

1）汽车静止或低速行驶时：汽车在低速范围内转向时，ECU 向电磁阀线圈输出一个大的电流，使电磁阀的开度增加，由分流阀分出的液体流过电磁阀回到储液罐中的流量增加。油压反力室的压力减小，柱塞推动控制阀杆的力减小，因此只需要较小的转向力就可使扭杆扭转变形，使阀体与阀杆发生相对转动而使控制阀打开，油泵输出油压作用到动力缸右室（或左室），使动力缸活塞左移（或右移），产生转向助力，其工作过程如图 5-17 所示。

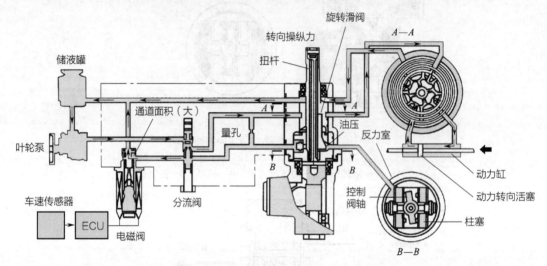

图 5-17　停车或低速行驶时的工作情况

2）汽车中、高速行驶时：当车辆在中、高速区域转向时，ECU 使电磁阀线圈的电流减小，电磁阀开度减小，流入油压反力室中的液流流量增加，反力增大，使得柱塞推动控制阀杆的力变大。液流还从量孔流进油压反力室中，这也增大了油压反力室中的液体压力，故转向盘的转动角度增加时，将要求一个更大的转向操纵力，使得在中、高速时驾驶人可获得良好的转向手感和转向特性，其工作过程如图 5-18 所示。

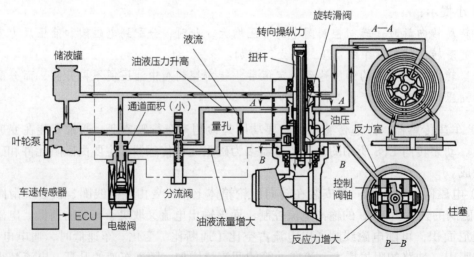

图 5-18　中、高速行驶时的工作情况

3）汽车中、高速行驶时的大转向：如图 5-19 所示，当汽车中、高速行驶时，如果转向转得更大即大转向时，旋转滑阀压力会增加更多，经量孔流到油压反力室的油液增加。压力在旋转滑阀侧增加，一旦达到某一水平时，油液从分配阀流到油压反力室，并保持在设定水平。油压反力室的压力随流经量孔的油液流量增加而升高，这种升高是缓慢的，因而油压反力室中的反应力也只是渐渐升高，这就确保转向助力在转向很大时维持在适当水平。

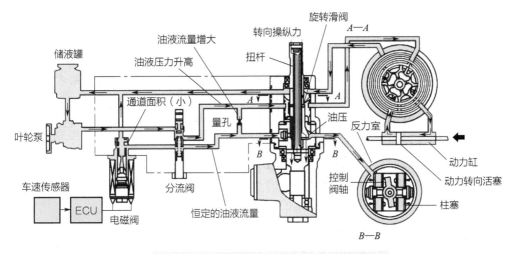

图 5-19　中、高速行驶大转向时的工作情况

3. 阀灵敏度控制式 EPS

（1）阀灵敏度控制式 EPS 特点　阀灵敏度控制式 EPS 根据车速控制电磁阀，直接改变动力转向控制阀的油压增益（阀灵敏度）来控制动力转向缸油压大小的方法。这种转向系统结构简单、价格便宜，而且具有较大的选择转向力的自由度，可以获得较好的转向手感和良好的转向特性。

（2）阀灵敏度控制式 EPS 组成　阀灵敏度控制式 EPS 主要由转子阀、电磁阀、车速传感器及 ECU 等组成，如图 5-20 所示。

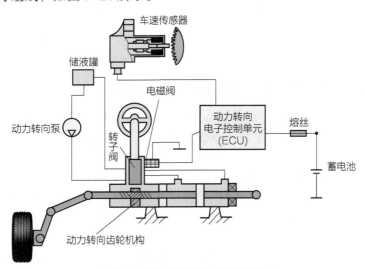

图 5-20　阀灵敏度控制式 EPS

转子阀的结构如图 5-21 所示。转子阀的内体圆周上有 6 或 8 条沟槽，各沟槽利用阀外体与泵、动力缸、电磁阀及油箱连接。转子阀的可变小孔分为低速专用小孔（1R、1L、2R、2L）和高速专用小孔（3L、3R）两种，在高速专用可变小孔的下方设有旁通电磁阀回路。

1）当车辆静止时，电磁阀完全关闭，如果此时向右转动转向盘，则高灵敏度低速专用小孔 1R 和 2R 在较小的转向转矩作用下即可关闭，转向液压泵的高压油液经 1L 流回转向动力缸右腔室，其左腔室的油液经 3L、2L 流回储液罐，所以，此时具有轻便的转向特性。而且施加在转向盘上的转向力矩越大，可变小孔 1L、2L 的开口面积越大，节流作用就越小，转向助力作用越明显。

2）随着车辆行驶速度的提高，在 ECU 的作用下，电磁阀的开度也线性增加，如果向右转动

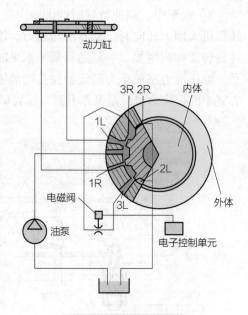

图 5-21　转子阀结构

转向盘，则转向液压泵的高压油液经 1L、3R 旁通电磁阀流回储液罐。此时，转向动力缸右腔室的转向助力油压就取决于旁通电磁阀和灵敏度低的高速专用孔 3R 的开度。车速越高，在 ECU 的控制下，电磁阀的开度越大，旁路流量越大，转向助力作用越小；在车速不变的情况下，施加在转向盘上的转向力越小，高速专用小孔 3R 的开度越大，转向助力作用也越小。当转向力增大时，3R 的开度也逐渐减小，转向助力作用也随之增大。

→ 小提示：阀灵敏度控制式 EPS 可使驾驶人获得非常自然的转向手感和良好的速度转向特性。

四、电动式电控动力转向系统

电动式电控动力转向系统是一种直接依靠电动机提供辅助转矩的电动助力式转向系统。该系统只需利用电控单元控制电动机电流的方向和幅值，就可直接控制转向助力的大小，控制的自由度较高，且结构简单、布置方便，其在轿车上的应用越来越广泛。

1. 电动式电控动力转向系统的基本组成、原理及特点

（1）基本组成　电动式电控动力转向系统的基本组成如图 5-22 所示，主要由转矩传感器、转角传感器（未注出）、车速传感器（未注出）、电动机、电磁离合器、减速机构、电控单元等组成。

（2）电动式电控动力转向系统的工作原理　电动式电控动力转向系统的工作原理是根据汽车行驶速度（车速传感器输出信号）、转矩及转向角信号，由 ECU 控制电动机及减速机构产生助力转矩，使汽车在低、中和高速下都能获得最佳的转向效果。

电动机连同离合器和减速齿轮一起，通过一个橡胶底座安装在左车架上。电动机的输出转矩经齿轮机构减速增矩，并通过万向节、转向器中的助力小齿轮把输出转矩送至齿条，向转向轮提供转矩。

5-2 电动式电控
动力转向系统

5-3 电动助力
转向系统概述

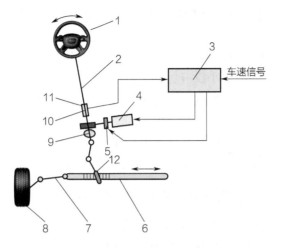

车速信号

图 5-22 电动式电控动力转向系统的基本组成

1—转向盘 2—转向轴 3—电控单元（ECU） 4—电动机
5—电磁离合器 6—转向齿条 7—转向横拉杆 8—转向车轮
9—输出轴 10—扭力杆 11—转矩传感器 12—转向齿轮

5-4 电动助力
转向系统结构

5-5 电动助力转
向系统工作原理

电控单元（ECU）根据各传感器的信号确定助力转矩的幅值和方向，并且直接控制驱动电路去驱动电动机。转矩传感器、转角传感器和汽车速度传感器为助力转矩的信号源。

（3）电动式电控动力转向系统分类　如图 5-23 所示，根据电动机布置位置的不同，电动式电控动力转向系统可以分为转向轴助力式、齿轮助力式和齿条助力式 3 种类型。

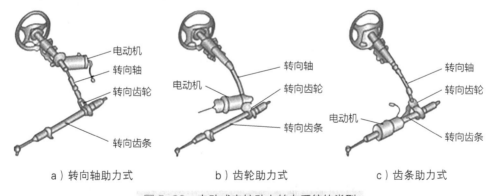

电动机　转向轴　转向齿轮　转向齿条

转向轴　电动机　转向齿轮　转向齿条

转向轴　转向齿轮　电动机　转向齿条

a）转向轴助力式　　b）齿轮助力式　　c）齿条助力式

图 5-23 电动式电控动力转向系统的类型

（4）电动式电控动力转向系统的特点

1）质量轻。电动式电控动力转向系统通常把电动机、离合器、减速装置、转向杆等各部件装配成一个整体，使得系统结构紧凑、质量轻，与液压式电控动力转向系统相比，质量可减轻 25% 左右。

2）能耗少。电动式电控动力转向系统仅在需要转向时才接通电动机，使其参加工作，动力消耗和燃油消耗比液压式电控动力转向系统少。

3）"路感"好。由于电动式电控动力转向系统内部采用刚性连接，系统的滞后特性可以通过软件加以控制，使汽车在各种速度下都能得到满意的转向助力，获得较好的"路感"。

4）污染少。电动式电控动力转向系统没有液压电控动力转向系统的液压软管和接头，不存在油液泄漏问题，对环境几乎没有污染。

5）应用范围广。电动式电控动力转向系统可适用于各种汽车，而且特别适用于环保型的纯电动汽车。

6）装配性好、易于布置。因为电动式电控动力转向系统零件数目少，整体外形尺寸比液压式电控动力转向系统小，且电动机可以独立于发动机工作，易于整车布置和装配。

2. 电动式电控动力转向系统主要部件的结构及工作原理

（1）转矩传感器　转矩传感器的作用是检测驾驶人作用在转向盘上的转向力矩及转向方向等参数，并将其转变为电信号输送给 ECU，以作为控制电动助力大小和方向的主要依据。常用的有电磁感应式转矩传感器和滑动电阻式转矩传感器。

1）电磁感应式转矩传感器。图 5-24 所示为电磁感应式转矩传感器的结构及工作原理。在输出轴的极靴分别绕有 A、B、C、D4 个线圈，当汽车直行（转向盘处于中间位置）时，扭力杆的纵向对称面正好处于图示输出轴极靴 AC、BD 的对称面上。当 U、T 两端加上连续的输入脉冲电压信号 U_i 时，由于通过每个极靴的磁通量相等，所以在 V、W 两端检测到的输出电压信号 $U_o = 0V$。

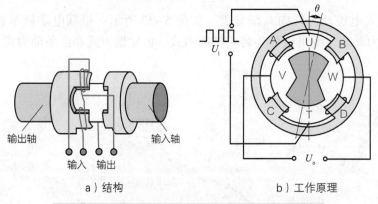

a）结构　　　　　　　　　　b）工作原理

图 5-24　电磁感应式转矩传感器的结构及工作原理

当右转向时，由于扭力杆和输出轴极靴之间发生相对扭转变形，极靴 A、D 之间的磁阻增加，B、C 之间的磁阻减少，各个极靴的磁通量发生变化，于是在 V、W 之间就出现了电位差，电位差与扭杆的扭转角和输入电压 U_i 成正比。所以，通过测量 V、W 两端的电位差就可以测量出转矩值。

2）滑动电阻式转矩传感器。图 5-25 所示为滑动电阻式转矩传感器的结构和原理示意图。它是将转向力矩引起的扭杆角位移转换为电位器电阻的变化，电阻的变化会导致输出电压的变化，通过测量电压值就可以判断转矩值。

（2）电动机　转向助力电动机就是一般的永磁电动机，连同离合器和减速齿轮一起，如图 5-26 所示。电动机的输出转矩控制是通过控制其输入电流来实现的，而电动机的正转和反转则是由电控单元输出的正反转触发脉冲控制。图 5-27 是一种比较简单实用的正反转控制电路。

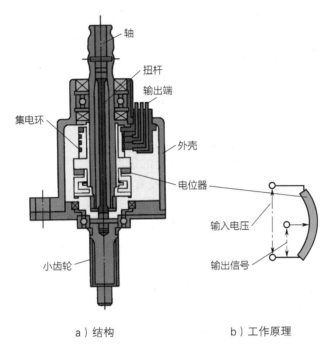

a）结构　　　　　　b）工作原理

图 5-25　滑动电阻式转矩传感器的结构和工作原理

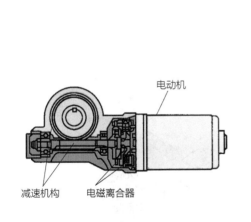

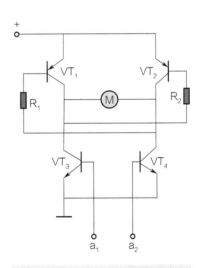

图 5-26　永磁电动机　　　　　图 5-27　电动机正反转控制电路

　　a_1、a_2 为触发信号端，从电控单元得到的直流信号输入到 a_1、a_2 端，用以触发电动机产生正反转。当 a_1 端得到输入信号时，晶体管 VT_3 导通，VT_2 得到基极电流而导通，电流经 VT_2 的发射极和集电极、电动机 M、晶体管 VT_3 的集电极和发射极搭铁，电动机有电流通过而正转。当 a_2 端得到输入信号时，晶体管 VT_4 导通，VT_1 得到基极电流而导通，电流经过 VT_1 的发射极和集电极，电动机 M、晶体管 VT_4 的集电极和发射极搭铁，电动机有反向电流通过而反转。控制触发信号端的电流大小，就可以控制电动机通过电流的大小。

（3）电磁离合器　电磁离合器装在电动机和减速机构中间，用于控制电动机动力的输出，其工作原理如图 5-28 所示。当电流通过集电环进入离合器线圈时，主动轮产生电磁吸力，带花键的压板被吸引与主动轮压紧，电动机的动力经过输出轴、主动轮、压板、花键、从动轴传给执行机构。

由于转向助力的工作范围限定在一定速度区域内，离合器一般设定一个速度范围。如果超过设定的速度，离合器便分离，电动机也停止工作，这时就没有转向助力作用了。当电动机停止工作时，为了不使电动机及离合器的惯性影响转向系的工作，离合器也应及时

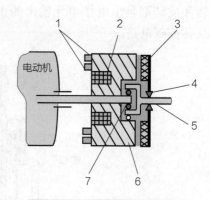

图 5-28　电磁离合器的结构

1—集电环　2—线圈　3—压板　4—花键
5—从动轴　6—主动轮　7—轴承

分离，以切断辅助动力。当助力系统发生故障时，离合器会自动分离，这时仍可恢复手动控制转向。

（4）减速机构　减速机构的作用是把电动机的输出转矩放大后，再传给转向齿轮箱的转向机构。目前使用的减速机构有多种组合方式，一般采用蜗轮蜗杆与转向轴驱动组合式，如图 5-29 所示；也有的采用两级行星齿轮组与传动齿轮组合式，如图 5-30 所示。蜗轮与固定在转向输出轴上的斜齿轮相啮合，它把电动机的回转运动减速后传递到输出轴上。为了抑制噪声和提高耐久性，减速机构中的齿轮有的采用特殊齿形，有的采用树脂材料制成。

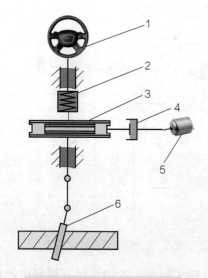

图 5-29　蜗轮蜗杆减速机构

1—转向盘　2—转矩传感器
3—蜗轮蜗杆机构　4—离合器
5—电动机　6—齿轮齿条转向器

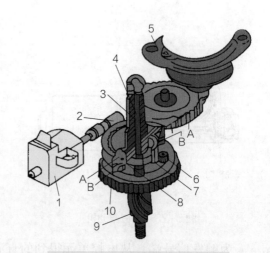

图 5-30　两级行星齿轮减速机构

1—转矩传感器　2—转轴　3—扭力杆　4—输入轴
5—电动机与离合器　6、8—小行星轮　7—太阳轮
9—驱动小齿轮　10—从动齿轮　A—主动齿轮　B—内齿圈

（5）电控单元（ECU） 电控单元（ECU）是控制系统的核心，其组成如图 5-31 所示，主要包括微处理器（CPU）、A/D（模拟 / 数字）转换器、D/A（数字 / 模拟）转换器、I/F（电流 / 频率）转换器、放大电路、动力监测电路、驱动电路等。

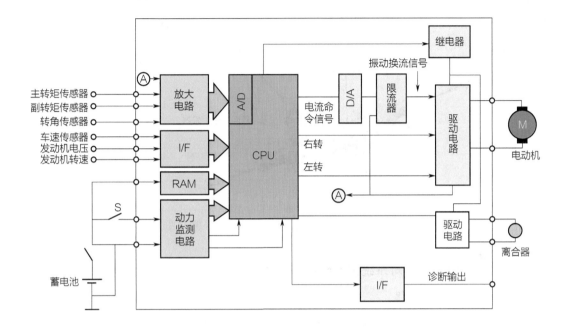

图 5-31　电控单元（ECU）的基本组成

当转矩传感器和转角传感器的信号经 A/D 转换器处理后，微处理器就在其内存中寻找与该信号相匹配的电动机电流值，然后将此值输送给 D/A 转换器进行数字模拟转换，处理后的模拟信号再送给限流器，由限流器决定电动机驱动电路电流值的大小和方向。

电控单元还具有故障自我诊断功能，当发生电气系统故障时，控制电路停止向电动机和电磁离合器供电，自动停止助力。同时，计算机以故障码的形式记忆故障内容，并使故障指示灯点亮，以通知驾驶人动力转向系统发生故障。维修时可调取故障码，找出故障原因。

五、大众车系电动式电控动力转向系统

大众车系中的迈腾、帕萨特、速腾、高尔夫等车型均采用电动式电控动力转向系统，也称电控机械式助力转向系统（双齿轮式）。该系统可根据驾驶人的转向要求，转向电控单元 ECU 控制电动机工作，进而起到转向助力的作用。转向助力的大小取决于车速、转向力矩和转向角。

1. 电动式电控动力转向系统组成

大众车系电动式电控动力转向系统由转向器、转向盘、转向柱、转向盘转角传感器、转向力矩传感器、转向齿轮（未注出）、电动机及电控单元等组成，如图 5-32 所示。

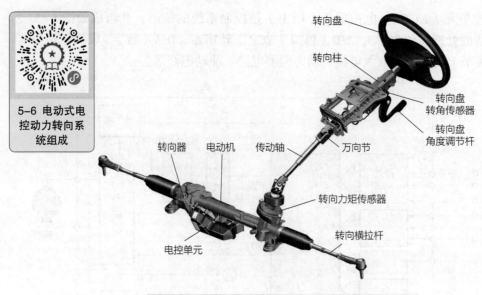

图 5-32　大众车系电动式电控动力转向系统的组成

2. 电动式电控动力转向系统主要部件结构

（1）电动机械式转向器

1）电动机械式转向器实际上就是由齿轮齿条式转向器和循环球式转向器的部件组合而成的，由电动机械式转向助力电动机、循环球机构（循环球螺母、螺杆）、齿轮齿条和转向助力电控单元等组成，如图 5-33 所示。循环球转向器用与齿条平行布置的电动机和齿形带来驱动。因为这个力或者说驱动力矩不需要换向，所以也称为"平行轴传动（APA）"。

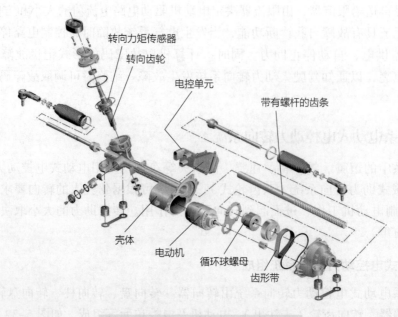

图 5-33　电动机械式转向器的分解图

2）电动机与循环球螺母（图5-34）。电动机械式转向器的循环球螺母安装在带有螺杆的齿条上，电动机通过齿形带来使循环球螺母旋转，从而通过循环球机构来将电动机的转动转换成齿条的纵向运动并传至转向齿轮。根据需要的转动方向情况，循环球螺母顺时针或者逆时针转动。由于齿条设计成螺杆形，循环球螺母的转动就会推动齿条向需要的方向移动。

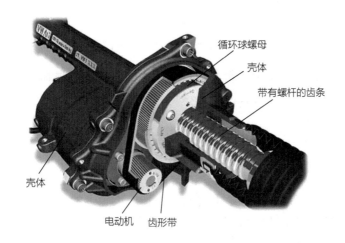

图 5-34　电动机与循环球螺母

（2）转向盘转角传感器　光电式转向角度传感器 G85 位于组合开关和转向盘之间的转向柱上，位于安全气囊滑环的下面（图5-35），它通过 CAN 数据总线向转向柱电子装置电控单元 J527 提供信号，以便测算转向角。在转向柱电子装置电控单元中设有电子系统，用于分析转向角度传感器 G85 输送的信号。

转向盘转角传感器为光电式传感器。转向盘转角传感器结构如图5-36所示，信号转子的一侧有一个光源，另一侧有一个光学传感器。

图 5-35　转向盘转角传感器

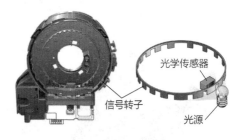

图 5-36　转向盘转角传感器结构

转向盘转角传感器工作原理如图5-37所示。当驾驶人转动转向盘时，转向柱带动转向盘转角传感器的信号转子随转向盘一起转动，光源就会通过转子缝隙照在光学传感器的感光元件上，就会产生一个电压信号（图5-37a）；如果光源被信号转子遮住，电压信号被切断（图5-37b）；由于转子缝隙间隔大小不同，故产生的信号电压变化也不同，则会产生信号电压的脉冲波形（图5-37c）。这些系列信号电压的脉冲波形都在转向电子控制单元内进行处理。电控单元对信号进行比较后，系统可以计算出转向盘转动了多少距离。

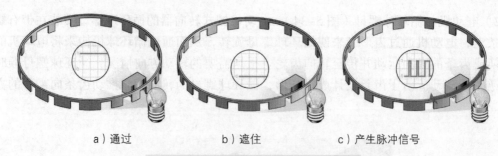

a）通过   b）遮住   c）产生脉冲信号

图 5-37　转向盘转角传感器的工作原理

当转向盘转角传感器失灵时，紧急运行程序立即被启动，缺损的信号被设置成一个替代值。此时，转向系统完全保持转向助力，但设置在组合仪表中的带有转向盘符号的警告灯 K161 会以黄色点亮显示。

（3）转向力矩传感器

1）转向力矩传感器安装在转向齿轮上部，位置如图 5-38 所示。利用转向力矩传感器 G269 可以直接在转向齿轮上计算转向盘的转矩。驾驶人所施加在转向盘上的转向力矩是计算转向助力大小的基础，转向力矩由转向机构转向齿轮上的转向力矩传感器 G269 确定。测得的是转向输入轴相对于转向机构转向齿轮的转动量，并将该转动量转化成模拟的输出电信号。该传感器以磁阻的功能原理工作。

2）转向力矩传感器的内部结构如图 5-39 所示。在转向力矩传感器上，转向轴和转向齿轮是通过一根扭杆连接起来的，该扭杆有一定的抗扭能力。转向轴上有个 16 极环形磁铁（8 对），该磁铁与转向轴一同转动。转向齿轮上有 2 个定子，每个定子有 8 个齿，定子与转向齿轮一同转动。在初始位置时，定子上的这些齿正好位于环形磁铁上相应的 N 极和 S 极之间。2 个霍尔传感器与壳体刚性连接，不随着转动。

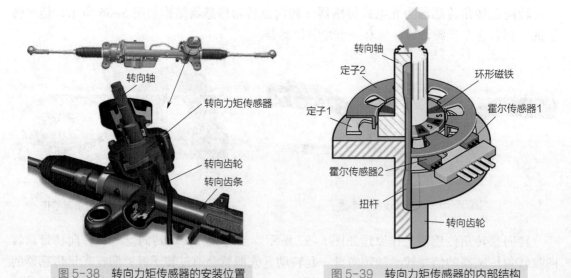

图 5-38　转向力矩传感器的安装位置   图 5-39　转向力矩传感器的内部结构

3）转向力矩传感器的工作原理。转向力矩传感器工作时是非接触式的，它采用磁阻效应原理来工作。定子 1 和定子 2 之间的磁通量强度和方向就是转向力矩的直接量度，由两个霍尔传感器（冗余布置）来测量。根据所施加的转向力矩大小（其实就是扭转角大

小），霍尔传感器的信号就在零位和最大位置之间变动。

①零位。如图 5-40 所示，转向力矩传感器在零位时，定子 1 和定子 2 的齿正好位于两磁极之间。因此，定子 1 和定子 2 都不是 S 极或 N 极，两个定子之间没能建立起磁场。两个霍尔传感器采用 5V 的输入电压供电。由于在这两个定子之间没能建立起磁场，这两个霍尔传感器输出电压为 2.5V，这表示转矩为零。

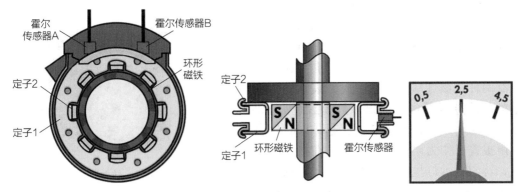

a）定子 1 和定子 2 的齿位于两磁极之间 b）两个定子之间不建立磁场 c）输出电压为 2.5V

图 5-40 转向力矩传感器在零位时

②最大位置。如图 5-41 所示，如果驾驶人转动了转向盘，那么转向轴和转向齿轮之间就会产生一个扭转角，环形磁铁相对于定子 1 和定子 2 就扭转了。如果定子 1 的 8 个齿正好在环形磁铁的 N 极上，同时定子 2 的 8 个齿正好在环形磁铁的 S 极上，两个定子之间会建立起磁场，霍尔传感器会侦测到这个磁场并将其转换成电信号，转向力矩传感器就是在最大位置上了。如果霍尔传感器 A 输出 4.5V 最大电压，那么霍尔传感器 B 就输出 0.5V 最小电压。如果转向盘转动方向与此相反，那么霍尔传感器 A 输出 0.5V，而霍尔传感器 B 输出 4.5V。

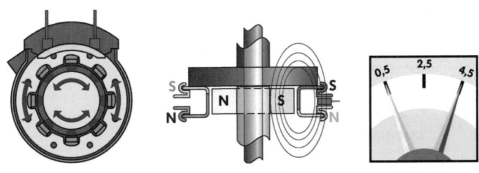

a）定子 1 和定子 2 的齿位于两磁极上 b）两个定子之间建立磁场 c）输出电压为 4.5V

图 5-41 转向力矩传感器在最大位置时

③当转向力矩传感器 G269 发生故障时，必须更换转向器总成。当电控单元识别到故障时，将关闭转向助力。关闭的过程不是突然进行的，而是"缓慢地"进行。为了实现"缓慢"关闭，电控单元将根据转向角和电动机的转子角度，计算出转向力矩的替代信号。故障将通过设置在组合仪表中带有转向盘符号的转向指示灯 K161 以红色点亮显示。

（4）转向电控单元 转向电控单元 J500 直接固定在电动机上，它根据输入的信号

（如转向角信号、发动机转速信号、转向力矩和转子的转速、车速信号、点火开关等信号）计算当前的转向助力需要，并控制驱动电动机 V187 转动。在电控单元 J500 中，集成了一只温度传感器，用来探测转向装置的温度。当温度上升到 1000℃ 以上时，将持续降低转向助力。当转向助力低于 60% 以下时，故障将通过设置在组合仪表中带有转向盘符号的转向指示灯 K161 以红色点亮显示，并且在故障存储器中储存相应的故障码。当转向辅助电控单元 J500 损坏时，应整套更换。

（5）转向指示灯　转向指示灯 K161 在组合仪表显示屏上，图 5-42 所示。该灯用于指示转向装置的故障。出现故障时，该灯会亮起，灯颜色则有两种。该灯呈黄色亮起时，表示在对于不严重的故障进行警告。如果该灯呈红色亮起时，应尽快检修。如果该灯呈红色亮起，同时还会发出 3 声报警音作为声音警告信号。在接通点火开关时，转向指示灯呈红色亮起，转向机构进行持续约 2s 的自检。只有当转向电控单元收到信号，表明系统正常后，转向指示灯才会熄灭。起动发动机时，转向指示灯立即熄灭。

图 5-42　转向指示灯 K161

3. 电动式电控动力转向系统控制原理及工作过程

（1）控制系统组成　图 5-43 所示为电动式电控动力转向系统的组成。

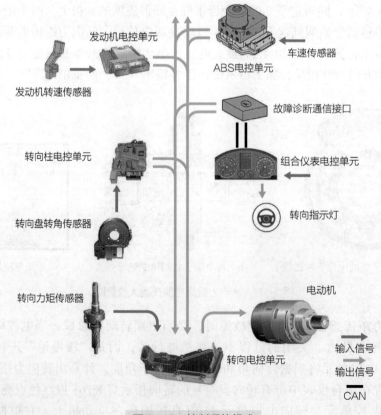

图 5-43　控制系统组成

（2）控制原理 转向电控单元的永久存储器内存储有特性曲线组，转向助力就是通过特性曲线组来按照车速情况进行调节的。

图 5-44 所示为大众途观汽车的 5 组特性曲线。每组特性曲线各有 2 条特性曲线，实线的那条特性曲线用于车辆较重时，虚线的那条特性曲线用于车辆较轻时。一个特性曲线组包含 5 个不同的特性曲线，用于应对不同的车速（比如 0km/h、15km/h、50km/h、100km/h 和 250km/h）。一条特性曲线就是要勾画出针对这个车速，在多大的转向盘转矩时电动机的驱动力矩要提供多大的转向助力力矩。

另外，特性曲线组也可以针对机动性辅助（指转向轻些还是重些）进行编程。

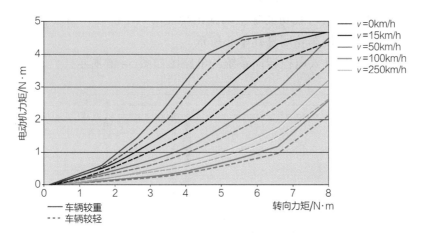

图 5-44 转向助力特性曲线

（3）工作过程 电动转向系统控制系统的工作过程如图 5-45 所示。

1）驾驶人转动转向盘时，转向助力过程开始。

2）转向盘上作用着的转矩使得转向齿轮上的扭力杆发生扭转。转向力矩传感器 G269 测出这个扭转量，并将这个转向力矩信息告知电控单元 J500。

3）转向角传感器 G85 提供当前的转向角信息。

4）电控单元根据转向力矩、车速、发动机转速以及电控单元内存储的特性曲线，来计算出需要多大的转向助力力矩并操纵电动机来工作。转向角度和转向速度信息用于直线行驶校正之类的功能中。

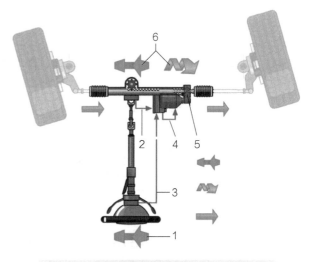

图 5-45 电动转向系统控制系统的工作过程

1~6—工作过程顺序

5）转向助力是通过一个由齿形带传动的循环球螺杆机构来实现的。螺杆螺母由电动机通过齿形带来驱动。

6）转向盘上转动力矩与电动机的助力力矩合在一起，才是齿条上的有效转向力（转向力矩）。

7）其他功能。

①主动回正功能。如果驾驶人在转弯的过程中减小了施加在转向盘上的力矩，旋转杆上的转矩也相应减小。于是转向力在减小的同时，转向角度和转向的速度都相应的减小，回转速度也相应被精确地检测到。电控单元根据转向力、车速、发动机转速、转向角度、转向速度和存储在电控单元中的特性曲线图计算出电动机需要的必要的回正力，并控制电动机工作，促使车轮回到直线行驶的方向，即中心位置。

②直线行驶功能。直线行驶功能是主动回正功能的一个扩展，当没有力矩作用在转向盘上时，系统将产生助力使车轮回复到中心位置。

（4）系统电路图　电动式电控转向系统的电路图如图5-46所示。

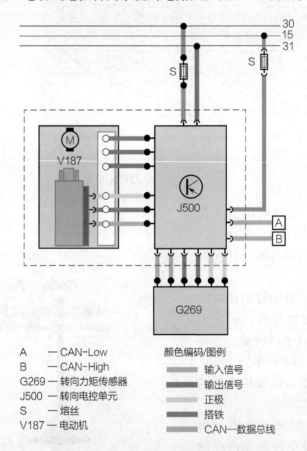

图 5-46　电动式电控转向系统的电路图

六、四轮转向系统

四轮转向系统（4WS）是指后轮也和前轮相似，也有转向器（图5-47），具有一定的转向功能，不仅可以与前轮同方向转向，也可以与前轮反方向转向。

5-7　四轮转向系统

图 5-47　四轮转向系统

　　四轮转向系统的车辆在低速转弯时，前后车轮转向相反，减小转弯半径，提高车辆灵活性；在高速转弯时，前后车轮转向相同，减少侧倾，提高车辆稳定性和操控性（图 5-48）。

a）低速时，前后车轮转向相反

b）高速时，前后车轮转向相同

图 5-48　四轮转向系统工作示意图

相关技能

一、液压电控动力转向系统的检修

检修要求及注意事项：

1）确定悬架没有被改动过，否则会影响转向系的工作。

2）轮胎尺寸、气压规格需要与生产厂家的规定相符合。

3）动力转向泵、V带张紧力需要达到生产厂家的规定。

4）动力转向泵储液罐中的液面高度需要达到生产厂家的规定。

5）发动机怠速转速需要达到厂家规定的标准，并且运转要稳定。

6）确定转向盘没有更换过，必须是原车配件。

1. 动力转向储液罐液面的检查

1）将车辆停放在平坦的地面上，使前轮处于直行位置。

2）起动发动机，并使其达到正常的工作温度。

3）使发动机怠速运转大约2min，左、右打几次转向盘，使油温达到40~80℃，关闭发动机。

4）观察储液罐的液面，此时液面应处于"MAX"（上限）与"MIN"（下限）之间，液面低于"MIN"时，应加至"MAX"，如图5-49所示。

5）对于用油标尺检查的汽车：拧下带油标尺的封盖，用布将油位标尺擦净，将带油位标尺的封盖插入储液罐内拧好，然后重新拧出，观察油位标尺上的标记，应处于"MAX"与"MIN"之间，必要时将转向油加至"MAX"处（图5-50）。

图5-49　转向储液罐液面的检查

图5-50　储液罐盖上的油尺标记

2.V带张紧力的检查

1）将汽车停在干燥路面上，运转发动机使动力转向油液上升到正常温度，左右转动转向盘，此时驱动V带的负荷最大，如果V带打滑，说明V带张紧度不够。

2）在发动机不运转的情况下，用手以大约100N的力从V带的中间位置按下，V带应有大约10mm挠度的变形量。

3）用V带张紧度测量表测量V带在产生标准变形量时所需力的大小。新V带约为450~550N，旧V带约为200~350N。

3. 动力转向系统转向液压油压力的检查

1）如图5-51a所示，先关闭节流阀阀门，然后接好压力表和节流阀。

2）如图5-51b所示，将节流阀的阀门打开，起动发动机并以怠速运转，使转向盘向左、右旋转到极限位置，同时读出压力表上的压力，额定值为6.8~8.2MPa。

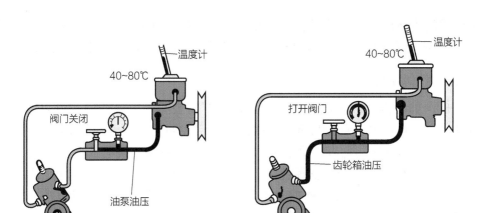

a）关闭节流阀阀门　　　　　　　　　b）打开节流阀阀门

图 5-51　转向液压油压力的检查

如果向左或向右的额定值达不到要求，就要修理转向器或更换总成。

4. 电控系统线路的检查

皇冠 3.0L 轿车电控系统电路及插接器如图 5-52 所示。

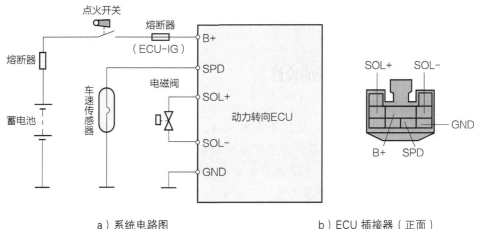

a）系统电路图　　　　　　　　　b）ECU 插接器（正面）

图 5-52　皇冠 3.0L 轿车电控系统电路

1）电源线路检查。接通点火开关，用万用表（直流 20V 档位）测量 B+ 端子与搭铁端子之间的电压，正常电压值应为 10～14V（蓄电池电压）。否则，说明电源线路有故障，应进行详细检查。

2）搭铁线路检查。用万用表（电阻档）测量 GND 端子与搭铁之间的电阻值，正常电阻值应为 0Ω；否则，说明 GND 与车身搭铁之间搭铁线路有故障，应进行详细检查。

3）车速传感器线路检查。支撑起一侧前轮，用万用表（电阻档）测量端子 SPD 与端子 GND 之间的电阻值。当转动车轮时，电阻值应在 0 与 ∞ 之间交替变化。否则，说明车速传感器线路有故障，应进行详细检查。

4）电磁阀线路检查。用万用表（电阻档）测量端子 SOL + 与端子 SOL– 之间的电阻值，正常电阻值应为 6.0 ~ 11Ω。否则，说明电磁阀线路有故障，应进行详细检查。

5. 电控元件的检查

1）电磁阀的检查。拔下电磁阀插接器，用万用表测量电磁线圈的电阻，电阻应为 6.0 ~ 11Ω；也可将蓄电池正极与负极分别接到电磁线圈的两端子 SOL + 与 SOL– 上，如图 5-53 所示，此时应听到电磁阀动作的"咔嗒"声，否则应更换电磁阀。

2）电控单元 ECU 的检查。支撑起汽车，起动发动机，在不拔下 ECU 插接器、发动机怠速运转的情况下，用万用表测量 ECU 的端子 SOL– 和端子 GND 之间的电压，如图 5-54 所示。所测电压应比原来增加 0.07 ~ 0.22V。如果无电压，应更换 ECU。

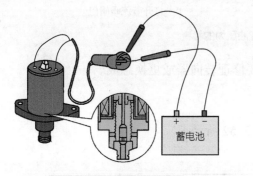

图 5-53　电磁阀的检查

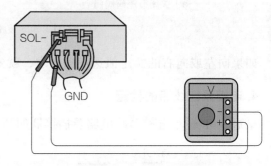

图 5-54　ECU 的检查

二、电动式电控动力转向系统的检修

检修要求及注意事项：

1）维修过程中，当点火开关在打开状态下时，不要随意断开蓄电池导线，否则会丢失控制模块中存储的信息，也不要拆卸或安装控制模块及其插接器。

2）确定悬架没有被改动过，否则会影响转向系的工作。

3）轮胎尺寸、轮胎气压值需要与生产厂家的规定值相符合。

4）发动机怠速转速需要达到厂家规定的标准，并且运转要稳定。

1. 故障警告灯的检查

1）打开点火开关，处于 ON 位置，转向系统故障警告灯应点亮，发动机起动后故障警告灯熄灭为正常。

2）警告灯不亮时，应检查灯泡是否损坏，熔丝和导线是否断路。

3）若发动机起动后，警告灯仍亮时，应进行故障自诊断操作。

2. 系统自诊断

电动式电控动力转向系统具有自诊断功能，利用专用诊断仪可对其进行故障自诊断。

1）将故障诊断仪与车辆故障自诊断的诊断接口相连接。

2）接通点火开关，操作故障诊断仪进入电动动力转向系统，进行故障码的读取。

3. 转矩传感器的检查

1）检测转矩传感器线圈电阻。拔下转矩传感器插接器，测量转矩传感器相应端子之间的电阻，应符合标准值。若不符合标准值，则应更换转矩传感器。

2）检测转矩传感器电压。将转向盘置于中间位置，用万用表直流电压档测量转矩传感器相应端子的电压，应符合标准值。若不符合标准值，则应更换转矩传感器。

4. 直流电动机的检查

1）检查电动机电阻。用万用表检查电动机两端子之间的电阻值，应符合标准值。若不符合标准值，则更换电动机总成。

2）检查电动机运转情况。给电动机加上蓄电池电压时，应听到电动机转动的声音，如果没有声音，应更换电动机总成。

5. 电控单元（ECU）的检查

1）如果在自诊断系统中出现电控单元的故障码，说明电控单元可能损坏。

2）如果没有出现电控单元故障码，在电控单元电源和搭铁线路都正常的情况下，可采用换件的方法替换怀疑有故障的电控单元。

3）如果更换后故障排除，则说明电控单元损坏。

维修实例

宝马 530 3.0L 轿车仪表板上显示主动转向系统失效

（1）故障现象

一辆行驶里程为 23.7 万 km 的 2012 款宝马 530 3.0L 轿车转向较沉重，驾驶人反映该车的仪表板上显示主动转向系统失效。

（2）故障诊断与排除

1）使用宝马专用故障诊断仪读取故障码，显示一连串的故障信息，于是清除故障码后再读取，显示主动转向系统故障的相关信息。

2）由于该故障显示均与转向角度有关，要针对转向盘转角传感器（即转向角传感器）进行检查。该车的转向盘转角传感器位于转向柱开关中心内，决定拆开转向柱开关进一步检查。拆开时发现转向盘转角传感器内部存在很多灰尘，于是将转向盘转角传感器的灰尘清理干净。

3）重新装复后，读取故障码，无故障码存储。上路试车，转向系统恢复正常，故障彻底排除。

分析该车的故障原因，是转向盘转角传感器上存有过多的灰尘，导致转向盘转角传感器工作失效，使转向系统出现故障。

📖 **课程育人**

　　案例 5：在需要分工合作时，培养团结协作职业素养，培养合作和沟通能力

　　团队是指由两个或者两个以上，相互作用、相互依赖的个体，为了实现某一目标而按照一定规则结合在一起的组织，是由员工和管理层组成的一个共同体，它合理利用每一个成员的知识和技能协同工作，解决问题，达到共同的目标。团队协作能力，是指建立在团队的基础之上，发挥团队精神、互补互助以达到团队最大工作效率的能力。对于团队的成员来说，不仅要有个人能力，更需要有在不同的位置上各尽所能、与其他成员协调合作的能力。

　　一个人身在团队之中，良好的沟通是一种必备的能力。作为团队，成员间的沟通能力是保持团队有效沟通和旺盛生命力的必要条件；作为个体，要想在团队中获得成功，沟通是最基本的要求。敢于沟通、勤于沟通、善于沟通，让所有人都了解你、欣赏你、喜欢你。

制动系统

→ 项目描述

　　制动系统是保证汽车动力性能发挥和行车安全的最基本的系统，它必须具备让汽车在行车过程中能及时减速至全停车的功能、让汽车在下长坡时具有稳定车速且不使汽车速度越来越快的功能、对已停驶的汽车维持汽车停驻的功能。

　　本项目主要介绍汽车制动系统的功用、结构、工作原理以及检修方法。本项目包括以下4个任务：

　　任务一　常规制动系统的检修

　　任务二　防抱死制动系统的检修

　　任务三　驱动防滑控制系统的检修

　　任务四　电子稳定程序控制系统的检修

　　通过本项目的学习，你将能够描述汽车常规制动系统和汽车防滑控制系统的基本组成、总体构造和工作原理，熟悉汽车常规制动系统和防滑控制系统的检修方法，学会对常规制动系统、防抱死制动系统、驱动防滑控制系统和电子稳定程序控制系统进行结构拆装、检查与调整。

→ 素养目标：

　　培养环境保护意识。

　　培养环境保护行为习惯。

任务一　常规制动系统的检修

岗位核心能力

◎知识目标

　　1）熟悉常规制动系统的功用、结构和工作原理。

　　2）熟悉盘式制动器和鼓式制动器的功用、结构和工作原理。

◎ 技能目标

1）能够正确地对常规制动系统进行结构拆装、检查与调整。

2）能够正确地对制动器进行拆装和检修。

3）能够正确诊断与排除制动系统常见故障。

案例导入

一辆一汽大众奥迪 A6L 2016 款 30 FSI 舒适型轿车，行驶里程为 6.1 万 km。驾驶人说制动太软，将制动踏板急踏到底时才有制动效果，如遇紧急情况，要连续踩两次制动踏板时才能停住车。

相关知识

一、制动系统的功用与组成

1. 制动系统的功用

1）按照需要使汽车减速或在最短距离内停车。

2）下坡行驶时限制车速。

3）使汽车可靠地停放在原地，保持不动。

2. 对制动系统的要求

1）具有良好的制动效能，即迅速减速直至停车的能力。

2）操纵轻便：操纵制动系统所需的力不应过大。

3）制动稳定性好：制动时，前、后车轮制动力分配合理，左、右车轮上的制动力矩基本相等，使汽车制动过程中不跑偏、不甩尾。

4）制动平顺性好：制动力矩能迅速而平稳地增加，也能迅速而彻底地解除。

5）散热性好：连续制动时，制动鼓和制动蹄上的摩擦片因高温引起的摩擦系数下降要小；水湿后恢复要快。

6）对挂车的制动系统，还要求挂车的制动作用略早于主车；挂车自行脱挂时能自动进行应急制动。

3. 制动系统的组成

现代汽车上一般都包括两套独立的制动系统：行车制动系统和驻车制动系统。每套制动系统都包括制动器和制动传动机构。

（1）行车制动系统　用于使行驶中的车辆减速或停车，制动器安装在全部的车轮上，通常由驾驶人用脚操纵。包括制动器（左右前轮制动器、后轮制动器）、真空助力器、制动管路、制动主缸（又称制动总泵）、制动轮缸（又称制动分泵）、制动液储液罐和制动踏板等。

（2）驻车制动系统　用于停驶的汽车驻留原地，通常由驾驶人用手操纵。包括驻车操纵机构总成、制动拉索、驻车制动器等。制动系统的基本组成如图 6-1 所示。

图 6-1 制动系统的基本组成

储液罐
右前轮制动器
左后轮制动器
制动油管
制动踏板
真空助力器
ABS
制动主缸

6-1 汽车制动
系统概述

二、制动系统的类型与工作原理

1. 制动系统的类型

（1）按功能的不同分类　汽车制动系统可以分为行车制动系统、驻车制动系统、应急制动系统、安全制动系统和辅助制动系统。

（2）按照制动能源分类　汽车制动系统可以分为人力制动系统、动力制动系统和伺服制动系统。

1）人力制动系统是以驾驶人的肌体作为唯一制动能源的制动系统。

2）动力制动系统是完全靠由发动机的动力转化而成的气压或液压形式的势能进行制动的制动系统。

3）伺服制动系统是兼用人力和发动机动力进行制动的制动系统。

（3）按制动能量的传输方式分类　制动系统可分为机械式、液压式、气压式、电磁式等。同时采用两种以上传能方式的制动系统称为组合式制动系统。

2. 制动系统的工作原理

制动系统的一般工作原理是，利用与车身（或车架）相连的非旋转元件和与车轮（或传动轴）相连的旋转元件之间的相互摩擦来阻止车轮的转动或转动的趋势。

行车制动系统由车轮制动器和液压传动机构两部分组成，如图 6-2 所示。车轮制动器的旋转部分是制动鼓，它固定在轮毂上，与车轮一起旋转，固定部分是制动蹄和制动底板等。制动蹄上铆有摩擦片，其下端套在支撑销上，上端用复位弹簧拉紧，压靠在轮缸内的活塞上。支撑销和轮缸都固定在制动底板上，制动底板用螺钉与转向节凸缘（前桥）或桥壳凸缘（后桥）固定在一起。制动蹄靠液压轮缸使其张开。

（1）不制动时　制动鼓的内圆柱面与摩擦片之间保留一定间隙，制动鼓可以随车轮一起旋转。

6-2 制动系统
工作原理

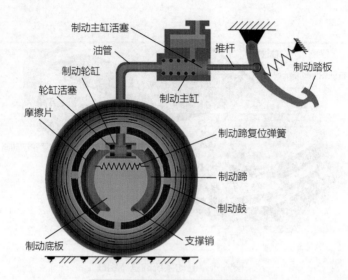

图 6-2　制动系统的工作原理

（2）制动时　驾驶人踩下制动踏板，推杆便推动制动主缸内的活塞左移，迫使制动液经管路进入轮缸，推动轮缸的活塞向外移动，使制动蹄克服复位弹簧的拉力绕支撑销转动而张开，消除制动蹄与制动鼓之间的间隙后压紧在制动鼓上。此时，不旋转的制动蹄摩擦片对旋转的制动鼓产生摩擦力矩，其方向与车轮的旋转方向相反。制动鼓将此力矩传到车轮后，由于车轮与路面的附着作用，车轮即对路面作用一个向前的圆周力，与此相反，路面会给车轮向后的反作用力，这个力就是车轮受到的制动力。各车轮制动力的总和就是汽车受到的总的制动力。

（3）放松制动踏板　在复位弹簧的作用下，制动蹄与制动鼓的间隙又得以恢复，从而解除制动。

三、盘式制动器

盘式制动器根据其固定元件的结构形式可分为钳盘式制动器和全盘式制动器。全盘式制动器由于制动钳的横向尺寸较大，主要应用在重型车上。钳盘式制动器广泛应用在轿车或轻型货车上，适于对制动性能要求较高的前轮制动器。近年来，前、后轮都采用盘式制动器的结构日渐增多。图 6-3 所示为盘式制动器的结构图，图 6-4 所示为盘式制动器的零件分解图。

钳盘式制动器的固定元件为制动钳，按制动钳固定在支架上的结构形式，钳盘式制动器可分为定钳盘式和浮钳盘式。

1．定钳盘式制动器

（1）定钳盘式制动器的结构与工作原理　定钳盘式制动器主要由制动钳、活塞（在轮缸内）、制动摩擦片（制动块）、制动盘等组成，其结构与工作原理如图 6-5 所示。制动盘是旋转元件，它和车轮固装在一起旋转，以其端面为摩擦工作表面。跨置在制动盘上的制动钳体固定安装在车桥上，它不能旋转也不能沿制动盘轴线方向移动，其内部的两个活塞

图 6-3　盘式制动器的结构图

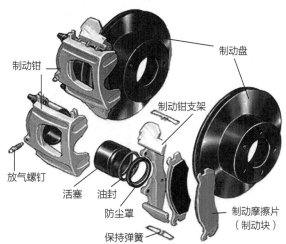

图 6-4　盘式制动器的零件分解图

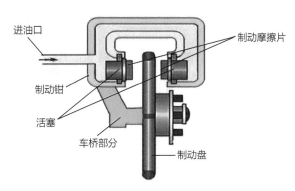

a）未制动时

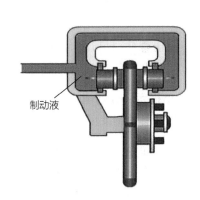

b）制动时

图 6-5　定钳盘式制动器的结构与工作原理

6-3 盘式制动器

分别位于制动盘的两侧。制动时，制动液由制动主缸经进油管进入钳体中两个相通的液压腔中，将两侧的制动摩擦片（摩擦块、摩擦衬块）压向与车轮固定连接的制动盘，从而实现制动。

（2）定钳盘式制动器的缺点

1）液压缸较多，使制动钳结构复杂。

2）液压缸分置于制动盘两侧，必须用跨越制动盘的钳内油道或外部油管来连通，这使得制动钳的尺寸过大，难以安装在现代化轿车的轮辋内。

3）热负荷大时，液压缸和跨越制动盘的油管或油道中的制动液容易受热汽化。

4）若要兼用于驻车制动，则必须加装一个机械促动的驻车制动钳。

2. 浮钳盘式制动器

（1）浮钳盘式制动器的结构与工作原理　浮钳盘式制动器主要由制动钳、活塞（在轮缸内）、制动摩擦片（制动块）、制动盘等组成，其结构与工作情况如图 6-6 所示。制动钳

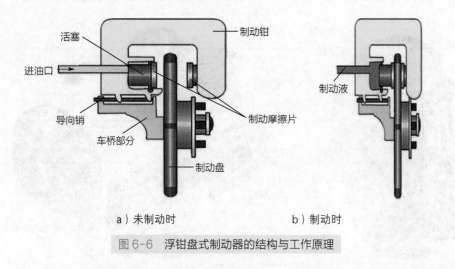

a）未制动时　　　　　　　　　b）制动时

图 6-6　浮钳盘式制动器的结构与工作原理

6-4　盘式制动器概述

6-5　盘式制动器结构与工作原理

通过导向销与车桥相连，可以相对于制动盘轴向移动。制动钳体只在制动盘的内侧设置液压缸，而外侧的制动摩擦片（摩擦块）则附装在钳体上。制动时，制动液通过进油管进入制动轮缸，推动活塞及其上的制动摩擦片向右移动，并压到制动盘上，随后制动钳在制动液反作用力的作用下，使得液压缸连同制动钳整体沿导向销向左移动，直到制动盘右侧的摩擦片也压到制动盘上，左、右制动摩擦片共同夹紧制动盘并使其制动。

➡ **小提示**：浮钳盘式制动器的制动钳可以相对于制动盘进行轴向移动，而定钳盘式制动器的制动钳是固定不动的。

（2）浮钳盘式制动器的特点　与定钳盘式制动器相反，浮钳盘式制动器轴向和径向尺寸较小，而且制动液受热汽化的机会较少。此外，浮钳盘式制动器在兼充行车和驻车制动器的情况下，只需在行车制动钳液压缸附近加装一些用以推动液压缸活塞的驻车制动机械传动零件即可，故浮钳盘式制动器逐渐取代了定钳盘式制动器。

3. 盘式制动器间隙调整装置

盘式制动器的间隙一般都是自行调整的，其基本工作原理如下：制动轮缸的内壁槽内安装有活塞油封（密封圈），其作用是防止制动液从活塞与缸体间的间隙中流出，对活塞起密封作用。制动液的压力使活塞运动，靠近活塞端的油封也随活塞一起变形，但槽内的油封不变形。当制动液压力消失后，油封在橡胶恢复力的作用下往回运动，同时带动活塞往回运动，使制动摩擦片与制动盘之间保持合适的间隙。当制动摩擦片磨损时，活塞会自动从油封上滑移相应的距离，因此制动摩擦片和制动盘之间的间隙一般为定值。

4. 制动摩擦片磨损报警装置

许多盘式制动器上装有制动摩擦片磨损报警装置，用来提醒驾驶人制动摩擦片已到磨损极限而需要更换。常见的制动摩擦片磨损报警装置有声音的、电子的和触觉的 3 种。

制动摩擦片磨损声音报警装置如图 6-7 所示，制动摩擦片的背板上装有一小弹簧片，其端部到制动盘的距离刚好为摩擦片的磨损极限，当摩擦片磨损到极限需要更换时，弹簧片与制动盘接触发出刺耳的尖叫声，提示驾驶人需要维修制动系统。

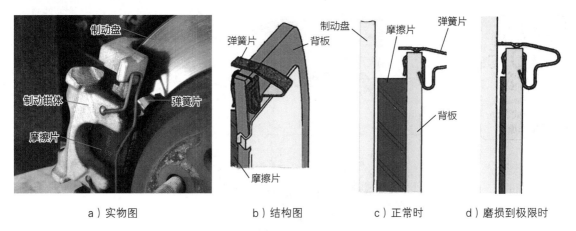

a）实物图　　　　b）结构图　　　c）正常时　　d）磨损到极限时

图6-7　制动摩擦片磨损报警装置

四、鼓式制动器

1. 鼓式制动器的结构

鼓式车轮制动器多为内张双蹄式，主要由制动鼓、制动底板、制动蹄、制动轮缸、回位（复位）弹簧以及连接部件组成，鼓式制动器的结构如图6-8所示。

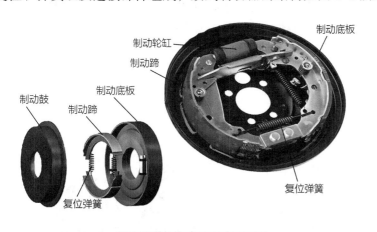

6-6 鼓式制动器概述

6-7 鼓式制动器结构

图6-8　鼓式制动器的结构

2. 鼓式制动器的工作原理

如图6-9所示，汽车前进时制动鼓的旋转方向如箭头所示。在制动过程中，两制动蹄在相等的促动力 F_S 作用下，分别绕各自的支承销（支承点）向外偏转紧压在制动鼓上。同时旋转的制动鼓对两蹄分别作用着法向反力 N_1 和 N_2，以及相应的切向反力 T_1 和 T_2，T_1 作用的结果使得制动蹄1在制动鼓上压得更紧，则 N_1 变得更大，这种情况称为"增势"作用，相应的制动蹄被称为"领蹄"；与此相反，T_2 作用的结果则使得制动蹄2有放松制动鼓趋势，即 N_2 和 T_2 有减小的趋势，这种情况称为"减势"作用，相应的制动蹄被称为"从蹄"。

6-8 鼓式制动器工作原理

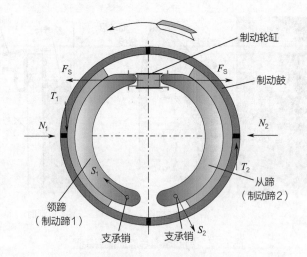

图 6-9　领从蹄式制动器示意图

通过以上的分析，得出这样的结论：虽然制动蹄 1、2 所受的促动力相等，但由于 T_1 和 T_2 的作用方向相反，使得两制动蹄所受到的法向反力 N_1 和 N_2 不相等，且 $N_1 > N_2$，相应的 $T_1 > T_2$，所以制动蹄作用到制动鼓上的法向力不相等，两制动蹄对制动鼓所施加的制动力矩也不相等。

制动蹄对制动鼓的作用力不相等，则两蹄法向力之和只能由车轮轮毂轴承的反力来平衡，这样对轮毂轴承造成了附加径向载荷，轴承的寿命缩短。为解决这个问题，出现了各种不同的鼓式制动器。

五、制动系统其他主要部件

1. 真空助力器

（1）真空助力器的作用　真空助力器的作用是利用发动机的真空（负压）来增加驾驶人施加于踏板上力的部件。

（2）真空助力器的结构与工作原理

1）真空助力器结构。真空助力器一般位于制动踏板与制动主缸之间，其前部装有制动主缸，通过推杆与制动踏板连接，主要由膜片、空气阀、真空阀、膜片复位弹簧、外壳等组成，真空助力器剖开图如图 6-10 所示。

图 6-10　真空助力器剖开图（双膜片式）

2）真空助力器工作原理。如图 6-11 所示，真空助力器内的膜片将前、后壳体分成前气室和后气室。前气室通过真空单向阀连接发动机进气歧管（即真空源），后气室经其上的真空阀、空气阀和大气及前气室相通。

①未制动时，前气室和后气室相通，并与发动机进气歧管真空相通，和外界大气不通，膜片在复位弹簧作用下靠向后气室的壳体。

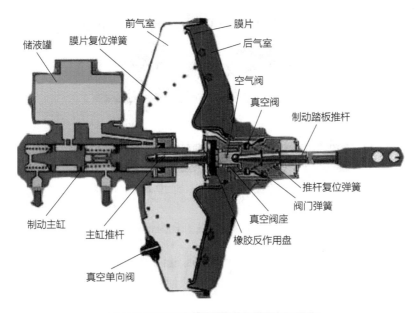

储液罐　膜片复位弹簧　前气室　膜片　后气室　空气阀　真空阀　制动踏板推杆　推杆复位弹簧　阀门弹簧　真空阀座　橡胶反作用盘　主缸推杆　制动主缸　真空单向阀

图 6-11　真空助力器的结构与工作原理

②制动时，踩下制动踏板，制动踏板推杆克服推杆复位弹簧力左移，真空阀与真空阀座接触而封闭前、后气室的通道，空气阀开启，后气室与大气相通。随着空气的充入，在前、后气室之间的膜片两侧出现压力差而产生推力，于是，主缸推杆在气压差、橡胶反作用盘、膜片等的共同作用下前移，产生助力作用。此时，制动主缸推杆上的作用力为踏板力和膜片气室橡胶反作用盘推力的总和，使制动主缸输出的压力成倍增长。

③解除制动时，制动踏板推杆复位弹簧使推杆和空气阀向右移动，真空阀离开膜片座上的阀座而开启。前、后气室的前后两腔相通，且均为真空状态。膜片在膜片复位弹簧的作用下回位，制动主缸解除制动作用。

➜ 小提示：若真空助力器失效或真空管路无真空度时，制动踏板推杆将通过空气阀直接推动制动主缸推杆移动，使制动主缸产生制动压力，但作用在制动踏板上的力要增大。

2. 制动主缸

（1）制动主缸的作用　制动主缸的作用是将制动踏板机构输入的机械能转换成液压能，推动制动液传输至各个制动轮缸，制动各个车轮制动器。

（2）制动主缸的结构与工作原理　制动主缸属于单向作用活塞式液压缸，为了提高汽车行驶安全性，现在汽车的行车制动系统都采用了双回路制动系统，也就是采用串列双腔制动主缸。该类制动主缸用在双回路液压制动系统中，相当于 2 个单腔制动主缸串联在一起而构成。

图 6-12 所示，制动主缸内有 2 个活塞（第一活塞和第二活塞）和 2 个复位弹簧，将主缸内腔分为 2 个工作腔（第一工作腔和第二工作腔），其中第一工作腔连接一侧的前轮制动轮缸和一侧的后轮制动轮缸，第二工作腔连接另一侧的前轮制动轮缸和另一侧的后轮制动轮缸。

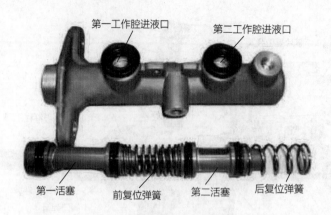

图 6-12　制动主缸分解图

1）制动时，驾驶人踩下制动踏板，踏板力通过传动机构传给推杆，推杆推动 2 个活塞向前移动，工作腔内制动液的压力升高，制动液便从制动主缸出油口分别进入前后轮的制动轮缸，使前后制动器产生制动。

2）解除制动时，驾驶人松开制动踏板，在前后复位弹簧的作用下，制动主缸中的两个活塞回到初始位置，制动管路中的油液流回制动主缸，从而制动作用消失。

3. 制动轮缸

制动轮缸的功用是将制动主缸输入的液力转变为机械推力。制动轮缸有单活塞和双活塞两种，双活塞式制动轮缸应用较广。

双活塞式制动轮缸实物如图 6-13 所示，主要由放气螺钉、进液口、防尘罩、顶块等组成。

图 6-13　双活塞式制动轮缸

双活塞式制动轮缸的缸体内有 2 个活塞、2 个皮碗。制动时，制动液进入 2 个活塞间油腔，活塞在液压力的作用下外移，通过顶块推动制动蹄张开，实现车轮的制动。

轮缸缸体上有放气螺钉，用以排除制动管路中混入的空气，以保证制动灵敏可靠。

六、驻车制动系统

1. 驻车制动系统的功用

驻车制动系统主要部件就是驻车制动器，俗称"手刹"，其功用是在车辆停稳后用于稳定车辆，避免车辆在斜坡路面停车时由于溜车造成事故。

2. 驻车制动系统的分类与组成

（1）车轮制动式驻车制动器　车轮制动式驻车制动器一般与行车制动器共用，是在后轮制动器上增加一套机械操纵机构，用驻车制动杆（也称驻车制动手柄）控制，主要由驻车制动杆、驻车拉索、制动器等组成，如图 6-14 所示。

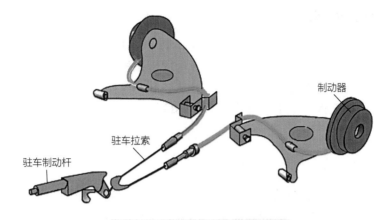

图 6-14　车轮制动式驻车制动器

（2）电子式驻车制动器　电子式驻车制动器配合相关的电控单元、按钮、电动机，可以在适当的时候使车辆制动和驻车。

图 6-15 所示为大众迈腾轿车的盘式（卡钳式）电子驻车制动系统的组成，驱动部件结构图如图 6-16 所示，它由电动机、传动带、减速齿轮机构、心轴螺杆以及制动活塞组成。整个电子驻车制动系统的执行部件均位于后轮盘式制动器的钳体上，信号通过导线传导。

6-9　电子式驻车制动器

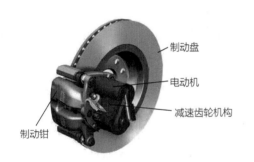

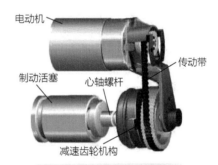

图 6-15　大众迈腾轿车的盘式电子驻车制动系统　　图 6-16　驱动部件结构图

当驾驶人拉动电子驻车制动系统按钮时，电子驻车制动系统电控单元（控制模块）接收来自按钮的信号，电控单元会向执行机构的电动机施加 12V 电压让其转动。电动机释放的转矩通过减速机构传递到心轴螺杆，心轴螺杆通过螺栓螺母机构推动制动活塞轴向运动实现对后轮的制动。解除制动时，驾驶人通过踩加速踏板或踩制动踏板（使制动力达1000kPa），可实现自动释放驻车制动器。

相关技能

一、盘式制动器的拆装与检查

下面以丰田卡罗拉轿车前轮盘式制动器为例介绍盘式制动器的拆装与检查方法。

1. 前盘式制动器的拆卸

1）拆卸前轮。排净制动液。拆下固定螺栓和垫圈，并从制动钳上拆下制动油管。

2）用扳手固定住制动器的导向销，拆下2个固定螺栓和制动钳。

3）从制动钳支架上拆下2个制动摩擦片。从各制动摩擦片上拆下4个消声垫片。

4）从制动钳支架上拆下上下各2个盘式制动摩擦片支撑板。

→ 小提示：各制动摩擦片支撑板的形状均不相同，确保在各制动摩擦片支撑板上做好识别标记，以便将其安装至各自的原位。

5）从制动钳支架上拆下制动器导向销。

6）从制动钳支架上拆卸下面的导向销。用旋具从导向销上拆下滑套和防尘罩。

7）拆卸制动钳支架，拆卸制动盘。在制动盘和车桥轮毂上做好装配标记。

2. 盘式制动器的检查

1）检查钳体是否变形或有裂纹，轮缸缸孔是否有不均匀磨损，防尘罩是否损坏或变质，活塞是否在不均匀磨损中损坏，如果有缺陷应更换。

2）用游标卡尺检查制动块摩擦片（图6-17）和制动盘的厚度（图6-18），应不小于使用极限值，否则，应更换。

6-10 盘式制动器的拆装与检测

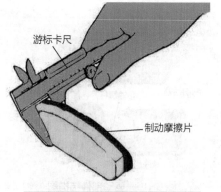

图6-17　检查制动块摩擦片厚度

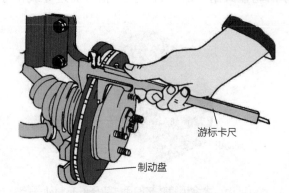

图6-18　测量制动盘厚度

3. 前盘式制动盘的安装

前盘式制动盘的安装可按拆卸的相反顺序进行，同时要注意以下事项：

1）安装前制动盘。对准制动盘和车桥轮毂的装配标记，安装制动盘。

2）在安装防尘罩、制动轮缸滑套、导向销和4个消声垫片时，应在相应的位置涂抹润滑脂。

3）安装制动摩擦片支撑板时，应确保每个制动摩擦片支撑板都安装至正确的位置和方向。

→ 小提示：

◆更换磨损的制动摩擦片时必须一同更换消声垫片。

◆确保润滑脂没有涂到制动摩擦片表面上。

二、鼓式制动器的拆装与检查

1. 鼓式制动器的拆卸

1）用千斤顶将车支起，并定位好。拧松车轮螺栓螺母（力矩为110N·m），取下车轮。用工具卸下轮毂盖，取下开口销和开槽垫圈，旋下调整螺母，取出止推垫圈。

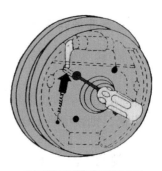

图6-19 拨动楔形块

2）如图6-19所示，用旋具通过制动鼓螺孔向上拨动楔形块，增大制动蹄与制动鼓的间隙，使制动蹄与制动鼓放松，取下制动鼓。

3）用鲤鱼钳拆下压力弹簧座圈。用手从下面的支架上提起制动蹄，取出下复位弹簧。用钳子拆下制动杆上的手制动拉索。用鲤鱼钳取下楔形块的拉力弹簧和上复位弹簧。

4）卸下制动蹄。

5）把带压力杆的制动蹄卡紧在台虎钳上，拆下制动蹄复位弹簧，取下制动蹄。

2. 鼓式制动器的检查

1）检查制动底板。检查制动底板是否变形，或制动蹄接触面磨损、机械损伤等缺陷。若有不良情况，应更换或修复制动底板。

2）检查各制动蹄复位弹簧。检查制动蹄复位弹簧是否有塑性变形、弹力下降或外形变形等损伤。若有不良情况，应更换复位弹簧。

3）检查制动蹄摩擦片。检查制动蹄摩擦片表面有无龟裂、严重磨损，制动蹄变形或裂纹等缺陷。若有，应更换制动蹄摩擦片总成。

若制动蹄摩擦片的厚度小于使用极限值时，应予更换。

4）检查制动鼓。清洁制动鼓表面，检查是否有裂纹，制动鼓摩擦表面是否擦伤或有深槽痕。测量制动鼓内径，检查其制动表面是否磨损。若有裂纹或严重磨损，应更换。

3. 鼓式制动器的安装

鼓式制动器的安装可按拆卸的相反顺序进行。安装完毕后，用力踩几下制动踏板，使制动蹄正确就位，摩擦片与制动鼓的间隙得到自动调整。

三、真空助力器工作情况的检查

1. 检查气密性

1）起动发动机，发动机运行1~2min后，关闭发动机。

2）用相同的一般制动力踩制动踏板几次，并观察踏板行程。如果第一次踏板下沉很深，第二次和第三次踩下踏板时，其行程减小，表示气密形成。

3）如果踏板行程不变，表明气密并未形成。

2. 检查工作情况

1）发动机停止运转后，用相同的力，踩动制动踏板几次，确认踏板行程未改变。

2）起动发动机的同时，踩制动踏板。如果踏板行程有少许增大，则表明操作良好。若踏板行程无变化，则表明有故障。

3. 负荷条件下气密性检查

1）在发动机运转的同时踩制动踏板，然后让发动机停止运转而制动踏板仍保持踩下状态。

2）让制动踏板保持踩下状态30s，如果踏板高度不发生变化，则表明条件良好。若踏板升高，则表明有问题。

四、制动主缸与制动轮缸的检查

1. 制动主缸的检查

1）检查制动主缸壳体。检查制动主缸壳体是否磨蚀、擦伤或有裂纹等缺陷。若有不良情况，更换制动主缸。

2）检查制动主缸进、出液管组件。检查进液管接头是否老化、开裂或漏油，O形密封圈是否密封可靠，出液橡胶阀是否失效，弹簧是否变软。若有不良情况，应予更换。

3）检查制动主缸活塞。检查制动主缸活塞是否严重磨损，复位弹簧弹力是否下降，活塞皮碗是否有老化失效、破裂等缺陷。若有不良情况，应更换。

2. 制动轮缸的检查

1）检查制动轮缸壳体。检查制动轮缸壳体和缸孔是否腐蚀、擦伤或有裂纹等缺陷。若有不良情况，应予以更换。

2）检查皮碗及防尘罩。检查皮碗及防尘罩有无破损、老化变形、严重磨损等缺陷。若有不良情况，应予更换，若制动轮缸漏液，也应更换皮碗。

3）检查活塞复位弹簧。检查活塞复位弹簧是否有弹力下降、变形、折断等缺陷。若有，应更换。

五、制动液液位的检查

如图6-20所示，检查制动液液位。制动液液位应在储液罐标注的最低与最高液位线之间。在车辆使用过程中，当制动液液位警告灯点亮时，应及时添加制动液至最高液位线。

➜ **小提示：**当制动液快速减少时，应检查制动系统是否有泄漏。

制动液液位

图6-20 制动储液罐

六、制动踏板行程的检查与调整

1. 制动踏板自由行程的调整

1）如图 6-21 所示，制动踏板自由行程为 1 ~ 8mm。

2）如果踏板自由行程不符合此规定值，应检查踏板臂轴螺栓和制动主缸的安装是否松动，或部件是否过度磨损。

3）若有不良情况，应予紧固或更换，同时还应检查踏板复位弹簧和制动灯开关总成是否装配正确，必要时作适当调整。

2. 制动踏板自由高度的调整

用约 60N 的力踏住制动踏板，制动踏板到车前围板内壁的距离应在 45mm 以上，如图 6-22 所示。如果此距离小于 34mm，则应检查制动管路中是否存在空气或制动器摩擦片已严重磨损。

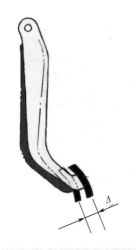

图 6-21　制动踏板自由行程

图 6-22　制动踏板自由高度

a—制动踏板到车前围板内壁的距离

如果制动踏板自由高度不符合技术要求，可进行如下调整：

1）如图 6-23 所示，检查并调整真空助力器安装表面和 U 形销孔中心之间的距离，规定长度为（115 ± 0.5）mm，紧固螺母拧紧力矩为 25N·m。

➔ 小提示：重新安装拉杆 U 形销时，也应注意调节该距离。

2）检查制动灯开关位置，如不符合技术要求，应进行调整。

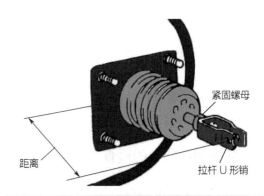

紧固螺母

距离

拉杆 U 形销

图 6-23　检查并调整真空助力器安装表面和 U 形销孔中心之间的距离

七、制动系统的排气

若制动系统管路进入空气，应对制动系统管路进行排气。操作过程中，需2个人进行配合工作，制动管路的排气方法如下。

1）制动管路的排气原则。制动管路的排气原则是由远及近，即排气顺序是先排距制动主缸距离最远的右后制动轮缸，再分别排左后、右前、左前制动轮缸。

2）向制动主缸的储液罐加注制动液，并保证排气过程中制动液量不得少于储液罐半满状态（"MIN"刻线以上）。

3）一人拆下放气螺钉帽，把透明导管接到制动轮缸的放气螺钉上，导液管的另一端插入容器中。

4）另一人踩几次制动踏板，使制动主缸和储液罐中的制动液部分进入制动管路，然后踩住踏板，拧松放气螺钉1/3~1/2圈，如图6-24所示。

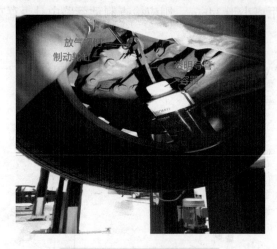

图6-24　进行制动系统放气

5）反复踩制动踏板，直到透明导管流出的制动液无任何气泡为止，然后踩住踏板，拧紧制动轮缸的放气螺钉。

➡ 小提示：在排气过程中，要随时加注制动液，使储液罐中的制动液量保持在"MIN"刻线以上，以防止空气进入制动主缸。

6）取下制动液导管，检查有无制动液渗漏，确认管路密封良好后，装回制动轮缸放气螺钉帽。

7）向储液罐里加注制动液，并使液位达到储液罐的"MAX"刻线；但不宜超过该刻线，以免制动液溢出腐蚀车体零件。

八、驻车制动装置的检查

1. 驻车制动装置的检查

1）检查制动拉索。清洁制动拉索表面，检查拉索外层有无破裂，拉索接头是否损坏，芯线钢丝有无折断。若有缺陷，应更换拉索总成。

2）检查驻车制动装置。检查驻车制动杆锁止齿板与棘爪是否变形或损坏，锁止是否可靠，放松是否灵活。若有缺陷，应更换制动杆总成。

3）检查制动杆套。检查制动杆套是否破裂或损伤、松脱。若有不良情况，应更换制动杆套，并装配稳固可靠。

4）检查制动杆按钮。拉起制动杆时，手柄锁止应可靠；放松驻车制动杆时，按下制动杆按钮应解除锁止，制动杆回位正常。否则，应调整制动杆按钮或制动系统。

5）检查制动拉索复位弹簧。检查制动拉索复位弹簧挂钩是否正确，弹簧弹力有无下降，弹簧是否被折断或变形。若有缺陷，应予更换。

2. 驻车制动杆行程的调整

握住制动杆中央处，以约 200N 的力慢慢地向上拉起驻车制动杆直至制动器被完全制动，其行程一般为 4~7 齿。若驻车制动杆不符合规定的行程，则应调整制动拉索长度。操作方法如图 6-25 所示：将锁紧螺母拧松，拧动调整螺母，使制动拉索变长或变短，从而改变驻车制动杆的行程，直到调整到符合规定为止。

九、制动系统的故障诊断与排除

液压制动系统常见故障有液压制动系统制动失效、液压制动系统制动不灵、液压制动系统制动跑偏、液压制动系统制动拖滞、驻车制动不良等。

（1）液压制动系统制动失效故障　故障诊断与排除见表 6-1。

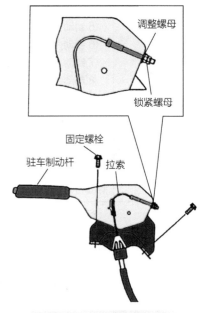

图 6-25　制动拉索的调整

表 6-1　液压制动系统制动失效的故障诊断与排除

项　目	内　容
故障现象	踩下制动踏板，车辆不减速，即使连续几脚制动也无明显减速作用
故障原因	①制动踏板至制动主缸的连接松脱 ②制动储液室无液或严重缺液 ③制动管路断裂漏油 ④制动主缸皮碗破裂
故障诊断与排除	首先踩制动踏板试验，根据踩制动踏板时的感觉，相应地检查有关部位 ①若制动踏板与制动主缸无连接感，说明制动踏板至制动主缸的连接松脱，应检查修复 ②踩下制动踏板时，若感到很轻，稍有阻力感，则应检查主缸储液室内制动液是否充足。若主缸储液室内无液或严重缺液，应添加制动液至规定位置。再次踩下制动踏板时，若仍没有阻力感，则应检查制动主缸至制动轮缸的制动软管或金属管有无断裂漏油 ③踩下制动踏板时，虽然感到有一定的阻力，但踏板位置保持不住，明显下沉，则应检查制动主缸的推杆防尘套处是否有制动液泄漏。若有制动液泄漏，说明制动主缸皮碗破裂；若车轮制动鼓边缘有大量制动液，则应检查制动轮缸皮碗是否压翻、磨损是否严重

（2）液压制动系统制动不灵故障　故障诊断与排除见表6-2。

表6-2　液压制动系统制动不灵的故障诊断与排除

项　目	内　容
故障现象	①汽车制动时，踩一次制动踏板不能减速或停车，连续踩几次制动踏板，效果也不好 ②汽车紧急制动时，制动距离太长
故障原因	①制动踏板自由行程太大 ②制动主缸储液室内存油不足或无油 ③制动液变质（变稀或变稠）或管路内壁积垢太厚 ④制动管路内进入空气或制动液气化产生了气阻 ⑤制动主缸、轮缸、管路或管接头漏油 ⑥制动主缸、轮缸的活塞及缸筒磨损过度 ⑦制动主缸、轮缸的皮碗老化或磨损引起密封不良 ⑧制动主缸的进液孔、储液室的通气孔堵塞 ⑨制动主缸的出液阀、回液阀不密封；活塞复位弹簧预紧力太小；活塞前端贯通小孔堵塞 ⑩制动器的制动鼓与制动蹄片间隙不当；制动鼓与制动蹄片接触面积太小；制动蹄片质量不佳或沾有油污，制动蹄片铆钉松动；制动鼓产生沟槽磨损或失圆，制动时变形 ⑪真空增压器或助力器的各真空管路接头松动、脱落，管路有破裂处；膜片破裂或者密封圈密封不良；单向阀、控制阀密封不良；辅助缸活塞、皮碗磨损过甚；单向球阀不密封
故障诊断 与排除	踩动制动踏板做制动试验，根据踩制动踏板时的感觉，检查相应的部位 ①一脚踩下制动踏板，踏板到底且无反力；连续几次踩制动踏板都能踩到底，且感觉阻力很小：应检查储液室中制动液液面高度是否符合要求。若液面低于下线或"MIN"线以下，说明制动液液面太低。检查制动踏板连动机构有无松脱 ②连续几脚踩制动踏板时，踏板高度仍过低，并且在第一脚制动后，感到制动主缸活塞未回位，踩下制动踏板即有制动主缸与活塞碰击响声：应检查制动主缸的活塞复位弹簧是否过软，制动主缸的皮碗是否破裂 ③连续踩几次制动踏板时，踏板高度低而软：应检查制动主缸的进油孔或储液室的通气孔是否堵塞 ④一脚踩下制动踏板时，踏板高度过低；连续几次踩下制动踏板时，踏板高度稍有增高，并有弹性感：应检查系统内是否存有气体 ⑤一脚踩下制动踏板时，踏板高度较低；连续几次踩下制动踏板时，踏板高度随之增高且制动效能好转：应检查制动踏板的自由行程及制动器的间隙 ⑥维持制动踏板高度时，若缓慢或迅速下降：应检查制动管路是否破裂、管接头是否密封不良，制动主缸、制动轮缸皮碗或皮圈密封是否良好 ⑦安装真空增压器或助力器的车辆，踩下制动踏板时，若踏板高度适当但太硬，且制动不灵：则应检查增压器或助力器的工作情况，检查制动系统油管是否有老化、凹瘪，制动液黏度是否太大 ⑧踩制动踏板时，若踏板有向上反弹、顶脚的感觉，且制动力不足：应检查增压器的辅助缸活塞磨损是否过度，辅助缸活塞、皮碗是否密封不良，辅助缸单向球阀是否密封不良 ⑨路试车辆时，观察各车轮的制动情况，若个别车轮制动不良：应检查该车轮的制动软管是否老化，摩擦片与制动鼓间的间隙是否不当，摩擦片是否有硬化、油污、钉外露现象，制动鼓内臂是否磨损成沟槽，摩擦片与制动鼓的接触面积是否过小

（3）液压制动系统制动跑偏故障　故障诊断与排除见表6-3。

表6-3　液压制动系统制动跑偏的故障诊断与排除

项　目	内　容
故障现象	①汽车行驶制动时，行驶方向发生偏斜 ②紧急制动时，方向急转或车辆甩尾
故障原因	①左、右车轮轮胎气压、花纹或磨损程度不一致 ②左、右车轮轮毂轴承松紧不一、个别轴承破损 ③左、右车轮的制动蹄摩擦衬片材料不一或新旧程度不一 ④左、右车轮制动蹄摩擦片与制动鼓的接触面积、位置不一样或制动间隙不等 ⑤左、右车轮轮缸的技术状况不一，造成起作用时间或张力大小不相等 ⑥左、右车轮制动鼓的厚度、直径、工作中的变形程度和工作面的粗糙度不一 ⑦单边制动管路凹瘪、阻塞或漏油；单边制动管路或轮缸内有气阻 ⑧单边制动蹄与支撑销配合过紧或锈蚀 ⑨一侧悬架弹簧折断或弹力过低 ⑩一侧减振器漏油或失效 ⑪前轮定位失准 ⑫转向传动机构松旷 ⑬车架、车桥在水平平面内弯曲、车架两边的轴距不等 ⑭感载比例阀故障
故障诊断与排除	①若车辆正常行驶时亦有跑偏现象，则首先做以下外观检查：检查左右车轮轮胎气压、花纹和磨损程度是否一致，检查各减振器是否漏油或失效，检查悬架弹簧是否折断或弹力是否一致 ②支起车轮，用手转动和轴向推拉车轮轮胎，若一侧车轮有松旷或过紧感觉，应重新调整轴承的预紧度；若转动车轮有发卡或异响，应检查该轮轮毂轴承是否破损或毁坏 ③对汽车进行路试，制动后，若汽车向一侧跑偏，则为另一侧的车轮制动不良。首先对该车轮制动器进行放气，若无制动液喷出，说明该轮制动管路堵塞，应予以更换。若放出的制动液中有空气，说明该轮制动管路中混入空气，应予以排放。观察该轮制动器间隙，若制动器间隙过大，说明制动蹄摩擦片磨损严重或制动自调装置失效，应更换 　若上述检查正常，应拆检该轮制动器。检查制动盘或制动鼓是否磨损过甚或有沟槽。若磨损过甚，应更换；若有严重沟槽，应车削或镗削。检查制动蹄摩擦片（摩擦衬块）是否有油污或水湿及磨损过甚。若摩擦片（衬片）有油污或水湿，应查明原因并清理；若摩擦片磨损过甚，应更换。检查制动轮缸或制动钳活塞，若有漏油或发卡现象，应更换 ④若制动时，出现忽左忽右跑偏现象，则应检查前轮定位是否符合要求。若前轮定位不正确，应调整。检查转向传动机构是否松旷，若松旷，应紧固、调整或更换 ⑤若在制动时，车辆出现甩尾现象，应检查感载比例阀是否有故障

（4）液压制动系统制动拖滞故障　液压制动系统制动拖滞的故障诊断与排除见表6-4。

表6-4　液压制动系统制动拖滞的故障诊断与排除

项　目	内　容
故障现象	抬起制动踏板后，全部或个别车轮的制动作用不能立即完全解除，以致影响了车辆重新起步、加速行驶或滑行

（续）

项　目	内　容
故障原因	①制动踏板无自由行程，制动踏板拉杆系统不能回位 ②制动主缸复位弹簧折断或失效 ③制动主缸回油孔被污物堵塞，密封圈发胀或发黏与泵体卡死 ④通往制动轮缸的油管凹瘪或堵塞 ⑤制动盘轴向圆跳动过大 ⑥前制动器密封圈损坏，造成活塞不能正常复位 ⑦前、后制动器制动轮缸密封圈发胀或发黏与泵体卡死 ⑧鼓式制动器制动蹄复位弹簧折断或过软 ⑨鼓式制动器制动蹄摩擦片破裂或铆钉松动 ⑩鼓式制动器制动鼓严重失圆
故障诊断 与排除	①将汽车支起，在未踩制动踏板的情况下，用手转动车轮。若某一车轮转不动，说明该轮制动器拖滞；若全部车轮转不动，说明全部车轮制动器拖滞 ②若为个别车轮制动器拖滞，首先旋松该轮制动轮缸的放气螺钉；若制动液急速喷出，随即车轮能旋转自如，说明该轮制动管路堵塞，轮缸未能回油，应更换。若车轮仍转不动，则拆下车轮，解体检查制动器。对于盘式制动器。检查制动盘的轴向圆跳动，若误差过大，应磨削或更换。拆检制动轮缸，若轮缸活塞发卡或密封圈损坏，应更换。对于鼓式制动器。检查制动蹄摩擦片状况，若摩擦片破裂或铆钉松动，应更换摩擦片。检查制动器间隙自调装置，若有损坏，应更换。检查制动鼓状况，若制动鼓圆度误差过大，应镗削或更换。检查制动蹄复位弹簧，若有折断或弹力减弱，应更换。检查制动轮缸，若轮缸活塞发卡或密封圈损坏，应更换 ③若全部车轮制动器拖滞，则首先检查制动踏板自由行程是否符合要求，若自由行程过小，应调整。其次检查制动踏板的回位情况，用力将制动踏板踩到底并迅速抬起，若踏板回位缓慢，说明制动踏板复位弹簧失效或踏板轴发卡，应更换或修复。检查制动主缸的工作情况，打开制动液储液室盖，由一人连续踩制动踏板，另一人观察制动主缸的回油情况。若不回油，说明制动主缸回油孔堵塞，应清洗、疏通；若回油缓慢，说明制动液过脏或变质，应更换

（5）驻车制动不良故障　驻车制动不良的故障诊断与排除见表6-5。

表6-5　驻车制动不良的故障诊断与排除

项　目	内　容
故障现象	①拉紧驻车制动器，汽车很容易起步 ②在坡道上停车时，拉紧驻车制动器，汽车不能停止而发生溜车现象
故障原因	①驻车操纵杆的自由行程过大 ②驻车操纵杆系或绳索断裂或松脱、发卡等 ③驻车制动器间隙过大 ④驻车制动器摩擦片磨损过甚或有油污 ⑤驻车制动鼓磨损过大、失圆或有沟槽 ⑥驻车制动蹄运动发卡 ⑦驻车制动蹄摩擦片与制动鼓的接触面积太小

（续）

项　目	内　容
故障诊断与排除	①将汽车停放在平坦的地面上，拉紧驻车制动器操纵杆，挂入低速档起步，若汽车很容易起步而发动机不熄火，说明驻车制动不良 ②从驻车制动器操纵杆放松位置往上拉，直至拉不动为止。检查操纵杆的行程，若行程过大，说明操纵杆的自由行程过大，应调整。检查拉动操纵杆的阻力，若感觉没有阻力或阻力很小，说明操纵杆或绳索断裂或松脱，应更换或修复；若感觉很沉，说明操纵杆或绳索及制动器发卡，应拆检修复 ③从检视孔检查中央驻车制动器（东风 EQ1092、解放 CA1092 汽车）或后轮制动器（奥迪、桑塔纳等轿车）的间隙是否符合要求，若制动器间隙过大，应调整 ④若上述检查均正常，应拆检驻车制动器。检查制动蹄摩擦片是否磨损过甚或有无油污；检查制动鼓是否磨损过甚、失圆或有沟槽；检查制动蹄运动是否发卡，若有发卡现象，应修复或润滑；检查制动蹄摩擦片与制动鼓的接触面积是否符合要求，若接触面积过小，应更换或修整

维修实例

一汽大众奥迪 A6L 轿车制动不良，要连续踩两脚制动踏板时才能停住车

（1）故障现象　一辆一汽大众奥迪 A6L 2016 款 30 FSI 舒适型轿车，行驶里程为 12.1万 km。驾驶人说制动太软，将制动踏板急踩到底时才有制动效果，若遇紧急情况，要连续踩两脚制动踏板才能停住车。

（2）故障原因　制动轮缸漏气。

（3）故障诊断

1）首先检查制动液的液面，正常。检查制动管路没有漏油处。拆检 4 个车轮制动器，均工作正常。按由远及近的顺序对 4 个车轮制动轮缸进行放气，发现只有左后轮有少量气泡，其他车轮无气泡。放气后试车，制动效果明显好转。驾驶人说，制动液一直没有更换过，于是更换了制动液并排净制动系统内的空气。但车辆在使用几天后，又发生了相同的故障。

2）检查后发现还是左后轮有少量气泡。拆检 4 个车轮，发现制动轮缸都不漏油，怀疑制动主缸工作不良。于是更换制动主缸，但故障仍不能排除。

3）根据左后轮在放气时有少量气泡的现象，重点检查左后轮制动轮缸。拆开左后轮，仔细检查发现制动轮缸靠近底板处有少许油污，被摩擦片磨下来的粉末盖住。拆下左后轮制动轮缸，拆下制动轮缸两端的防尘套，发现一侧防尘套的内部有油，另一侧则没有，说明制动轮缸密封不良。

4）分析故障的原因：由于左后轮制动轮缸密封不良，当踩制动踏板时有少量制动液漏出，放松制动踏板时，空气被吸入制动轮缸。因空气有可压缩性，造成整个制动系统的压力降低，制动不良。紧急制动时，踩第一脚制动时，左后轮制动轮缸内的空气被排出制动轮缸；连续踩第二脚制动时，空气还未来得及进入制动轮缸，因此制动效果略有好转。因为是轻微漏油，漏出的制动液储存在制动轮缸防尘套内，外表不能发现，造成类似制动主缸损坏的假象。

更换左后轮制动轮缸，试车，故障排除。

任务二 防抱死制动系统的检修

岗位核心能力

◎ 知识目标

1）熟悉防抱死制动系统的基本组成与工作原理。

2）熟悉防抱死制动系统主要部件的结构、工作过程和检修方法。

◎ 技能目标

1）能够掌握防抱死制动系统的检查方法、防抱死制动系统的正确使用与维护方法。

2）能够熟悉防抱死制动系统常见故障的检修方法。

案例导入

一辆大众迈腾 2016 款 1.8 TSI 智享领先型轿车，行驶里程约 11.3 万 km。驾驶人反映该车仪表盘上的 ABS 灯常亮，制动警告灯也闪烁不停。

该车的故障现象是典型的防抱死制动系统的故障。为了查明故障原因，正确地判断防抱死制动系统的故障，作为汽车维修人员必须全面认识防抱死制动系统，熟悉防抱死制动系统的结构与工作原理，了解防抱死制动系统分类、组成等相关的基础知识，为排除防抱死制动系统的故障打下基础。

相关知识

一、ABS 的基本特性

汽车防抱死制动系统（Anti-locked Braking System，ABS）是一种安全控制制动系统，已经成为轿车的标准配置。ABS 既有普通制动系统的制动功能，又能防止车轮制动抱死，保证汽车制动时的方向稳定性，防止产生侧滑和跑偏，使车辆可以获得良好的制动性能、操纵性能和稳定性能，是汽车安全控制的一项重要内容。

1. ABS 的功用

防抱死制动系统的功用就是通过对作用于制动轮缸内的制动液压力进行瞬时的自动控制（每秒约 10 次），从而控制制动车轮上的制动器压力，使制动车轮尽可能保持在最佳的滑移率范围内运动，从而使汽车的实际制动过程接近于最佳制动过程。

图 6-26 所示为 ABS 工作示意图。车辆在制动过程中，当车辆直线行驶时，有 ABS 的车辆，制动时车轮不抱死，车辆的方向稳定性好，能够躲开障碍物（图 6-26a）；没有 ABS 的车辆，制动时车轮抱死，车辆出现制动跑偏或甩尾侧滑的现象，会碰到障碍物（图 6-26b）。

a）有 ABS   b）无 ABS

图 6-26 ABS 工作示意图

6-11 ABS
系统概述

2. ABS 的特点

（1）ABS 的优点

1）缩短制动距离。ABS 可以将滑移率控制在最大附着系数范围内，从而可获得最大的纵向制动力，使制动距离缩短。

2）延长了轮胎的使用寿命。ABS 可以防止车轮抱死，从而避免了因制动车轮抱死造成的轮胎局部异常磨损，改善了轮胎的磨损状况，延长了轮胎的使用寿命。

3）提高了汽车制动时的安全稳定性。ABS 可防止车轮在制动时完全抱死，能将车轮侧向附着系数控制在较大的范围内，使车轮具有较强的承受侧向力的能力，增强了转向控制能力，提高了制动时的安全稳定性。

4）使用方便、工作可靠。ABS 的运用与常规制动系统的运用几乎没有区别，制动时驾驶人踩下制动踏板，ABS 就根据车轮的实际转速自动进入工作状态，使车轮保持在最佳工作状态。

（2）ABS 的局限性 ABS 的局限性主要体现在以下两种特殊路面的情况下，此时 ABS 不能提供最短的制动距离。

1）在松散的砾石路面、松土路面或积雪很深的路面上制动。

2）在平滑的干路面上制动。

二、ABS 的类型

目前，汽车上使用的 ABS 有不同的结构形式，可以按照以下方式进行分类。

1. 按控制参数不同进行分类

按控制参数不同，分为以车轮滑移率为控制参数的 ABS、以车轮角加速度为控制参数的 ABS。目前汽车上使用的 ABS 基本上都是以车轮角加速度为控制参数的 ABS 形式。

2. 按控制方式进行分类

控制方式主要是指控制通道的控制方式和传感器数目。控制通道是指能够独立进行制动压力调节的制动管路。如果一个车轮的制动压力占用一个控制通道，可以进行单独调节，称为独立控制；如果两个车轮的制动压力是一同调节的，称为一同控制。两个车轮一同控制时有两种方式：低选原则一同控制，即按照保证附着系数较小车轮不发生抱死为原则进行制动压力调节控制；高选原则一同控制，即按照保证附着系数较大车轮不发生抱死为原则进行制动压力调节控制，其中按低选原则一同控制较常见。

因此，ABS 根据控制通的控制方式和传感器数目的不同会有多种组合类型，主要有以下几种类型：四传感器四通道／四轮独立控制、四传感器四通道／前轮独立－后轮选择控制、四传感器三通道／前轮独立－后轮低选择控制、三传感器三通道／前轮独立－后轮低选择控制方式、四传感器二通道／前轮独立控制方式、四传感器二通道／前轮独立－后轮低选择控制、一传感器一通道／后轮近似低选择控制等。

四传感器四通道（前轮独立、后轮选择控制方式）如图 6-27 所示，该系统前轮独立控制，而后轮选择方式控制，一般采用低选择控制，即以易抱死车轮为标准，给两后轮施加相等的制动压力控制车轮转动。此种控制方式用于 X 型制动管路的 ABS 控制系统，因为左右后轮不是同一制动管路，因此需要采用 4 个通道。此种形式的操纵性、稳定性较好，制动效能稍差。

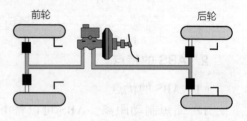

图 6-27　四传感器四通道／前轮独立－后轮选择控制方式

三、ABS 的基本组成与工作原理

1. ABS 的基本组成

如图 6-28 所示，ABS 通常由车轮转速传感器、制动压力调节器、电控单元（ABS ECU）和 ABS 警示装置（ABS 警告灯）等组成。

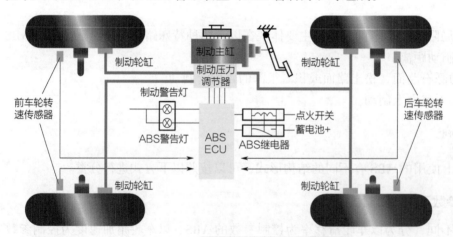

6-12 ABS 系统结构

6-13 ABS 系统工作原理

图 6-28　ABS 的基本组成

1）车轮转速传感器是信号装置，将各车轮的转速信号及时的输入电控单元。

2）电控单元是 ABS 的控制中心，它根据各个车轮的车轮转速传感器输入的信号对各个车轮的运动状态进行监测和判断，并发出控制指令对制动压力调节器进行控制。

3）制动压力调节器是 ABS 中的执行器，它由调压电磁阀总成、液压泵总成和蓄能器等组成，并通过制动管路与制动主缸和各制动轮缸相连，可以对各制动轮缸的制动压力进行调节。

4）ABS 警告灯一般为黄色，由 ABS 电控单元控制，通常用"ABS"做标识。

➡ 小提示：ABS 电子控制系统具有失效保护和自诊断功能，当电控单元监测到 ABS

出现故障时，将自动关闭 ABS，仅保留常规制动系统；同时存储故障信息，并将 ABS 警告灯点亮，提示驾驶人尽快修理。

2. ABS 的基本工作原理

在制动时，ABS 根据每个车轮转速传感器传来的转速信号，可迅速判断出车轮的抱死状态，关闭开始抱死车轮上面的常开输入调压电磁阀，让制动力不变；如果车轮继续抱死，则打开常闭输出调压电磁阀，这个车轮上的制动压力由于出现直通制动液储液罐的管路而迅速下移，防止了因制动力过大而将车轮完全抱死。让制动状态始终处于最佳点（滑移率为 20%），制动效果达到最好，行车最安全。

➔ 小提示：在制动主缸前面腔内的制动液是动态压力制动液，它因制动液的压力变化而推动制动主缸内的活塞从而使制动踏板推杆向右移。因此，在 ABS 工作的时候，驾驶人可以感觉到脚上制动踏板的反弹力，也会听到电磁阀工作时的噪声。

四、ABS 主要部件

1. 车轮转速传感器（又称轮速传感器）

车轮转速传感器的功用是检测车轮的旋转速度，并将速度信号输入电控单元。目前，常用的车轮转速传感器主要有电磁式和霍尔式两种。

（1）电磁式车轮转速传感器　电磁式车轮转速传感器主要由传感器和齿圈两部分组成。齿圈随车轮或传动轴一起转动，通常用磁阻很小的铁磁材料制成。传感器是静止部件，对应安装在靠近齿圈而又不随齿圈转动的车轮的托架上，通常由永久磁铁、电磁线圈和极轴等组成，如图 6-29 所示。

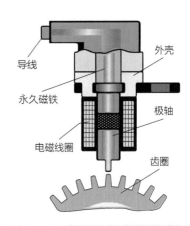

图 6-29　电磁式车轮转速传感器的结构

➔ 小提示：传感器极轴与齿圈的端面有空气间隙，此间隙一般为 1mm，通常可移动传感器极轴的位置来调整间隙。

图 6-30 所示为车轮转速传感器的安装位置。

6-14 车轮转速传感器

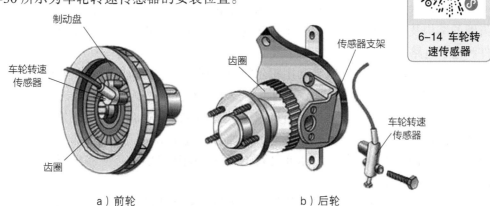

a）前轮　　　　　　　b）后轮

图 6-30　车轮转速传感器在车轮处的安装位置

电磁式车轮转速传感器的工作原理如图 6-31 所示。传感器齿圈随车轮旋转的同时，与传感器极轴做相对运动。当传感器的极轴与齿圈的齿隙相对时，极轴距齿圈之间的空气间隙最大，即磁阻最大。传感器的磁极磁力线只有少量通过齿圈而构成回路，在电磁线圈周围的磁场较弱，如图 6-31 所示；当传感器的极轴与齿圈的齿顶相对时，两者之间的空隙最小，即磁阻最小。传感器的磁极磁力线通过齿圈的数量增多，在电磁线圈周围的磁场较强，如图 6-31 所示。

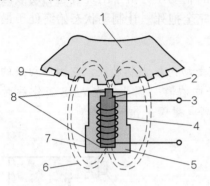
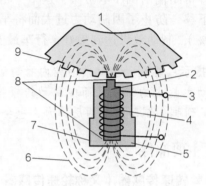

a）齿隙与磁心端部相对时　　　　b）齿顶与磁心端部相对时

图 6-31　电磁式车轮转速传感器的工作原理

1—齿圈　2—极轴　3—电磁线圈引线　4—电磁线圈　5—永久磁铁
6—磁力线　7—电磁式传感器　8—磁极　9—齿圈齿顶

6-15 电磁式车轮转速传感器的工作原理

齿圈随车轮不停地旋转，就使传感器电磁线圈周围的磁场经强—弱—强—弱……周期性地变化，因此电磁线圈就感应出交变电压信号，即车轮转速信号。

交变电压信号的频率与齿圈的齿数和转速成正比，因齿圈的齿数一定，因而车轮转速传感器输出的交流电压信号频率只与相应的车轮转速成正比。

车轮转速传感器由电磁线圈引出两根导线，将其速度变化产生的交变电压信号送至 ABS 的电控单元。为防止外部电磁波对速度信号的干扰，传感器的引出线采用屏蔽线，以保证反映车轮速度变化的交变电压信号准确地送至 ABS 的电控单元。

（2）霍尔式车轮转速传感器　霍尔式车轮转速传感器也是由传感器、齿圈等组成。其齿圈的结构及安装方式与电磁式车轮转速传感器的齿圈相同，传感器由永久磁铁、霍尔元件和电子电路等组成。

霍尔式车轮转速传感器是利用霍尔效应原理来产生与车轮转速相对应的电压脉冲信号的，其工作原理如图 6-32 所示，当齿圈位于图 6-32a 位置时，永久磁铁穿过霍尔元件的磁力线分散，磁场相对较弱；而当齿圈位于图 6-32b 位置时，永久磁铁穿过霍尔元件的磁力线集中，磁场相对较强。齿圈转动时，使得穿过霍尔元件的磁力线密度发生变化，因而引起霍尔元件电压的变化，霍尔元件将输出一个毫伏级的准正弦波电压。此信号由电子电路转化成标准的脉冲电压。

霍尔式车轮转速传感器输出信号电压幅值不受转速的影响，频率响应高，抗电磁波干扰能力强，因此，霍尔传感器在 ABS 中应用越来越广泛。

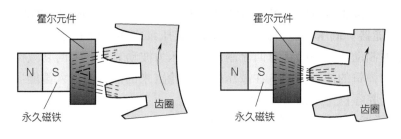

霍尔元件 霍尔元件

永久磁铁 齿圈 永久磁铁 齿圈

a）磁场相对较弱 b）磁场相对较强

图6-32 霍尔式车轮转速传感器

2. 电控单元

电控单元（ECU）是 ABS 的控制中枢，其主要作用是接收传感器信号，并对这些输入信号进行测量、比较、分析、放大和判别处理，通过精确计算，得出制动时车轮的滑移率、车轮的减速度，以判断车轮是否有抱死趋势，然后向制动压力调节器发出控制指令，去执行压力调节任务。

6-16 霍尔式车轮转速传感器

3. 制动压力调节器

制动压力调节器又称为 ABS 控制器，是 ABS 的执行机构，其功用是接受 ABS 电控单元（ECU）的控制指令，通过电磁阀的动作自动调节车轮制动轮缸的制动压力，防止车轮抱死，并使制动过程处于理想滑移率的状态。

制动压力调节器可分为液压式、气压式等，现代轿车主要采用液压式。液压式制动压力调节器串接在制动主缸与轮缸之间，通过电磁阀直接或间接地控制轮缸的制动压力。通常把电磁阀直接控制轮缸制动压力的制动压力调节器称为循环式调节器，把间接控制制动轮缸压力的制动压力调节器称为可变容积式调节器。液压式制动压力调节器主要由液压泵（也称电动液压泵、回油泵）、液压电控单元（包括组装在一起的电磁阀和蓄能器）等组成，如图6-33所示。

图6-33 制动压力调节器

（1）液压泵 ABS 所用的液压泵多为柱塞式液压泵，它由直流电动机、柱塞式油泵、进出油阀等组成。在 ABS 运行时，液压泵根据 ECU 的信号确定是否工作，当 ECU 控制接通电动机电路，电动机便会驱动柱塞泵工作，从而起到循环制动液或提高制动液油压的作用。

液压泵根据其作用的不同可分为回油液压泵与增压液压泵。回油液压泵与低压蓄能器和制动主缸相连，在 ABS 工作时，可将轮缸及低压蓄能器制动液压泵回制动主缸，用于循环式制动压力调节器系统。

增压液压泵与储液室和高压蓄能器相连，用于产生增压控制压力。

（2）蓄能器　蓄能器根据作用不同可以分为低压蓄能器和高压蓄能器两种。

1）低压蓄能器。低压蓄能器位于电磁阀与液压泵之间，用来容纳 ABS 减压过程中从制动轮缸回流的制动液，同时还对回流制动液的压力波动具有一定的衰减作用。其结构为一个内装活塞和弹簧的油缸，ABS 在减压时，由轮缸来的液压油进入蓄能器，进而压缩弹簧使蓄能器液压腔容积变大，以暂时储存制动液。

2）高压蓄能器。高压蓄能器用于储存制动中或 ABS 工作时所需的高压制动液，多采用气囊式蓄能器，其结构如图 6-34 所示。高压蓄能器的气囊体被一个膜片分隔成两个互不相通的腔室，上腔为气室，内充满了高压氮气，可使制动液的压力保持在 14~18MPa 较高的压力；下腔为液室，与电动增压泵出液口相通，盛装由电动增压泵泵入的制动液。

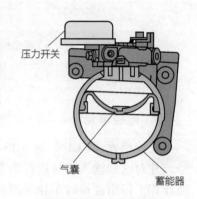

图 6-34　气囊式蓄能器

➔ 小提示：高压蓄能器上装有压力控制开关，用于检测高压蓄能器下腔制动液压力。压力低于 15MPa 时，开关闭合，增压泵工作。压力达到 18MPa 时，开关打开，增压泵停止工作。

（3）电磁阀　ABS 中通常有 4~8 个电磁阀，分别对应控制前后轮的制动。常用的电磁阀为三位三通阀，其结构和工作过程如图 6-35 所示。电磁阀由电磁阀线圈、固定铁心和柱塞组成，阀上有三个孔分别通制动主缸、制动轮缸和蓄能器。电磁阀线圈受 ECU 控制，改变电磁线圈的电流可以改变柱塞的位置，以实现 3 个阀口之间通路的改变。根据电流的大小，可将柱塞控制在"升压""保压""减压"3 种位置。

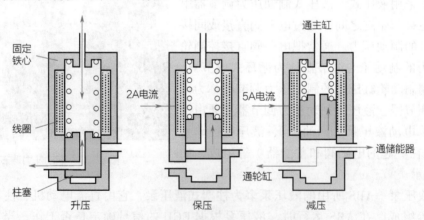

图 6-35　三位三通电磁阀的工作原理

（4）循环式制动压力调节器　循环式制动压力调节器在制动主缸与轮缸之间串联一个电磁阀，直接控制轮缸的制动压力。其基本结构如图 6-36 所示，主要由制动踏板机构、制动主缸、液压泵、蓄能器、电磁阀、制动轮缸组成。其中，液压泵的作用是当电磁阀在"减压"过程中，将从制动轮缸流出的制动液经蓄能器泵回制动主缸；蓄能器的作用是当电磁阀在"减压"过程中，将从轮缸流出的制动液由蓄能器暂时储存，然后由液压泵泵回主缸。

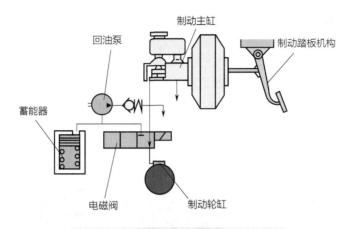

图 6-36　循环式制动压力调节器的组成

循环式制动压力调节器式 ABS 在汽车制动过程中，根据 ECU 控制流经制动压力调节器电磁线圈电流的大小，可使 ABS 处于"升压""保压""减压""增压"4 种状态。

（5）可变容积式制动压力调节器　可变容积式制动压力调节器主要由电磁阀、控制活塞、液压泵、蓄能器等组成，如图 6-37 所示。该系统是在汽车原有制动管路上增加一套液压控制装置，用它控制制动管路中制动液容积的增减，从而控制制动压力的变化，其特点是制动压力油路和 ABS 控制压力油路是相互隔开的。

可变容积式制动压力调节器式 ABS 的其工作过程同样可以分为"升压""保压""减压"和"增压"4 种状态。

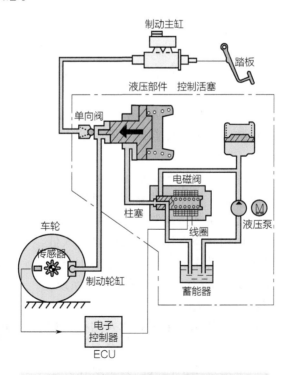

图 6-37　可变容积式制动压力调节器系统组成

五、大众车型 ABS 简介

1. ABS 组成

大众车型 ABS 采用四传感器/三通道的 ABS 调节回路，主要由 4 个车轮转速传感器、ABS 控制器（包括电控单元、液压单元、液压泵等）、ABS 警告灯、制动警告灯等组成，如图 6-38 所示。

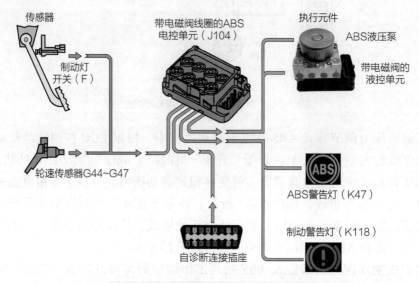

图 6-38　大众车型 ABS 组成示意图

（1）车轮转速传感器　大众车型 ABS 一般采用电磁感应式车轮转速传感器。共有 4 个车轮转速传感器，前轮的齿圈安装在传动轴上，转速传感器安装在转向节上；后轮的齿圈安装在后轮毂上，转速传感器则安装在固定支架上。

（2）电控单元　ABS 电控单元（ECU）是 ABS 的控制中心，ECU 的主要任务是连续监测和接收 4 个车轮转速传感器送来的脉冲信号，分析 4 个车轮的制动情况，向液压控制单元发出指令，控制制动轮缸油路上电磁阀的通断和液压泵的工作来调节制动压力，防止车轮抱死。

（3）ABS 液压泵和低压蓄能器　低压蓄能器与 ABS 液压泵合为一体装于液压控制单元上。低压蓄能器用于暂时储存从轮缸中流出的制动液，以缓和制动液从制动轮缸中流出时产生的脉冲。ABS 液压泵的作用是将在制动压力阶段流入低压蓄能器中的制动液及时送至制动主缸，同时在施加压力阶段，从低压蓄能器中吸取剩余制动力，泵入制动循环系统，给液压系统以压力支持，增加制动效能。

（4）液压控制单元　液压控制单元采用整体式结构，如图 6-39 所示，阀体内包括 8 个电磁阀，每个回路各一对，其中一个是常开进油阀，另一个是常闭出油阀。其主要任务是执行 ABS ECU 的指令，在制动主缸、制动轮缸和回油路之间

图 6-39　液压控制单元

建立联系，自动调节制动器中的液压压力，实现压力升高、压力保持和压力降低的功能，防止车轮抱死。

（5）ABS故障警告灯　ABS在仪表板上装有ABS警告灯K47。把点火开关打开，ABS开始自检，ABS故障警告灯正常点亮约2s后熄灭。如果灯不亮，说明故障警告灯本身或线路有故障；如果ABS故障灯常亮，说明ABS出现故障。

2. ABS工作过程

ABS工作时，车轮转速传感器不断检测车轮转速信号，当发现某一车轮有抱死趋势时，电控单元发出指令，控制相应通道的常开电磁阀关闭，此时即使制动踏板力继续增大，该车轮制动器上的制动压力仍将保持不变。若在此情况下，该车轮仍有抱死趋势，电控单元发出指令，控制该通道的常闭电磁阀打开，进入降压阶段。此车轮抱死趋势消除后，常开电磁阀打开，常闭电磁阀关闭，重新进入升压阶段。

下面以一个车轮为例介绍ABS工作时制动压力的调节过程：

（1）常规制动过程　开始制动时，驾驶人踩下制动踏板，ABS尚未工作时，两电磁阀均不通电，进油电磁阀处于开启状态，出油电磁阀处于关闭状态，制动轮缸与低压蓄能器隔离，与主缸相通。制动压力由制动主缸产生，制动主缸里的制动液经进油阀作用到车轮制动轮缸上，使车轮产生制动，如图6-40所示。

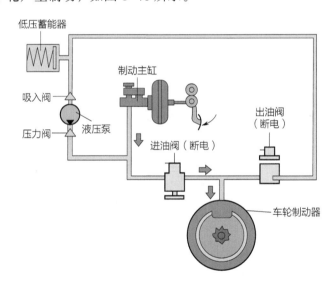

图6-40　常规制动过程

（2）保压制动过程　当驾驶人继续踩制动踏板，制动油压继续升高，当ABS的电控单元（ECU）通过车轮转速传感器检测到车轮的减速度达到设定值，车轮出现抱死趋势时，发出控制指令，使进油电磁阀通电关闭，出油电磁阀仍处于断电关闭状态，轮缸里的制动液处于不流通状态，系统油压保持不变，如图6-41所示。

（3）减压制动过程　当制动压力保持不变，车轮仍有抱死趋势时，ABS的电控单元（ECU）发出指令，使出油电磁阀通电打开出油阀，此时进油电磁阀继续通电保持关闭状态，使轮缸与低压蓄能器相通，轮缸里的制动液在制动蹄复位弹簧作用下流到低压蓄能器，制动压力减小，有抱死趋势的车轮被释放，车轮转速开始上升。同时液压泵通电工作及时将制动液泵回主缸，踏板有回弹感。减压制动过程如图 6-42 所示。

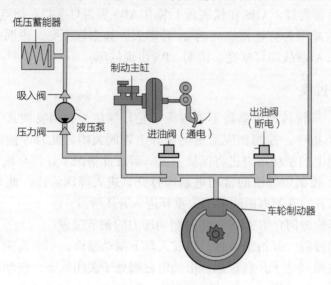

图 6-41　保压制动过程

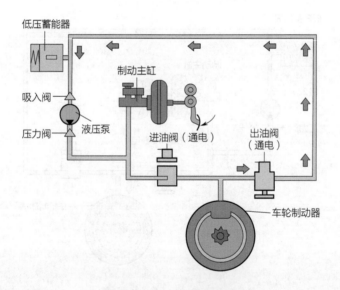

图 6-42　减压制动过程

（4）增压制动过程　如图 6-43 所示，当 ABS 的电控单元（ECU）通过车轮转速传感器检测到车轮的加速度达到设定值时，进、出油电磁阀均断电，进油阀开启，出油阀关闭，同时液压泵通电，将低压蓄能器里的制动液泵到轮缸，制动压力增高。

随着制动压力的增加，车轮转速又开始下降，ABS 就是这样以 5 ~ 6 次 /s 的频率按上述"增压制动 – 保压制动 – 减压制动 – 增压制动"的循环对制动压力进行调节，一直将车轮的滑移率始终控制在 20% 左右，直到停车。

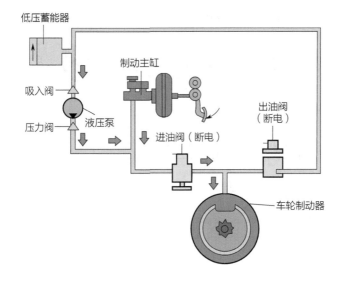

图 6-43　增压制动过程

➔ **小提示**：如果 ABS 出现故障，进油阀始终常开，出油阀始终常闭，使常规液压制动系统继续工作而 ABS 不工作，直到 ABS 故障排除为止。

六、电子制动力分配系统（EBD）

电子制动力分配系统（Electric Brakeforce Distribution，EBD）是 ABS 功能的一个扩展。

1. EBD 的功用

车辆制动时，如果 4 个车轮附着地面的条件不同（如左侧车轮附着在湿滑路面上，而右侧车轮附着在干燥路面上），则 4 个车轮与地面的附着力会不同，这样在制动过程中，将容易产生打滑、倾斜和侧翻等现象。为避免这种情况，EBD 会自动检测各个车轮的附着力状况，将制动系统所产生的制动力适当地分配至 4 个车轮，在 EBD 的辅助下，制动力可以得到最佳的分配，使得制动距离明显缩短，并在制动的同时保持车辆的平稳，提高行车安全。此外，车辆转弯时，如果进行制动操作，则 EBD 亦具有维持车辆稳定性的功能，以增加弯道行驶的安全性。

2. EBD 的基本组成

如图 6-44 所示，EBD 由车轮转速传感器、电控单元和液压控制单元（液压执行器）三部分组成。

3. EBD 的工作原理

在车轮部分制动时，EBD 功能就起作用，车辆转弯时作用更明显。车轮转速传感器发出 4 个车轮的转速信号，电控单元根据这些信号计算车轮的转速及滑移率。如果后轮滑移率大于某个设定值，则由液压控制单元调节后轮制动压力，使后轮制动力降低，以保证后轮不会先于前轮抱死。当 ABS 起作用时，EBD 即停止工作。

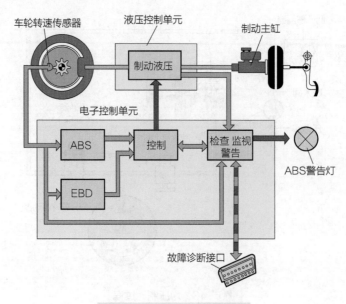

图 6-44　EBD 的基本组成

　　EBD 压力调节过程分为升压、保压和减压 3 个阶段。制动时，通过制动主缸建立制动压力，此时常开阀打开，常闭阀关闭，制动压力进入车轮制动器，车轮转速迅速降低，直到电子控制器识别出车轮有抱死趋势为止。EBD 的升压及保压与 ABS 工作过程完全一样，但减压控制则有所不同。

七、ABS 的检修与维护

1. ABS 检修注意事项

　　1）ABS 电控单元（ECU）对过电压、静电非常敏感，维修中稍有不慎就会损坏 ECU 中的芯片，造成整个 ABS 的损坏。因此，在点火开关接通时，不要插拔 ABS 的插接器；插拔 ECU 上的插接器应做好防静电措施；一定要先断开 ECU 插接器，然后再在车上进行焊接操作。

　　2）维修 ABS 液压控制装置时（例如制动压力调节器的各部件、制动轮缸、蓄能器、液压泵、制动液管路等），一定要按规定程序释放 ABS 的压力（蓄能器可能存储了高达 18MPa 的压力），然后再按规定进行修理，以免高压制动液喷出伤人。

　　卸压的方法是：关闭点火开关，然后反复踩制动踏板 20 次以上，直到感觉踩制动踏板力明显增加（无液压助力）时为止。

　　3）液压制动系统维修作业完成后，应使用专用制动液充放机和故障诊断仪配合，对系统进行加液和排气。

　　4）拆卸时注意不要碰伤传感器磁头，不允许敲击车轮转速传感器的齿圈，不要用传感器齿圈当作撬面，否则会损坏齿圈或影响轮速信号的精度。安装时，应先涂防锈油，并且只能压装，不可敲击或用蛮力，以免损坏传感器。

　　5）更换元件时，应使用原厂配件，安装时再从包内取出配件。更换电脑或制动压力调节器后，应使用故障诊断仪对电脑进行编码，否则 ABS 警告灯将点亮，系统不能正常工作。

6）ABS 与普通制动系统是不可分的，普通制动系统一旦出现问题，ABS 就不能正常工作。因此，要将两者视为整体进行维修，不能只把注意力集中于传感器、ECU 和液压调节器上。

7）在进行 ABS 诊断、检查时，只要能正确使用检测仪等专业工具，按照维修手册中给出的故障诊断图表准确地找出故障点即可，可不拘于检查的形式和步骤。

2. ABS 检修基本方法

ABS 的故障大致可分为以下几种情况：一是紧急制动时，车轮被抱死；二是制动效果不良；三是警告灯亮起；四是 ABS 出现不正常现象。对于不同车型，其诊断与检查的方法和程序都会有所不同，但是 ABS 的基本诊断与检查方法的内容是不变的，一般包括听取用户反馈、初步检查、自诊断检查、线路检查和元件检查等几项内容，其检查流程如图 6-45 所示。

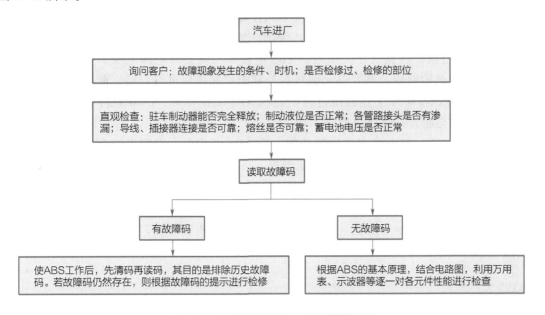

图 6-45 ABS 故障检查与诊断流程图

（1）听取用户反馈 通过了解用户的反馈意见，可以了解防抱死制动系统是否真的存在故障、在什么情况下发生故障、故障发生的现象等一些与故障相关的具体的重要信息，以帮助了解、分析和判断故障的部位，确定诊断应该从哪里开始。不过，有些用户的反映可能属于正常的工作情况，比如，紧急制动时踏板颤动，在制动或者启动 ABS 自检时系统发出声音等。

（2）初步检查的方法 在听取用户的反馈后，应对系统进行初步检查。初步检查是对容易出现的故障且检查方法又很简单的部位先行检查，确定无异常时，再作系统检查，对迅速排除故障有利。

1）检查储液室是否液面过低、液压装置是否外部泄漏及制动主缸工作是否正常。

2）检查驻车制动器是否完全放松以及驻车开关功能是否正常，视具体情况进行维修或调整。

3）检查 ABS 熔丝是否熔断，找出熔丝烧坏的原因，并更换熔丝。

4）检查导线及插接器是否有破损或插接器松动现象，若有，更换导线，插好各插接器。

5）检查所有的继电器、熔断器是否完好，插接是否牢固。

6）检查蓄电池电压是否在规定的范围内，检查蓄电池正、负极导线的连接是否牢靠，连接处是否清洁。

7）检查 ABS 电控单元、液压控制装置等的搭铁端是否接触良好。

8）检查车轮胎面纹槽的深度是否符合规定。

（3）自诊断检查　如果通过初步检查不能确定故障位置，就可转入故障自诊断进行故障检查。在进行自诊断前可通过初步路试来判断是常规制动系统故障还是 ABS 故障。方法是：拆下 ABS 继电器线束插接器或 ABS 制动压力调节器电磁阀线束插接器，使 ABS 制动压力调节器电磁阀不能通电工作，让汽车以普通制动器工作方式制动，如果故障现象消失，则说明是 ABS 电子控制系统有故障，否则，为 ABS 机械部分的故障。

1）ABS 的自检。当点火开关接通，ABS 电控单元就会对电源电压、控制电压和电磁阀线圈、车轮转速传感器、电控单元编号等外部电路和项目进行自检。此时，制动警告灯点亮 2s 后自动熄灭。如果上述自检过程中发现 ABS 工作异常，ECU 就停止使用 ABS，这时，制动警告灯亮起，并储存故障码。

2）故障码诊断。ABS 具有自诊断功能，当 ABS 电控单元发现系统有故障时，会将故障以故障码的形式储存在电控单元的存储器里，可用故障诊断仪器读取故障码。

3）故障码的读取与清除。将故障诊断仪与车辆上的故障自诊断插接口相连，根据提示操作故障诊断仪，通过显示屏来读取故障码。故障码能够显示故障的性质和范围，维修人员可根据故障码的提示，迅速、准确地确定故障的性质和部位，有针对性地检查有关部位、元件和线路，将故障排除。

相关技能

一、车轮转速传感器的检查

车轮转速传感器可能出现的故障有：车轮转速传感器感应线圈短路、断路或接触不良等；车轮转速传感器齿圈脏污或损坏；车轮转速传感器信号探头部分安装不牢或磁极与齿圈之间有脏物等。具体检查方法如下：

1）检测信号电压及波形。顶起前轮，松开驻车制动，拆下传感器线束，在线束插接器处测量。当车轮转动时，用万用表交流电压档测量其信号电压值，电压值应随车轮转速的增加而升高，一般情况下，应达 2V 以上；用示波器检测传感器输出信号电压的波形，正常的信号电压波形应是均匀稳定的正弦电压波形。如果信号电压及波形有异常，应拆下传感器作进一步检查。

2）检查传感器感应线圈的电阻值。用万用表 $40k\Omega$ 档检查传感器电阻值，约为 $1.0\sim1.3k\Omega$，如果电阻过大或过小，均说明传感器不良，应更换。

3）检查传感器外观及间隙。检查传感器导线及插接器有无松脱，探头及齿圈有无损坏及脏污，如果有，应紧固、更换或清理；在齿圈上取4点检查齿圈与车轮转速传感器信号磁头之间的间隙，标准值为前轮1.10~1.97mm，后轮0.42~0.80mm，如果间隙不符合标准，检查传感器磁头、齿圈是否松动，车轮轴承是否损坏。

二、ABS压力调节器的检查

制动压力调节器可能的故障有制动压力调节器电磁阀线圈不良、制动压力调节器中的阀有泄漏、液压泵损坏等，其具体的检查方法如下：

1）电磁阀的检查。用万用表电阻档检测电磁阀线圈的电阻，如果电阻无穷大或过小等，均说明其电磁阀有故障；将制动压力调节器电磁阀加上工作电压，看检查电磁阀能否正常动作，如果不能正常动作，则说明电磁阀损坏，应更换制动压力调节器。

2）液压泵和液压循环检查。如果怀疑是制动压力调节器内部液压循环有问题，则应在制动压力调节器内无高压制动液时，仔细拆开调节器进行检查；也可通过故障诊断仪的"03- 执行元件测试"功能检查液压泵工作情况。

三、ABS继电器的检查

继电器的常见故障有触点接触不良、继电器线圈损坏等，检查方法如下：

1）继电器电阻检查。用万用表电阻档检测继电器线圈的电阻，电阻值应在正常范围之内，如果过大或过小，均应更换继电器。

2）继电器触点检查。对继电器施加其正常的工作电压，看继电器能否正常动作。若能正常动作，则用万用表检测继电器触点间的电阻，正常情况下触点闭合时的电阻应小于0.1Ω，若电阻较大，则说明触点接触不良，应更换继电器。

四、ABS电控单元（ECU）的检查

ABS电控单元常见的故障有线束插接器松动、插口损坏、操作不当造成ECU的内部损坏等，其具体检查方法如下：

1）ABS电控单元外部线束检查。先检查ABS电控单元线束插接器有无松动、插口有无损坏，如果线束松动，则紧固，如果插口损坏，则更换ECU。

2）ABS电控单元自身的检查。如果ECU内部损坏，多数可通过其自诊断功能读取到相应的故障码，如果对故障码进行确认后，则更换电控单元；如果没有提示相应的故障码，在检查传感器、继电器、电磁阀及其线路均无故障，怀疑ABS的ECU可能有故障时，可以用新的ECU替代，如果故障现象消失，则说明ECU损坏。

五、车辆的路试

故障检修完成后，应对车辆进行路试，检查故障是否被彻底排除。路试的内容与方法如下：

1）检查制动踏板行程和阻力是否适宜。

2）检查 ABS 警告灯和制动警告灯的指示情况是否正常。

3）检查 ABS 工作是否正常，在大于 40km 的初始速度下紧急制动，若感觉到制动踏板有轻微的颤动，轮胎与地面基本上无拖痕，说明 ABS 工作正常；否则，说明 ABS 存在故障，ABS 不起作用。

4）检查制动时有没有一些其他不正常的现象，如果路试后一切正常，则说明故障被彻底排除。

维修实例

雷克萨斯 LS400 轿车 ABS 警告灯不亮，且没有防抱死功能

（1）故障现象　一辆 2012 款雷克萨斯 LS400 轿车，ABS 警告灯不亮，且没有防抱死功能。

（2）故障诊断与排除　经询问车主，得知该车在跑过一次长途之后出现 ABS 警告灯常亮，无防抱死功能后，曾在当地一家修理厂修理过，后来 ABS 警告灯不再常亮，但制动系统仍不具备防抱死功能。该车已行驶 11 万 km，一直正常保养制动系统。

根据故障现象进行分析，ABS 警告灯常亮时制动无防抱死效果，且产生制动拖滞现象是正常的，但如果 ABS 警告灯不再常亮，就不应该产生制动抱死的现象，因此决定先进行自诊断调取故障码。按照正确的方法调取故障码，结果发现 ABS 警告灯一直不闪烁，判断可能指示灯线路有故障。

拆下仪表板，检查 ABS 警告灯线束，发现线路改过，从而导致 ABS 警告灯始终不亮。恢复了 ABS 警告灯线路后，再次进行调取故障码操作，警告灯闪出故障码"31"，内容提示"前轮车轮转速传感器信号故障"。于是举升车辆，拆检右前轮，发现右前轮车轮转速传感器表面有油污，导致无信号产生，致使 ABS 不起作用。清理右前轮车轮转速传感器，装复试车，故障排除。

任务三　驱动防滑控制系统的检修

岗位核心能力

◎知识目标

1）熟悉驱动防滑控制系统的基本组成与工作原理。

2）熟悉驱动防滑控制系统主要部件的结构、工作过程和检修方法。

◎技能目标

1）能够掌握驱动防滑控制系统的检查方法、驱动防滑控制系统的正确使用与维护方法。

2）能够熟悉驱动防滑控制系统常见故障的检修方法。

案例导入

一辆大众迈腾 2015 款 330 TSI DSG 双离合器自动变速器舒适型轿车，行驶里程约 13.7 万 km。在正常行驶过程中，仪表板上的 ASR 灯会突然亮起，此时按下 ASR 灯开关（关闭该功能）无效，只有关闭点火开关重新起动发动机后，ASR 灯才能熄灭，恢复正常。

该车的故障现象是典型的驱动防滑控制系统的故障。为了查明故障原因，正确地判断驱动防滑控制系统的故障，作为汽车维修人员必须熟悉驱动防滑控制系统的结构与工作原理等相关的基础知识，为排除驱动防滑控制系统的故障打下基础。

相关知识

一、驱动防滑控制系统基本知识

驱动防滑控制系统（Acceleration Slip Regulation，ASR），有的称为牵引力控制系统（Traction Control System，TCS 或 TRC），是继制动防抱死系统（ABS）之后应用于车轮防滑的电子控制系统。

1. ASR 的功用

驱动防滑控制系统的功用是防止汽车在起步、加速和在滑溜路面行驶时驱动轮打滑，特别是防止汽车在非对称路面或在转向时驱动轮的滑转，以保持汽车行驶方向的操纵稳定性和维持汽车的最佳驱动力以及提高汽车的平顺性。

2. ASR 与 ABS 之间的比较

（1）ASR 与 ABS 的相同之处

1）ASR 和 ABS 采用相同的控制技术，都是通过控制车轮和路面的滑移率来实现各自的控制功能。

2）ASR 和 ABS 密切相关，通常结合在一起使用，共享许多系统部件来控制车轮的转动，以更好地保证汽车的行驶安全。

（2）ASR 与 ABS 的不同之处

1）ABS 是防止制动时车轮抱死滑移，主要是用来提高制动效果，确保制动安全；ASR 则是防止驱动车轮的滑转，主要是用来提高汽车起步、加速及滑溜路面行驶时的牵引力，提高行驶性能，确保行驶稳定性。

2）在控制其滑移率的过程中，ABS 对前后车轮都起作用，而 ASR 只对驱动车轮起控制作用。

3）ABS 是在制动时工作，在车轮出现抱死趋势时起作用，在车速很低（小于 8km/h）时不起作用；ASR 则是在整个行驶过程中都工作，在车轮出现滑转时起作用，当车速很高（80~120km/h）时不起作用。

3. ASR 基本组成及工作原理

ASR 的基本组成及工作原理如图 6-46 所示。

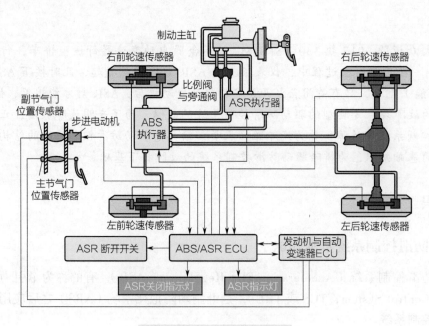

图 6-46　ASR 的基本组成

ASR 主要由输入装置（传感器和开关信号等）、电控单元（ECU）和执行机构（制动压力调节器、节气门驱动装置等）组成。

ASR 的传感器主要是车轮转速传感器和节气门位置传感器，车轮转速传感器与 ABS 共享，而节气门位置传感器则与发动机电子控制系统共享；ASR 的开关信号主要是 ASR 选择开关和转向开关信号，将 ASR 选择开关关闭，ASR 就不起作用。由于 ASR 和 ABS 的一些信号输入和处理都是相同的，因此 ASR 电控单元与 ABS 电控单元通常组合在一起，只是在通往驱动车轮制动轮缸的制动管路中增设了一个 ASR 执行器（制动压力调节器），在由加速踏板控制的主节气门上方增设了一个由步进电动机控制的副节气门，并在主、副节气门处各设置一个节气门位置传感器。

当驱动防滑系统处于工作状态时，电控单元根据各车轮转速传感器检测到的转速信号，确定驱动车轮的滑转率和汽车的参考速度。当电控单元判定驱动车轮的滑转率超过设定的限值时，就使驱动副节气门的步进电动机转动，减小副节气门的开度。此时，即使主节气门的开度不变，发动机的进气量也会因副节气门开度的关小而减小。如果驱动车轮的滑转率仍未降低到设定的控制范围内，电控单元又会控制 ASR 制动压力调节器和 ABS 制动压力调节器，对驱动车轮施加一定的制动压力，则驱动车轮上就会作用一制动力矩，从而使驱动车轮的转速降低。

二、驱动防滑控制系统的主要部件

1. 输入装置

输入装置包括车轮转速传感器、节气门位置传感器及 ASR 选择开关等。

（1）车轮转速传感器　车轮转速传感器与 ABS 共享，用来检测每一车轮的运动状态。

（2）节气门位置传感器　在主、副节气门处各设置了一个节气门开度传感器与发动机电控系统共享，用来检测节气门打开的角度及进入发动机气缸的空气量，计算发动机输出转矩。

（3）ASR 选择开关　ASR 专用的信号输入装置，安装在驾驶人侧车门或仪表板下。ASR 选择开关关闭时，ASR 不起作用，ASR 控制开关指示灯会点亮。

2. 电控单元

ASR 电控单元（ECU）也是以微处理器为核心，配以输入、输出电路及电源等组成。ASR 与 ABS 的一些输入信号和处理是相同的，为减少电子器件的应用数量，ASR 控制器与 ABS 电控单元常组合在一起。

电控单元主要完成驱动车轮转速控制、继电器控制、初始检查、故障自诊断和失效保护等功能。

3. 执行机构

（1）副节气门执行器（驱动装置）　副节气门驱动装置的主要作用是在驱动防滑控制的过程中调节副节气门的开度，进而调整发动机的进气量，达到控制发动机输出转矩的目的。副节气门（或辅助节气门）设置在发动机节气门体主节气门的前方，副节气门是由步进电动机根据 ABS/ASR ECU 的指令进行控制的。

（2）ASR 制动压力调节器　ASR 制动压力调节器执行 ASR ECU 的指令，对滑转车轮施加制动力和控制制动力的大小，以使滑转车轮的滑转率在目标范围内。ASR 制动压力源是蓄能器，通过电磁阀来调节驱动车轮制动压力的大小。ASR 制动压力调节器的结构形式有单独方式和组合方式两种。

相关技能

一、ASR 的检修要求及注意事项

1）拆装系统中的电器元件和线束插头时，应将点火开关断开，否则将损坏电子控制装置；不可向电子控制装置提供过高的电压，否则容易损坏电子控制装置；不要让电子控制装置，特别是其端子受到油污等污染，以免线束插头接触不良，影响系统的正常工作；不要用砂纸打磨系统中各插头的端子，否则也易造成接触不良。

2）不要使车轮转速传感器和传感器齿圈沾上油污或其他脏物，否则车轮转速传感器产生的轮速信号可能不够准确；此外，不可敲击转速传感器，以免传感器发生消磁现象，影响系统的正常工作。

3）在对液压系统进行维修作业时，应首先释放系统里的高压制动液，以免高压制动液喷出伤人。在释放蓄能器中的高压制动液时，应先将点火开关断开，然后反复踩下和放松制动踏板，直到制动踏板变得很硬为止。此外，要注意在制动系统装完之前，切不可接通点火开关，以免电动泵通电运转。

4）大多数汽车驱动防滑控制系统中的车轮转速传感器、电子控制装置和制动压力调节装置都是不可修复的，如果发生损坏，应进行整体更换。

5）更换轮胎时，应选用汽车生产厂家推荐的轮胎。如果换用其他型号的轮胎，应该选用与原车所用轮胎的外径、附着性能和转动惯量相近的轮胎，但不能混用不同规格的轮胎，否则将影响驱动防滑控制系统的制动效能。

6）制动系统维修结束后，在使用过程中若发现制动踏板变软时，应按照要求的方法和顺序，对制动系统进行空气排除。在空气排除之前，须检查储液器中的液位情况，如果发现液位过低，应先向储液器补充制动液。

二、驱动防滑控制系统的检修

下面以 LS400 轿车驱动防滑控制系统（英文缩写为 TRC）为例，介绍其检修方法。

（1）系统的自检　当点火开关接通时，仪表板上的 TRC 警告灯会亮起，3s 后 TRC 警告灯熄灭。如果点火开关接通时，TRC 警告灯不亮或 3s 后不熄灭，应为不正常，需进行检查。

（2）故障自诊断　TRC 系统故障码的读取及清除方法与 ABS 故障码的读取方法基本相同，可参照 ABS 系统故障码读取与清除步骤进行操作。

（3）线路的检测　如果自诊断系统给出故障来源，则只进行相应线路检测；如果自诊断系统没给出故障来源，则需要进行全部线路检测。在进行线路检测时，应保证熔断器完好，并且关闭所有用电设备。

1）拔下电控单元（ECU）线束插头，使用专用适配器将 ECU 线束插头与 ECU 插座连接在一起。

2）根据各端子的功能，用万用表对各端口进行测量。当测得的数值稍微偏离额定值时，应清洁插头和插座端子，再重新测试。更换相应部件前，再次检查导线及连接，尤其是额定值小于 10Ω 的部件更应进行此项检查。如果测得的数值达到额定值，应检查线路的电源或搭铁是否正常。

（4）输入元件的检测

小提示：在线路测量中，如果发现故障，则先检查该线路的连接情况，如果线路连接没有问题，则检测与该线路连接的相关元件。

1）车轮转速传感器检测。车轮转速传感器与 ABS 共用，其检查方法与 ABS 车轮转速传感器检查方法相同。

2）压力开关电路检查。起动发动机并维持怠速运转 30s 以上，以使 TRC 制动压力调节器内的压力升高。然后将发动机熄火，点火开关仍转至接通（ON）位置，测量电控单元端子 PR 与端子 E2 之间的电压应为 5V，电阻为 $1.5\text{k}\Omega$；放出 TRC 制动压力调节器内的制动液，使其内部压力降低，再测量端子 PR 与端子 E2 之间的电压为 0V，电阻为 0Ω。若上述检查结果不正常，更换压力开关。

（5）电控单元检测　TRC 电控单元（ECU）常见的故障有线束插接器松动、插口损坏，操作不当造成 ECU 的内部损坏等，其具体检查方法如下：

1）TRC 电控单元（ECU）外部线束检查。先检查 TRC 电控单元线束插接器有无松动，插口有无损坏，如果线束松动，则进行紧固，如果插口损坏，则更换 ECU。

2）TRC 电控单元自身的检查。如果 ECU 内部损坏，多数可通过其自诊断功能读取到相应的故障码，如果对故障码进行确认后，则更换电控单元；如果没有提示相应的故障码，再检查传感器、继电器、电磁阀及其线路均无故障，怀疑 TRC 的 ECU 可能有故障时可以用新的 ECU 替代，如果故障现象消失，则说明 ECU 损坏。

（6）执行器检测

1）电磁阀检查。电磁阀的检查方法与 ABS 电磁阀检查方法相同，可参照 ABS 电磁阀的检查方法对其进行检查。

2）TRC 液压泵检查。液压泵的线路如图 6-47 所示。拆下 TRC 液压泵电动机插接器，给液压泵电动机接上蓄电池电压（＋接 3 号端子，－接 1 号端子），是否能听到 TRC 液压泵电动机运转的声音。若接上蓄电池电压后，TRC 液压泵电动机不工作，应更换 TRC 液压泵及电动机总成。若液压泵电动机工作，检查端子 2 与端子 3、端子 4 与端子 5 之间导通情况，如果不导通，应更换 TRC 液压泵及电动机总成。

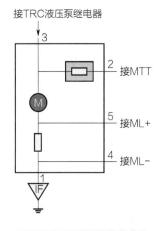

图 6-47　液压泵线路图

维修实例

奔驰轿车 ASR 故障灯常亮

（1）故障现象　一辆 2012 款奔驰轿车，车主说该车的 ASR 故障灯常亮。

（2）故障诊断与排除　经询问车主得知，在故障刚出现时，车辆需行驶一段时间，ASR 警告灯才会亮；关闭发动机，再重新起动，ASR 警告灯又会熄灭；但再行驶一段路程，警告灯又重新亮。该故障曾在一家修理厂修理过，故障没有排除，ASR 警告灯却变成了常亮。

1）首先对 ASR 系统进行自诊断，调取故障码，故障码显示：ASR 电控单元与 EGAS（电子节气门控制系统）电控单元信号传输有问题。

2）对 EGAS 系统调取故障码，该系统却没有任何反应，怀疑 EGAS 电控单元不工作，从而不能输出信息。

3）检查 EGAS 电控单元线路没有发现问题。更换 EGAS 电控单元后起动发动机，ASR 警告灯不亮，但路试一段距离，ASR 警告灯又亮了。

4）再对 ASR 系统调取故障码，故障码显示"怠速触点线路不良"。

5）检查控制怠速的触点线路，发现有一线路断路，修复后试车，ASR 警告灯不亮，故障彻底排除。

该车 EGAS 电控单元可能是上一次修理过程中，在测试电子节气门时因操作不当而被烧毁。

任务四 电子稳定程序控制系统的检修

岗位核心能力

◎ 知识目标

1）熟悉电子稳定程序控制系统的基本组成与工作原理。

2）熟悉电子稳定程序控制系统主要部件的结构、工作过程和检修方法。

◎ 技能目标

1）能够掌握电子稳定程序控制系统的检查方法、驱动防滑控制系统的正确使用与维护方法。

2）能够熟悉电子稳定程序控制系统常见故障的检修方法。

案例导入

一辆大众迈腾 2017 款 330 TSI DSG 双离合器自动变速器舒适型轿车，行驶里程约 8.4 万 km。驾驶人说，该车在正常行驶过程中，仪表板上的 ESP 警告灯一直亮起。经维修技师对车辆进行检查后，判断为汽车电子稳定程序控制系统故障，需对其进行检修。为了查明故障原因，正确地判断汽车电子稳定程序控制系统的故障，作为汽车维修人员必须熟悉汽车电子稳定程序控制系统的结构与工作原理等相关的基础知识，为排除汽车电子稳定程序控制系统的故障打下基础。

相关知识

一、基本知识

1. 概述

汽车电子稳定程序控制系统（Electronic Stability Program,ESP）是改善汽车行驶性能的主动安全控制系统，ESP 包含 ABS 和 ASR，并在这两种系统功能上进行的延伸。ABS 是在车辆制动时防止车轮抱死，ASR 是在车辆起步和加速行驶时防止驱动轮滑转（空转），而 ESP 则在整个行驶过程中始终处于工作状态，通过有选择性地控制各车轮上的制动力，防止车辆滑移，提高了汽车的操控性和行驶稳定性。

ESP 在不同的车型中有不同的名称缩写，如奔驰、奥迪缩写为 ESP，宝马缩写为 DSC，丰田、雷克萨斯缩写为 VSC 等。

2. ESP 的基本组成

ESP 主要由 ESP 电控单元、转向盘转角传感器、车轮转速传感器、侧向加速度传感器、横向加速度传感器等组成，如图 6-48 所示。

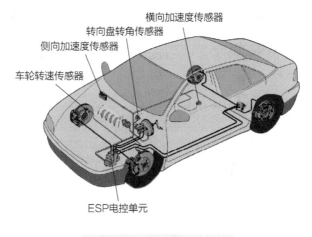

横向加速度传感器

转向盘转角传感器

侧向加速度传感器

车轮转速传感器

ESP电控单元

图 6-48 ESP 的结构组成

6-17 电子稳定程序控制系统 ESP

3. ESP 的基本工作原理

汽车在高速行驶急转弯时会出现两种危险状况：一种是不足转向（有冲出弯道的倾向），另一种是过度转向（有甩尾的倾向），两种状况都可能导致汽车行驶时发生危险。

ESP 的基本工作原理是通过转向盘转角传感器、车轮转速传感器、横摆角速度传感器、纵向／横向加速度传感器等实时地检测驾驶人的驾驶意图和车辆的实际行驶情况，ECU 根据各传感器的信号计算出车辆的实际运动轨迹，如果实际运动轨迹与理论运动轨迹（驾驶人意图）有偏差，或者检测出某个车轮打滑，ECU 就会首先控制副节气门控制机构减小开度，以减小发动机输出功率，并且控制制动系统对某个车轮进行制动，来修正运动轨迹，克服汽车在高速行驶急转弯时出现的转向不足或转向过度，使车辆稳定行驶。

当实际运动轨迹与理论运动轨迹相一致时，ESP 自动解除控制。当 ESP 判定为出现不足转向时，将制动内侧后轮，使车辆进一步沿驾驶人转弯方向偏转，从而稳定车辆；当 ESP 判定为出现过度转向时，ESP 将制动外侧前轮，防止出现甩尾，并减弱过度转向趋势，以稳定车辆，如图 6-49 所示。

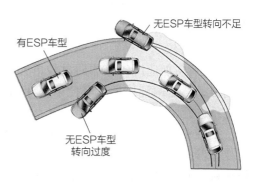

无ESP车型转向不足

有ESP车型

无ESP车型转向过度

图 6-49 ESP 工作原理

二、典型车辆 ESP

大众速腾、途安、高尔夫、明锐和途观等车型都采用 ATE 公司生产的 ESP，ATE 公司的汽车电子稳定程序控制系统主要分为 3 个版本，分别为 MK60、MK60AT、MK60EC 等。

1. MK60 ESP 的组成

MK60 ESP 主要由传感器、电控单元（ECU）和执行器 3 部分组成，如图 6-50 所示。

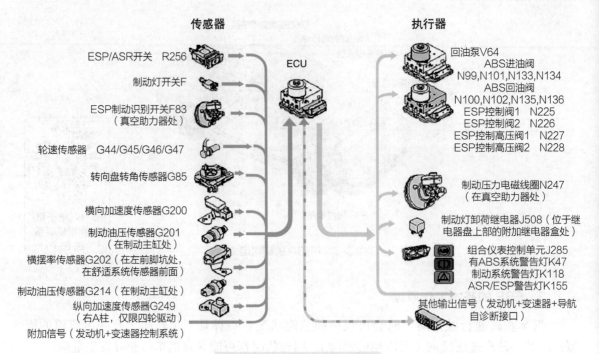

图 6-50　MK60 ESP 的组成

2. MK60 ESP 的工作原理

MK60 ESP 的工作原理如图 6-51 所示。

1）车轮转速传感器不断提供每只车轮的转速数据，转向盘转角传感器将它得到的数据直接通过 CAN 总线传给电控单元。由这两种信息的电控单元计算出车辆的所需转向和所需行驶状态。

2）横向加速度传感器向电控单元传送侧向的偏转信息，偏转率传感器传送车辆的离心趋势，从这两种信息的电控单元计算出车辆实际状态。若计算出所需值和实际有偏差，控制系进行调节。

3）ESP 通过计算确定哪个车轮应制动或加速，发动机的转矩是否该减小，在装有自动变速器的车型上是否需要使用变速器电控单元。之后根据各传感器传输的数据，ESP 系统再检查调节器作用是否有成效。如果有成效，则 ESP 停止工作，并继续观察车辆的运行状态；如果没有成效，则调节系统重新工作。调节 ESP 系统工作时，ESP 指示灯亮，提示驾驶人注意。

3. 主要部件简介

（1）电控单元 J104

1）带 EBD/ASR/ESP 的 ABS 电控单元 J104 和液压调节单元合并成一个标准组件。

2）电控单元 J104 的功能：进行 ABS/EBD/ASR/ESP 的功能控制；连续监控所有的电器部件；进行系统故障自诊断。

3）打开点火开关后，电控单元 J104 将执行故障自诊断，所有的电器连接都将被连续

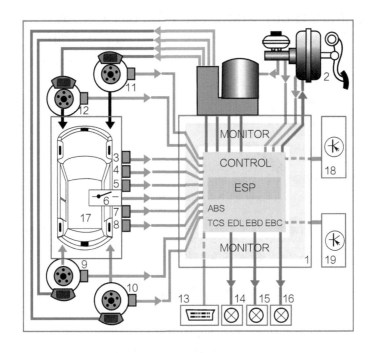

图 6-51　MK60 ESP 的工作原理

1—ABS 控制单元（带有 EDL/ASR/ESP）　2—主动式真空助力器（带有制动压力传感器以及压力释放开关）
3—纵向加速度传感器（仅限于四驱）　4—横向加速度传感器　5—横摆率传感器　6—ESP/ASR 开关
7—转向盘转角传感器　8—制动灯开关　9~12—轮速传感器　13—自诊断接口　14—制动警告灯
15—ABS 警告灯　16—ABS/ESP 警告灯　17—驾驶人意图与车辆的行驶状态
18—进行发动机控制系统干预　19—进行变速器控制系统干预（仅限于自动变速器）

监控，并周期性检查电磁阀功能。

（2）车轮转速传感器 G44~G47　车轮转速传感器 G44~G47 的安装位置和结构如图 6-52 所示，采用的是霍尔主动式车轮转速传感器，其测量元件是带有 3 个霍尔元件的霍尔传感器。3 个霍尔元件装配位置符合一定的关系，其中，A 和 C 是在 B 的两边，A 与 C 的霍尔电压的波形相位差为 180°，B 的相位与他们两个相差 90°。

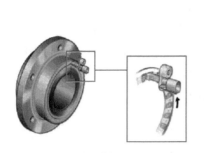

a）安装位置

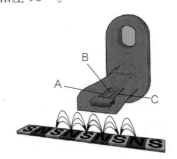

b）结构

图 6-52　车轮转速传感器的安装位置和结构

A、B、C—霍尔元件

（3）转向盘转角传感器 G85　转向盘转角传感器 G85 安装在转向柱上，在转向开关与转向盘之间，与安全气囊螺旋电缆集成为一体，安装位置和结构如图 6-53 所示。

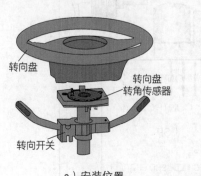

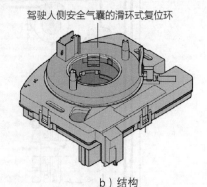

驾驶人侧安全气囊的滑环式复位环

转向盘

转向盘
转角传感器

转向开关

a）安装位置

b）结构

图 6-53　转向盘转角传感器 G85 的安装位置和结构

转向盘转角传感器的功能是将驾驶人转动转向盘的转角（顺时针/逆时针）向带有 EDL/TCS/ESP 的 ABS 电控单元传递转向盘转角信号。测量范围为 ±720°，共计 4 圈。

转向盘转角传感器是 ESP 中唯一一个直接由 CAN 总线向电控单元传递信号的传感器。打开点火开关后，转向盘被转动 4.5°（相当于 1.5cm），传感器进行初始化。

➔ 小提示：

◆转向盘转角传感器失效后，系统将不能识别车辆的预期行驶方向（驾驶人意愿），导致 ESP 不起作用。

◆拆装注意事项：安装时，要保证 G85 在正中位置，观察孔内黄色标记可见。

（4）横向加速度传感器 G200　横向加速度传感器用来确定车辆偏离预定方向的侧向力及其大小，这样 ESP 就能估算出在实际道路情况下，车辆应做怎样的运动才能保持稳定。

失效影响：若没有横向加速度传感器信号，无法识别车辆状态，ESP 则会失效。

（5）偏转率传感器 G202　偏转率传感器的功能如下：

1）用来确定车辆受不受到旋转力矩的作用。

2）根据它的安装位置，可以检测物体绕空间某个轴的旋转。

3）在 ESP 根据它的安装位置，可以检测物体绕空间某个轴的旋转。

（6）ESP/ASR 开关 E256　ESP/ASR 开关 E256 安装在仪表板上，如果驾驶人想要关闭 ESP/ASR 功能，按此开关即可，同时仪表上的 ESP 警告灯会亮起。再次按压此开关可重新激活 ESP/ASR 功能。如果驾驶人忘记重新激活 ESP/ASR，再次起动发动机后系统可被重新激活。ESP 正在介入时，系统将无法被关闭。

E256 关闭或失效，ESP 将不起作用。

（7）液压调节单元　液压调节单元有两条对角线分布的制动回路。与以前的 ABS 液压调节单元相比，ESP 的每条制动回路上增加了两个控制电磁阀，其中一个是控制阀 N225，另一个是 ESP 动态控制高压阀 N227。液压泵变为了自吸式结构。如果某一个阀工作不正常，ESP 系统将关闭。

液压调节单元的制动回路的组成部件如图6-54所示，基本部件包括控制阀N225、动态控制高压阀N227、进油阀、出油阀、液压泵、低压蓄能器等。

液压调节单元的工作过程如图6-55所示。

1）增压阶段：助力器建立预压力使液压泵吸入制动液，N225关闭，N227打开，进油阀保持开启，直到车轮被制动到所需要的制动强度。

2）保压阶段：所有的控制阀都处于关闭状态。

3）减压阶段：出油阀打开，N225视压力大小打开或关闭，N227和进油阀关闭，制动液经N225和主缸流回到制动液储液罐。

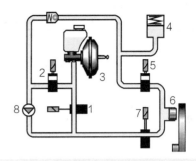

图6-54 液压调节单元的制动回路的组成部件

1—控制阀N225 2—动态控制高压阀N227
3—制动伺服器 4—低压蓄能器 5—出油阀
6—制动缸 7—进油阀 8—液压泵

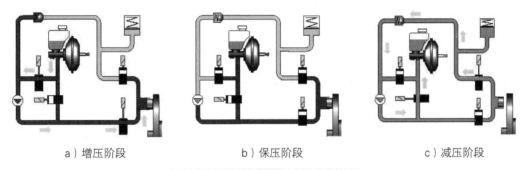

a）增压阶段　　　　b）保压阶段　　　　c）减压阶段

图6-55 液压调节单元的工作过程

相关技能

一、ESP警告灯故障诊断

当ESP出现故障时，相应的仪表板的警告灯会点亮，ESP警告灯有3个，分别是ABS警告灯K47、制动系统警告灯K118及ASR/ESP警告灯K155。警告灯位置如图6-56所示，不同警告灯点亮的故障原因见表6-6，可根据故障原因进行相应的诊断。

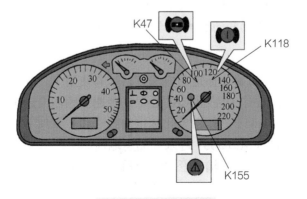

图6-56 警告灯位置

表 6-6　不同警告灯点亮的故障原因

故障	故　障　原　因
ABS 警告灯 K47 不熄灭	①供电电压低于 10V ②ABS 有故障。若有故障时，防抱死功能被切断，但常规制动功能正常 ③最后一次起动车辆后，转速传感器有偶然故障。在此状况下，起动车后且车速超过 20km/h 时，ABS 警告灯 K47 自动熄灭 ④组合仪表与电控单元 J104 间断路 ⑤组合仪表损坏
ABS 警告灯 K47 熄灭和制动系统警告灯 K118 亮	①驻车制动器已拉紧 ②制动警告灯 K118 的控制有故障 ③制动液液面过低 若 K47 及 K118 亮，说明 ABS 及 EBD 有故障 若 ABS 警告灯 K47 及制动系统警告灯 K118 点亮，则制动时后轮可能提前抱死
ESP 警告灯 K155 不熄灭	若打开点火开关且检测结束后，K155 不熄灭，故障原因如下： ①ASR／ESP 按钮 E256 对正极短路 ②ESP 警告灯 K155 的控制有故障 ③ASR／ESP 已由 E256 切断，此故障只影响 ASR/ESP 安全系统，车上的 ABS/EBD 安全系统功能完全正常。车辆在行驶中，如 ESP 警告灯 K155 闪亮，说明 ASR 及 ESP 正在工作

二、ESP 传感器初始化标定

1. 转向盘转角传感器 G85 零点平衡的初始化标定

→ 小提示：如果更换了转向盘转角传感器 G85、电控单元 J104 或者蓄电池的电压值不正常，传感器的标定值会丢失，即电控单元无法正常识别传感器的数据起始点和变化规律，所以需重新进行初始化标定（即传感器学习转向盘正前方位置）。若 G85 底部检查孔内的黄点清晰可见，则表明传感器在零点位置。更换了压力传感器、侧向／纵向加速度传感器，也需要做调整工作。

04 功能"基本设定"中的通道号如下：60—转向盘转角传感器零点调整，63—横向加速度传感器零点调整，66—制动压力传感器零点调整，69—纵向加速度传感器零点调整（四轮驱动）。

转向盘转角传感器 G85 初始化标定的方法有路试和使用 V.A.S 5051 两种。

路试时，通过短距离行驶，传感器 G85 会根据转速传感器信息重新初始化。

利用故障诊断仪 V.A.S 5051 进行初始化标定的方法和步骤如下：

1）连接 V.A.G 1551 或 V.A.S 5051 进入"03"地址。

2）登录"11"，按 Q 键确认，输入登录密码后，再按 Q 键（做多项调整时，只需登录 1 次）。

3）起动车辆，在平坦路面试车，以不超过 20km/h 车速行驶。

4）如果转向盘是正中位置（若不在正中位置，应进行调整），停车即可，不要再调整转向盘，不要关闭点火开关。

5）选择读取数据流"08"功能，输入"004"通道，观察第一显示区数值是否为 -4.5~5。

6）选择基本设定功能"04"，按 Q 键确认，再输入组别号"001"，ABS 警告灯闪亮。

7）选择"06"退出，按 Q 键确认，ABS 和 ESP 警告灯亮约 2s。

8）结束。

2. 横向加速度传感器 G200 零点平衡的初始化标定

1）将车停在水平路面上。

2）连接 V.A.G 1551 或 V.A.S 5051 进入"03"地址。

3）选择登陆"11"，按 Q 键确认，输入登录密码后，再按 Q 键确认。

4）选择基本设定功能"04"，按 Q 键确认，输入组别号"063"，再按 Q 键确认，ABS 警告灯闪亮。

5）选择退出功能"06"，按 Q 键确认，ABS 和 ESP 警告灯亮约 2s。

6）结束。

➡ 小提示：若显示该功能不能执行，说明登录有误。若显示基本设定关闭，说明超出零点平衡允许公差。读取"08"数据块（004通道第二显示区静止时 ±1.5；转向盘至止点，以 20km/h 车速左 / 右转弯，测量值应均匀上升）及故障记忆。然后重新进行。

3. 制动压力传感器 G201 零点平衡的初始化标定

1）不要踩制动踏板。连接 V.A.G 1551 或 V.A.S 5051 进入"03"地址。

2）进入"08"功能阅读测量数据块，输入"005"通道，检查第一显示区数值是否为 ± 700kPa。

3）选择登录"11"，按 Q 键确认，输入登录密码后，再按 Q 键确认。

4）选择基本设定功能"04"，按 Q 键确认，输入组别号"066"，再按 Q 键确认，ABS 警告灯闪亮。

5）选择退出功能"06"，按 Q 键确认，ABS 和 ESP 警告灯亮约 2s。

➡ 小提示：若显示该功能不能执行，说明登录有误。若显示基本设定关闭，说明超出零点平衡允许公差。读取"08"数据块（005通道）及故障记忆，然后重新进行设定。

三、ESP 的启动检测

➡ 小提示：ESP 的启动检测用于检查系统各传感器信号的可靠性（G200、G202、G201）。拆卸或更换 ESP 部件后，必须进行 ESP 检测。对 ESP 系统的检测一旦开始，就不能中止，必须全部进行完毕。

测试过程如下：

1）连接 V.A.G 1551 或 V.A.S 5051，打开点火开关，进入"03（ABS）"地址。

2）进入"04"基本设定，选择"093"通道，按 Q 键确认，显示屏显示 ON，ABS 警告灯亮。

3）拔下自诊断插头，起动发动机。

4）用力踩下制动踏板（制动力应大于 3.5kPa），直到 ESP 警告灯 K155 闪亮。

5）以 15~30km/h 试车，时间不超过 50s，转弯并保证转向盘转角大于 90°。行车时应保证 ABS、EBD、ASR、ESP 不起作用。

➡ 小提示：测试结束后，ABS 警告灯和 ESP 警告灯熄灭，则 ESP 检测顺利完成，系统正常。若 ABS 灯不灭，说明 ESP 检测未顺利完成；若 ABS 灯不灭且 ESP 灯亮起，查询故障存储器，再进行测试。

维修实例

奔驰 ML500 汽车行驶中仪表板上的 ESP 警告灯点亮

（1）故障现象 一辆 2011 款奔驰 ML500 汽车，行驶里程 12 万 km。车主反映说，车辆在行驶中仪表板上的 EPS（电子稳定程序控制系统）、ETS（循迹控制系统）以及 ABS（制动防抱死系统）3 个仪表警告灯全部点亮。

（2）故障诊断与排除

1）连接故障诊断仪，读取故障码，查询 ESP 后得到 1 个故障码 C1402，含义为"高压回流泵故障"。

2）根据故障码产生的原因提示，故障的可能部位有 ABS 泵、ESP 电控单元以及相关控制电路。

3）对 ABS 泵进行替换试验。维修人员拆下另一辆相同型号车辆上的 ABS 泵并安装到故障车上。清除故障码后进行路试，车辆行驶了几千米后仪表板上的 ETS 灯就又点亮了。用故障诊断仪读取故障码还是 C1402，说明不是 ABS 泵故障。

4）对 ESP 电控单元进行替换试验。将两车的 ESP 电控单元进行了对调。由于更换了 ESP 电控单元，所以先用故障诊断仪对更换的电控单元进行了编码，并激活了驾驶测试。进行路试时，发现仪表板上 ETS 警告灯和 ABS 警告灯仍然常亮，说明 ESP 电控单元也没有故障。

5）换回原车的 ABS 泵和 ESP 电控单元，仔细检查 ABS 泵和 ESP 电控单元上的线束插接器，并测量了相关控制线路，都正常。查看电路图，发现在电控单元和 M1 高压回流泵的控制线路中有一继电器 K25。于是拔下 K25 继电器，用万用表检测，发现该继电器触点电路断路。

6）更换 K25 继电器后，再次读取故障码，没有故障码出现。

7）上路试车，ESP 警告灯、ETS 警告灯和 ABS 警告灯不再点亮，故障排除。

📖 **课程育人**

案例 6：增强环境保护意识，爱护环境从自身做起

环境是国家的重要资源，也是保证人民生活质量的基本条件。汽车与环境保护之间关系密切，庞大的汽车保有量对环境影响巨大。因此，要在掌握专业知识的同时，增强环境保护意识，爱护环境从自身做起。

清洁有序的环境也是保证汽车维修质量的重要条件。要培养和形成良好的环保意识和行为习惯，要潜移默化，从一点一滴小事做起。要关心爱护我们自己赖以生存的家园！环境保护，人人有责。

参考文献

［1］陈家瑞. 汽车构造：下册［M］.4 版. 北京：人民交通出版社，2002.

［2］沈沉. 汽车底盘电控系统原理与检修一体化教程［M］. 北京：机械工业出版社，2014.

［3］张明. 汽车底盘机械系统检修［M］. 北京：人民邮电出版社，2016.

［4］崔胜民. 现代汽车新技术解析［M］. 北京：化学工业出版社，2016.

［5］李伟. 图解汽车底盘电控新技术与故障精解［M］. 北京：机械工业出版社，2011.

［6］舒华. 汽车新技术［M］. 北京：国防工业出版社，2012.

［7］姚美红. 奥迪 A6L 轿车新技术解析与电气维修［M］. 北京：机械工业出版社，2012.

［8］李培军. 汽车底盘电控技术［M］. 北京：人民邮电出版社，2011.

［9］张立新. 汽车底盘电控系统检修［M］. 北京：人民交通出版社，2012.

［10］于海东. 透视图解汽车构造原理与拆装［M］. 北京：化学工业出版社，2017.

［11］杨智勇. 汽车底盘维修就这么简单［M］. 北京：机械工业出版社，2015.

［12］王盛良. 汽车底盘及车身电控技术与检修［M］. 北京：机械工业出版社，2009.

机械工业出版社 | 汽车分社
CHINA MACHINE PRESS

读者服务

机械工业出版社立足工程科技主业，坚持传播工业技术、工匠技能和工业文化，是集专业出版、教育出版和大众出版于一体的大型综合性科技出版机构。旗下汽车分社面向汽车全产业链提供知识服务，出版服务覆盖包括工程技术人员、研究人员、管理人员等在内的汽车产业从业者，高等院校、职业院校汽车专业师生和广大汽车爱好者、消费者。

一、意见反馈

感谢您购买机械工业出版社出版的图书。我们一直致力于"以专业铸就品质，让阅读更有价值"，这离不开您的支持！如果您对本书有任何建议或意见，请您反馈给我。我社长期接收汽车技术、交通技术、汽车维修、汽车科普、汽车管理及汽车类、交通类教材方面的稿件，欢迎来电来函咨询。

咨询电话：010-88379353 编辑信箱：cmpzhq@163.com

二、课件下载

选用本书作为教材，免费赠送电子课件等教学资源供授课教师使用，请添加客服人员微信手机号"13683016884"咨询详情；亦可在机械工业出版社教育服务网（www.cmpedu.com）注册后免费下载。

三、教师服务

机工汽车教师群为您提供教学样书申领、最新教材信息、教材特色介绍、专业教材推荐、出版合作咨询等服务，还可免费收看大咖直播课，参加有奖赠书活动，更有机会获得签名版图书、购书优惠券。

加入方式：搜索 QQ 群号码 317137009，加入机工汽车教师群 2 群。请您加入时备注院校＋专业＋姓名。

四、购书渠道

机工汽车小编
13683016884

我社出版的图书在京东、当当、淘宝、天猫及全国各大新华书店均有销售。

团购热线：010-88379735

零售热线：010-68326294 88379203

推荐阅读

书号	书名	作者	定价(元)
智能网联、新能源汽车专业教材			
9787111710318	新能源汽车检测与故障诊断技术（彩色版配实训工单）	吴海东　等	69
9787111707585	新能源汽车电动空调　转向和制动系统检修（彩色版配实训工单）	王景智　等	69
9787111702931	新能源汽车整车控制系统检修（彩色版配实训工单）	吴东盛　等	69
9787111701637	新能源汽车动力电池及管理系统检修（彩色版配实训工单）	吴海东　等	59
9787111707165	新能源汽车技术概论（全彩印刷）	赵振宁	55
9787111706717	纯电动汽车构造原理与检修（全彩印刷）	赵振宁	59
9787111587590	纯电动/混合动力汽车结构原理与检修（配实训工单）（全彩印刷）	金希计　吴荣辉	59.9
9787111709565	新能源汽车维护与故障诊断（配实训工单）（全彩印刷）	林康　吴荣辉	59
9787111700524	新能源汽车整车控制系统诊断（双色印刷）	赵振宁	55
9787111699545	智能网联汽车概论（全彩印刷）	吴荣辉　吴论生	59.9
9787111698081	新能源汽车结构原理与检修（全彩印刷）	吴荣辉	65
9787111683056	新能源汽车认知与应用（第2版）（全彩印刷）	吴荣辉　李颖	55
9787111615767	新能源汽车概论（全彩印刷）	张斌　蔡春华	49
9787111644385	新能源汽车电力电子技术（全彩印刷）	冯津　钟永刚	49
9787111684428	新能源汽车高压安全与防护（全彩印刷）	吴荣辉　金朝昆	45
9787111610175	新能源汽车动力电池及充电系统检修（全彩印刷）	许云　赵良红	55
9787111613183	新能源汽车电机驱动系统检修（全彩印刷）	王毅　巩航军	49
9787111646242	新能源汽车维护与故障诊断（全彩印刷）	王强　等	55
传统汽车专业教材			
9787111678892	汽车构造与原理　（彩色版）	谢伟钢　范盈圻	59
9787111702474	汽车销售基础与实务（全彩印刷）	周瑞丽　冯霞	59
9787111678151	汽车网络与新媒体营销（全彩印刷）	田凤霞	59.9
9787111687085	汽车销售实用教程（第2版）（全彩印刷）	林绪东　葛长兴	55
9787111687351	汽车自动变速器原理与诊断维修　（彩色版）	张月相　张雾琳	65
9787111704225	汽车机械基础一体化教程（彩色版配实训工作页）	广东合赢	59
9787111698098	汽车检测与故障诊断一体化教程（彩色版配工作页）	秦志刚　梁卫强	69
9787111699934	汽车舒适与安全系统原理检修一体化教程（配任务工单）	栾琪文	59.9
9787111711667	汽车发动机电控系统结构原理与检修（彩色版配实训工单）	李先伟　吴荣辉	59
9787111689218	汽车底盘电控系统原理与检修一体化教程（彩色版）（附实训工作页）	杨智勇　金艳秋　翟静	69
9787111676836	汽车底盘机械系统构造与检修一体化教程（全彩印刷）	杨智勇　黄艳玲　李培军	59
9787111699637	汽车电气设备结构原理与检修（配实训工单）（全彩印刷）	管伟雄　吴荣辉	69